rororo

Zu diesem Buch

Die siebziger Jahre ... Wir trugen Parkas, züchteten Urzeitkrebse auf der Fensterbank und hörten Suzie Quatro. «Weißt du noch?» fragen wir uns heute gegenseitig, um in den Erinnerungen an Fernsehserien, Werbesprüche, Songs, Klamotten und sonstigem buntem Begleitwerk zu schwelgen.
Auf der Homepage der ZEIT haben sich die Kinder des Jahrzehnts getroffen und feiern die gemeinsamen Erinnerungen an die Großartigkeiten von damals, die hier versammelt und mit beweiskräftigen Bildern angereichert worden sind.

Der Herausgeber
Christian alias Anko Ankowitsch, geboren 1959, ist seit 1993 bei der ZEIT tätig. Gemeinsam mit Hanns-Bruno Kammertöns leitet er in Berlin das Ressort *Leben*.

Anko Ankowitsch (Hg.)

Alles Bonanza!

Ein Album der 70er Jahre in der BRD –
zusammengetragen von Surfern im Internet
www.alles-bonanza.de

Rowohlt Taschenbuch Verlag

Veröffentlicht im Rowohlt Taschenbuch Verlag GmbH,
Reinbek bei Hamburg, September 2001

Umschlaggestaltung Cordula Schmidt
(Fotos: siehe Bildnachweis auf Seite 343)
Satz Minion PostScript (QuarkXPress)
Gesamtherstellung Clausen & Bosse, Leck
Printed in Germany
ISBN 3 499 61173 2

Inhalt

Vorwort

enthaltend:

\# 1 ein paar Anmerkungen zum Internet nebst einem Satz über das Neue an diesem Buch

\# 2 einige technisch-formale Infos

\# 3 viele Danksagungen

\# 4 einen kurzen Ausblick, wie & wo das alles enden soll

\# 5 eine Adresse für Korrekturen & Ergänzungen

sowie

\# 6 eine Aufforderung, sich am Buch über die 80er zu beteiligen

#1

Während Sie das hier lesen, arbeiten die Autorinnen und Autoren des Buchs immer noch an ihrem Text. Ebenjetzt, in diesem Moment, da Sie das lesen, sind sie gerade dabei, es weiterzuschreiben, zu ergänzen, zu revidieren, ja, es vielleicht sogar von neuem zu beginnen. Wer weiß.
Das ist nur möglich, weil es sich hier um kein normales Buch handelt und weil die Autorinnen und Autoren auf ganz spezielle Art zueinander gefunden haben und finden: über das Internet.
Das weltumspannende Computernetz bietet nämlich die Möglichkeit, miteinander zu debattieren, sich gemeinsam zu erinnern, gemeinsam Texte zu schreiben – egal, auf welchem Kontinent man gerade sitzt, wie alt man ist, wie spät es ist und ob man gerade Pizza mampft oder Abba in Konzertlautstärke hört.
«Foren» bzw. «usegroups» nennt man diese Treffpunkte im Internet, an denen sich jeder äußern kann und jeder jedem antworten; und zwar ohne Beschränkung durch Platz und Zeit, denn das Internet ist ein Medium, das einfach so lange wächst, bis alles, wirklich alles in ihm Platz hat.
So einfach ist das. Und doch so revolutionär. Denn bis zur Erfindung des Web war es Gleichgesinnten, die über die Welt oder auch nur über Deutsch-

land verstreut sind, schwer möglich, sich jederzeit zusammenzuschließen und erschöpfend auszutauschen. Und ganz unmöglich war es bis zur Vernetzung der privaten Computer, gemeinsam an jener Art Text zu arbeiten, die Gleichgesinnte am liebsten lesen bzw. schreiben: jenem über ihr jeweils größtes Interesse.

Weil das nur mit Hilfe des Internet klappt, sind im vergangenen Jahrzehnt zigtausende Foren entstanden, in denen sich die Anhänger des Apple-Computers genauso treffen wie die Freunde des Flirtens, des ISDN-Anlagen-Installierens, des Matchboxauto-Sammelns, der Lackbekleidung. So weit, so bekannt.

Neu hingegen ist, dass aus so einem Forum ein klassisches Buch entstehen kann – mit Buchdeckeln, Papierseiten und gedruckten Fotos. Als Quelle diente im vorliegenden Fall ein Diskussions-Forum des ZEIT-Leben, in dem sich Menschen getroffen haben (und treffen), die sich gemeinsam an ihre Kindheit und Jugend in den 70er Jahren erinnern. Aber, was schreibe ich da? «… sich gemeinsam an ihre Kindheit und Jugend in den 70er Jahren erinnern»? Das klingt ja, als hätte da jeder was hingeschrieben und damit sei es gut gewesen. Unsinn, völliger Unsinn!

Es war und ist vielmehr so: Gespannt kann man die Autorinnen und Autoren dabei beobachten, wie sie erst langsam loslegten und kleine Schnipsel ihrer Kindheit offenbarten; dann begannen sie, andere «postings» (Forum-Nachrichten) zu ergänzen, ihnen zu widersprechen; die ersten Fragen tauchten auf («Wer weiß Näheres über den Kli-Kla-Klawitterbus»), die ersten kleinen Konflikte («Slade war doch das Allerletzte!»), die ersten kleinen Liebeserklärungen, die ersten Rekonstruktionen längst verschwundener Werbeslogans («Nehmt den Husten nicht so schwer/jetzt kommt der Hustinetten-Bär!»); bis schließlich ein gemeinsamer Text entstand, eine Art Erinnerungslandschaft, in der Fragen und Antworten und Kommentare und Zwischenrufe und Textauszüge und Rechercheergebnisse und Blödeleien verschmolzen zu einem großen Ganzen, wie es das so nur im Internet gibt.

Es ist faszinierend nachzulesen, wie die Teilnehmer des Forums einander zu Dingen animierten, die sie allein so nicht geschafft hätten, wie sie einander dazu brachten, sich erst zaghaft zu erinnern, dann zunehmend genauer Fragen zu beantworten, von denen sie nie gedacht hätten, dass sie sie je beantworten könnten. Was gibt es Spannenderes, als zu erleben, wie einen jemand anderer dazu bringt, sich selber klüger zu machen. «Mir kommt es so vor, als hätte ich in diesem Forum ‹meine Einheit› wieder gefunden. Ich würd' euch gern alle kennen lernen – bei Flaschenbier und Lichtorgel», brachte es die Autorin Klaudia Kisters stellvertretend für alle auf den Punkt.

Doch das Forum und sein Buch zeigen noch etwas anderes, mindestens ebenso Wichtiges: dass die Bestimmung des Internet nicht darin liegen kann, zu jener Kommerzbude zu werden, zu der es die geist- und seelenlosen, nur an Gewinnmaximierung interessierten Klons aus den Management-Beratungsfirmen machen wollen. Die Surfer des Internet, so beweist dieses Buch, sind mehr als bloße Besucher von Onlineshops, deren Daten es möglichst perfekt auszuwerten gilt und die nur unter einem einzigen Aspekt interessant sind: als Konsumenten.

Das Internet ist vielmehr in seinen wirklich revolutionären Momenten ein völlig neues Medium gemeinsamen Schreibens, Denkens, Erinnerns, Fühlens, Politisierens, das es so nur im virtuellen Raum geben kann. Genau das ist es, was das Netz groß und spannend und ärgerlich und faszinierend gemacht hat und bleiben lässt.

 # 2

Und nun zu den «technisch-formalen Infos»: Entstanden sind die Texte der Autorinnen und Autoren im Rahmen eines Forums. Das heißt: Jemand gab ein Thema vor (Musik, Bücher, Fernsehen, eine pointierte Meinung), die anderen ließen sich drauf ein und antworteten. Oder auch nicht – und ließen sich stattdessen ein neues Thema einfallen. So wuchs das Forum nach allen Seiten. Im Wesentlichen haben wir die so entstandene Ordnung beibehalten. Wo die Beiträge freilich etwas durcheinander gingen (was vor allem zu Beginn des Projekts geschah), haben wir sie geordnet und umgruppiert. Nötig wurde das zudem, da die Forum-Software keine Möglichkeit bietet, die Debatten genau zu strukturieren. Wo nötig, haben wir die Postings auch gekürzt. Schreiben viele Menschen über längere Zeit gemeinsam Texte zum selben Thema, passiert es häufiger, dass Fragen nochmals gestellt und beantwortet werden, dass Autoren ihre eigenen Texte nochmals posten, weil sie, aus welchen geheimnisvollen technischen Gründen auch immer, verschwunden sind (und dann wieder auftauchen). Und bisweilen erschöpften sich Postings auch in einfachen Aussagen wie «Ich kann mich an die Sesamstraße erinnern», ohne dass das genauer ausgeführt worden wäre. Und schließlich hat ein Buch ganz einfach physisch vorgegebene Grenzen (die wir ohnehin deutlich überschritten haben – dass er das zugelassen hat, dafür vielen Dank an den Böhlau Verlag), während das Internet sich seine Beschränkungen selber macht. Das ist der Grund, wieso sich hier das eine oder andere Posting nicht wieder findet.

Was sonst noch wichtig ist:

Die Namen der Autorinnen und Autoren: Wir haben diejenigen verwendet, die sie sich selbst gegeben haben. Anonymität, wo sie gewünscht war, bleibt so garantiert.

Seltsame Zeile vor jedem Posting: Sie sieht so aus: 70/099, 2000–03–22, 13:47, anko

So kryptisch sie wirkt, so leicht ist sie zu dechiffrieren: Vorne steht die Nummer des «thread», also des Themas, zu dem der jeweilige Text geschrieben wurde. Dann folgen das Datum (american style) und dic Uhrzeit, zu denen der Beitrag geschrieben wurde; und hinten ist der Name des Schreibers angeführt.

Orthographie: Im Buch geht alles durcheinander: Während die einen versuchten, die neue Rechtschreibung möglichst perfekt anzuwenden, sind andere mit der radikalen Kleinschreibung und der Umschreibung der Umlaute («ä» –>«ae») groß geworden (früher war es ja im Netz nicht möglich, so exotische Zeichen wie ein Eszett abzubilden. Der Grund: Die Ame-

rikaner bestimmten die Schriftnormen). Und wieder andere verwendeten eine Art Privatrechtschreibung, deren Regeln bitte bei ihnen nachzufragen sind. Wir haben uns zurückgehalten und kaum eingegriffen: die Orthographie verbessert, wo es unabdingbar schien (Verschreiber), Kommas gesetzt, wo sie lebensnotwendig waren bzw. wo die Autorinnen und Autoren unbewusst doch welche machen wollten (und es dann doch unterlassen hatten). Ansonsten haben wir alles so gelassen, wie es war. Das Durcheinander ist zwar nicht immer leserfreundlich – aber so ist es eben, das Netz.

Halbgares – Halbwahres – Halberinnertes: So ein Forum ist auch dazu da, Fragen zu stellen, Halberinnertes, Falschverstandenes und Verwechseltes in die Welt zu setzen. Wo immer es sich machen ließ, haben wir versucht, zu klären und das Geklärte einzuflechten – hatte das nicht schon zuvor Harald Leinweber übernommen, das aktivste Forumsmitglied; er ist/war der durchs Forum schwebende «master brain» mit enzyklopädischem Wissen und einer gut sortierten Bibliothek in der Hinterhand (ein herzliches Dankeschön an ihn).

Die Schreibweise von Schauspielern, Charakteren, Filmen, Bands: ist gecheckt. Nur wenn es in die allerletzten Details ging, vertrauten wir auf die Exaktheit der individuellen Erinnerungen.

70er oder 80er: Immer wieder fragen sich die Teilnehmer des Forums, ob ihre Erinnerungen nun in die 70er oder 80er einzuordnen seien (manche brachten auch die 60er ins Spiel). Das ist auffällig und bezeichnend, wenn mir auch nicht ganz klar ist, wofür:

– Dass die Dreißigjährigen nicht wissen, wo sie zu Hause sind? Unwahrscheinlich.
– Dass diese Jahrzehnt-Einteilung willkürlich ist, weil Erinnern anders funktioniert? Das schon eher.
– Weil sich hier eine Generation getroffen hat und trifft, für die die Metapher der «70er Jahre» ein willkommener Anlass ist, sich über einen bestimmten Abschnitt ihres Lebens zu verständigen? Klingt auch plausibel. Am besten, wir richten ein eigenes Forum-Thema dazu ein.

Seltsame Zeichen: Davon gibt es zwei. Das erste sieht so aus:

>

Das ist eine spitze Klammer. Sie findet sich stets am Beginn einer Zeile und bedeutet: «Ich bin ein Zitat.» Vielen ist diese spitze Klammer sicher aus den E-Mails bekannt, wo sie dieselbe Funktion hat.

Das zweite Zeichen sieht so aus:

*

Ein Sternchen also. Mit ihm pflegen viele SurferInnen ihre Gefühle bzw. Reaktionen zu kennzeichnen. Wenn Sie also lesen *damalsgrusel* heißt das: «Ich habe mich damals sehr gegruselt vor dieser Sache.» *örx* wiederum ist der Ausdruck für ein Gefühl des Würgens und *lach* erklärt sich von selbst.

Schwer zu beschaffende Fotos: Isabell Lott, die Rechercheurin der Fotos in diesem Buch, machte die Erfahrung, dass die meisten Firmen sich kaum um ihre Archive kümmern. So blieb der Wunsch nach der historischen «Fanta»-Flasche erst unerfüllt, bis die Leute von der deutschen Coca-Cola-Niederlassung auf dem Tisch einer Mitarbeiterin zufällig ein Exemplar der alten Flasche fanden – und flugs zum Fotografen schafften.

#3

Zu danken ist an dieser Stelle den vielen, die zum Gelingen des Buches beigetragen haben:

+ Besonders den Autorinnen und Autoren des Forums: Fast ausnahmslos alle Forumteilnehmer haben auf die Nachfrage, aus ihren Postings könne ein Buch entstehen, freudig reagiert und ihre Zustimmung zum Abdruck gegeben. Dank gebührt ihnen nicht nur dafür und für die (teuer erkauften) Online-Minuten, sondern vor allem für die Bereitschaft, von sich zu erzählen und diese Erinnerungen mit anderen zu teilen. All das ist nicht selbstverständlich.:-)
+ Den Ideengebern: Ein Buch gleichen Zuschnitts, das diesem als Anregung diente, ist bereits in Österreich entstanden. Es heißt «Wickie, Slime und Paiper» und versammelt ebenfalls Postings über die 70er

Jahre. Eingerichtet hat das Forum seinerzeit Susanne Pauser aus Anlass ihres 30. Geburtstages; ein Buch daraus geworden ist aufgrund der Anregung des Wiener Böhlau Verlags (namentlich von Eva Reinhold-Weisz), und realisiert hat das Buch Susanne Pauser gemeinsam mit ihrem Mann Wolfgang Ritschl, den sie übers Internet kennen gelernt hat, aber das ist eine andere Geschichte.

+ Den helping hands: Als da wären Jörg Meyerhoff, der beim Redigieren, Ordnen und Checken, also der Redaktion des Buchs half, sowie Isabell Lott für die nervenaufreibende Recherche der Fotos.
+ Den Leuten vom Böhlau Verlag: Eva Reinhold-Weisz für die Initialzündung, Ulrike Dietmayer für die Durchführung und Michael Rauscher für die Produktion und die starken Nerven.
+ Den Menschen, die mir mit Rat & Tat & Hilfe in vielen Details zur Seite standen:
– Mia Eidlhuber für ihre hilfreichen Anregungen und ihren Buchbeitrag
– Michael Biedowicz für diverse Vermittlungen
– Katja Kollmann und Haika Hinze für helfende Tipps
– Marcus Rasp für Ratschläge
– Michael Schneuer für das Kramen in seinem Privatarchiv
+ Gewidmet ist das Buch Bettina Schneuer und unserem gemeinsamen Kind, von dem wir Mitte Oktober 2000 Genaueres werden zu sagen wissen.

#4

Wo soll das alles enden? Das ist einfach: Wo alles begonnen hat – im Internet! Um dorthin zu gelangen, brauchen Sie nicht mehr als eine Adresse. Sie lautet: www.alles-bonanza.de

Dort finden Sie die Menschen wieder, deren Texte Sie hier lesen. Sicher haben Sie ihnen einiges zu sagen und vielleicht auch uns. Nur damit Sie wissen, wie das alles enden kann, hier ein Zitat von Forumsmitglied Patty: «Am besten feiern wir alle zusammen eine ‹Bad Taste›-Party, jeder bringt seine alten Singles und Kassetten mit, wir essen Flips, spielen Flaschendrehen und ‹Wahrheit oder Pflicht› … In echt.»

#5

Korrekturen, Ergänzungen: Wir haben uns bemüht, aber irgendwo lauert sicher Korrigierenswertes. Lassen Sie es uns bitte wissen! Am besten per E-Mail, am besten an die Adresse: anko@alles-bonanza.de

#6

80er Jahre: Anfang 2001 soll ein Fortsetzungsband erscheinen. Er widmet sich den 80er Jahren und trägt den Titel «Es geht voran». Noch ist das Buch, das sich den Songtitel der NDW-Band «Fehlfarben» leiht, nicht fertig geschrieben. Also: Machen Sie mit! www.alles-bonanza.de

Ihr
Anko Ankowitsch
bzw.
01/001, 2000–07–15, 17:06, anko

Alles Bonanza - Antwort auf Beitrag

Back Forward Home Search Reload File Hotlist Stop Print

URL: http://www.alles-bonanza.de/

Alles Bonanza

Forum: www.alles-bonanza.de
Ein Album der 70er

Name

Thema Personen, Dinge und Begriffe der 70er

Einschwingen

Über die zentralen Personen, Dinge und Begriffe der 70er und das Lebensgefühl, für die 60er zu jung und für die 80er zu alt gewesen zu sein

70/097, 2000-03-17, 11:01, Phaidros

In den 70ern
... lebte noch eine ganze Generation, die im Jahrhundert Goethes geboren wurde;
... war der 2. Weltkrieg so weit entfernt wie heute – die 70er!
Banal, aber doch irgendwie komisch, oder?

70/097, 2000-03-17, 18:51, redselig

In den 70ern

... wurde ich beim Spazierengehen im Wald noch vor Bombentrichtern gewarnt, in denen Blindgänger lauern könnten.

... war es noch normal, dass es außer Häusern auch Baracken gab.

... lebte ich in der Nähe einer Amikaserne; die Lastwagen waren so unglaublich laut, dass sich mir jedesmal der Magen zusammenkrampfte, wenn sie an mir vorbeifuhren.

70/097, 2000-03-29, 00:57, le_reptile

in den 70ern

... nannten wir kindergartenkinder jeden langhaarigen einen «beatle»

... hatte ich nen onkel, der nicht mehr am 2. weltkrieg teilgenommen hatte, weil er damals schon zu alt war

... war der 2. weltkrieg noch präsent, weil die oma immer noch insgeheim auf den vermissten opa wartete

... schienen die frühen 60er und erst recht die 50er so weit weg zu sein wie die steinzeit. graue vorzeit. oder sollte man besser schwarz-weiße vorzeit sagen?

70/097, 2000-03-29, 16:08, Konstantin Opel

In den 70ern

... wurden wir in der Grundschule noch von Lehrern erzogen, die uns beim Schulsport «Disziplin wie beim Militär» abverlangten, und von Lehrerinnen, die ich mir heute prima als junge Frauen im Bund Deutscher Mädel vorstellen könnte.

... durfte ebendiesen Lehrern auch noch die Hand ausrutschen, ohne dass es einen Skandal gab

... waren die Verwandten meiner Eltern noch enttäuscht, weil ich (damals vier) keinen «Diener» machen wollte (und meine Eltern das nicht verlangten)

… hatte der Zahnarzt um die Ecke noch einen Schmiss und säftelte Sätze wie «Wahre Jungen kennen keinen Schmerz»
… waren die Nachbarn meiner Eltern noch mehrheitlich davon überzeugt, dass «ein paar auf die Backen üü-ber-haupt nix schaden», genausowenig wie die Wehrdienstzeit: «Da werden die Burschen geschliffen!»
… kam kein einziges Kind meiner Grundschulklasse (!) aus einer Scheidungs- oder Patchwork-Familie

70/097, 2000-03-29, 17:00, redselig

In den 70ern
… gab es auch in unserer Grundschulklasse erst ein einziges Scheidungskind, dessen (erhebliche) Macken auf ebendiese Situation zurückgeführt wurden – das war offenbar noch etwas ganz Ungewöhnliches
… gab es in derselben Klasse erst ein einziges Kind, das ein ausländisches Elternteil hatte und auch sonst aus dem Rahmen fiel, weil es unbefangen erzählte, dass es sechs Geschwister hatte und sonntags die ganze Familie (immerhin) den ganzen Tag vor dem Fernseher saß

70/097, 2000-03-29, 17:21, le_reptile

In den 70ern
… gabs in unserem gymnasium öfters mal kundgebungen mit roten fahnen und megaphonen
… und gleichzeitig lehrer, die vom afrika-corps schwärmten, weil man da so toll spiegeleier auf dem panzer braten konnte
… in der grundschule die ersten türkischen kinder, die in den knallbunten 70ern vor allem dadurch auffielen, dass sie dunkle anzüge trugen
… lehrer, die uns grundschul-steppkes von den unbillen des kommunismus erzählten und versuchten, uns «linke» sendungen wie rappelkiste als von moskau gesteuertes teufelszeug zu vergällen

70/097, 2000-03-29, 17:51, Konstantin Opel

In den 70ern

... wurde im Fernsehen «Schweinchen Dick» abgesetzt, weil es für Kinder nun wirklich zu brutal sei – während die Prügelstrafe und der Hausarrest noch als völlig normale Erziehungsmethoden galten

... galt es unter Erwachsenen flächendeckend als ausgemacht, dass Comics-Lesen die Phantasie verderbe, weshalb «Fix und Foxi» in vielen Familien schamhaft vor den Eltern verborgen werden mußte

... gab mein Opa, eigentlich ein herzensguter, sensibler Mensch, meinen Eltern den dringenden (wortwörtlichen!) Rat, mir Vierjährigem «den Willen zu brechen», da ich mich sonst niemals in die Gesellschaft eingliedern könne

70/097, 2000-03-30, 08:45, Hanne Soya

In den 70ern

... hatten wir eine Sportlehrerin, die uns am Anfang des Schuljahres wie die Orgelpfeifen der Groesse nach sortierte, eine Seite Maedchen, gegenueber die Jungs. Auf Trillerpfiff zum Stundenbeginn mussten wir dann in diesen zwei Reihen «ANTRETEN!» Aber das war es auch schon – der Rest lief ganz normal und ohne ein strenges Wort ab. Ging ihr wohl um die Form, irgendwie ...

70/097, 2000-04-11, 19:26, Chefin

In den 70ern

... wurde in der ersten Unterrichtsstunde noch gebetet. Heute wollen tatsächlich irgendwelche Narren sogar das Kreuz im Klassenzimmer verbieten.

70/097, 2000-04-11, 23:47, Niklas

In den 70ern

... spielten zum ersten Mal BAP in einer Schulaula in der Nähe

... gab es Enten und R4, die für ein paar Mark mit Drum-Tabakwerbung durch die Gegend fuhren
... waren ausländische Fußballer wie Allan Simonsen oder Kevin Keegan noch exotische Ausnahmen in der Bundesliga
... starb Ronnie Peterson in einem brennenden Lotus auf der Start- und Zielgeraden in Monza
... standen beim Gebrauchtwagen-Hinterhofhändler neben der Straßenbahnstation ein Glas V8 und ein Triumph GT6 und warteten vergeblich auf Käufer
... gab es Star Wars im Kino
... gab es Borussia Mönchengladbach, die 12:0 gegen Dortmund gewannen, während der FC Köln aber trotzdem Meister wurde

70/097, 2000-04-12, 14:42, Teresa

In den 70ern
... gab es diese ungesund aussehenden, grauen Telefone mit Wählscheibe. Zur optischen Verschönerung spannten manche Brokatstoff darüber
... hatten die Autos noch keine Sicherheitsgurte, während heute Airbags an allen Ecken und Enden serienmäßig eingebaut werden
... lebte man offenherzig hinter riesigen Fensterglasfronten, so dass jeder ins Wohnzimmer gucken konnte; nach der Energiekrise (1973) hat man dann kleinere Fenster bevorzugt

70/18, 1999-10-31, 22:43, Hans Miesner

- John Lennon ermordet (1980)
- Der Kaefer in Orange, Heizung geht nicht mehr auszuschalten, muss im Sommer abgeklemmt werden
- Prilblumen überall
- Lavendel, Oleander, Jasmin, Vernell
- Klementine und Ariel
- Airfix und Revell-Modelle

1 Hans Miesner

2

– ABBA und der Helikopter auf dem Cover
– Gard Haarstudio, immer dienstags
– Wum und spaeter auch Wendelin: Thoooelke
– Domino Eis und Split
– Nordmende
– selbst-gefaerbte Unterhemden
– Tischrechner mit blauen Leuchtziffern fuer 300 Mark
– Bond Uhr mit roten Leuchtziffern, die nur auf Knopfdruck angingen
– Heinemann Briefmarken in allen Waehrungen
– Bridge Over Troubled Water
– Imagine

70/20, 1999–11–30, 17:55, Klaudia Kisters
Die 70er sind für mich (63 geboren): Pan Tau, autofreier Sonntag, Sonntagskuchen, Nicki-Pullover, Caramac, Erdbeer-Bowle, Chips und «Würmer», Kartoffelsalat und Würstchen und noch 'ne ganze Menge mehr

70/20, 1999–11–30, 18:15, Raphael der Himmlische
Dazu kommen noch: Geschmacklose Kleidung, bunte Glaeser, schlechte Musik und ein Nachmittag, wo es nix in der Glotze zu sehen gibt – als Kind geradezu tragisch.

70/20, 2000–02–10, 18:05, gerbaulet
Quartett spielen in der Pause («Meiner hat mehr PS»), «Atomkraft, nein danke!»-Buttons, Jeansanzuege, Bundeswehr-Parkas. Unvergessen auch die Einfuehrung von Redewendungen wie «Hi» und «Geil». Ebenfalls in Erinnerung: Tastentelefone neu im Haushalt, Telefonieren fuer 20 Pfennige in einer Telefonzelle mit Waehlscheibe.

70/20,
2000-02-12,
23:24, BaerbelS

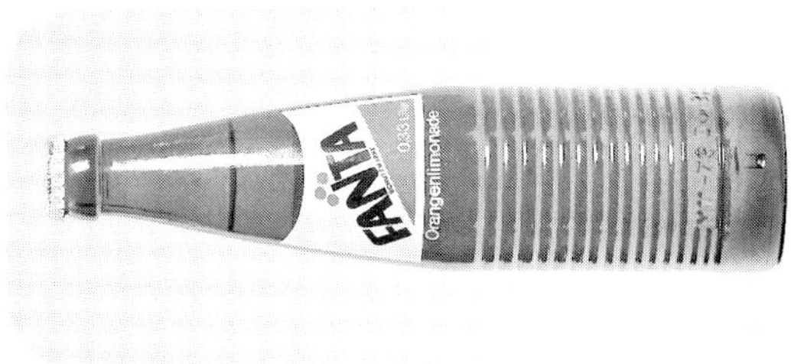

3

da war nicht nur ABBA, da gab es Boney M., die Discos, Ilja Richter, Schlaghosen und Parkas, da gab es die ersten «Tatoos»: unsere beliebten Stempel! Jeanswesten, Zigeunerblusen, Lippgloss, Tintenkiller, die Yps-Hefte mit Family-Viechern, gibt es gerade aktuell wieder. Meine Kids sind verrückt danach! Ich hatte damals ein Yps-Heft mit mexikanischen Springbohnen! Chips und 500 ml Eisbecher. Das Auswendigüben von Tanzschritten. Frank Zander. Zappa. Die Wickelröcke. Blauer Lidschatten. Poesiealben. Seilspringen. Gummitwist.

70/24, 2000-02-10, 16:49,
gerbaulet

4

Weitere kollektive Erinnerungsschätze sind Häschenwitze, der Rubik's Cube, Zündapp-Mofas, die neue Sportart Windsurfen, Skateboarding, 16:00 Uhr: Zugeschaut und mitgebaut, Pan Tau, Flummis, Spirograph-Zeichenschablonen, Logische Blöcke, Blendi-Kinderzahnpasta, …
Zum Fernsehen fällt mir noch ein: Waltons, die Strandpiraten, Klimbim, die 3-geteilte Wetterkarte von Frau Dr. Karla Wege (die hat übrigens eingeführt, dass Hochs und

Tiefs Namen bekamen!), Heiteres Beruferaten, Trill Jod S11 Werbung, das HB Männchen.
Sonst noch erinnenswert: Ritsch-Ratsch-Klick-Kameras, Goldnuss-Pärchen, Fanta in der orangen/geriffelten Flasche, Snickers im rot-blauen Wachspapier, Adidas-Trainingsanzüge mit Fersengummi, der Wurli-Wurm, die Klicker-Kugeln (2 Kugeln am Faden, die man hoch und runter zusammenschlagen musste).

70/24, 2000-02-11, 12:23, Helene

durch die vielen postings werden eine ganze reihe von erinnerungen wieder wach, die mich beschaeftigen: ich habe monchichis gesammelt, von der «roten zora» geschwaermt undundund – ich werde mich jetzt auf den imaginaeren sitzsack legen und noch ein bisschen vor mich hinschwaermen, details vielleicht spaeter.

70/024, 2000-02-11, 21:22, Peter Wuttke

Die Farben und Formen dieses Jahrzehnts waren unschlagbar. Die Kantine des SPIEGEL konserviert das, weil sie unter Denkmalschutz steht. Jede Stadtbesichtigung Hamburgs sollte einen Blick auf diese Attraktion enthalten. (Das soll aber nicht zu der falschen Schlussfolgerung führen, der SPIEGEL habe nur noch antiquarischen Wert …).

70/24, 2000-02-11, 14:44, Silvia

Kennt jemand noch diese Tierfiguren aus Holz auf einem kleinen Podest? Wenn man unten drückte, fielen sie zusammen. Dann fällt mir noch ein: Sunkist im Tetra-Pack, Dual-Plattenspieler und Bubbles-Kaugummis mit einem Tatoo, das man auf die Haut rubbeln konnte, Louis de Funès Filme, die Sendung «Am laufenden Band» mit Rudi Carrell und das Lied «Wann wird's mal wieder richtig Sommer», die Sendung mit Wim Thoelke und Wum und natürlich die Sesamstrasse.

5 Sunkist

70/24, 2000-02-13, 09:27, BaerbelS

Wer hat nicht Karokaffee getrunken? Wassereis gegessen? Lose Süßigkeiten für einen Pfennig und die Smilies. Raumpatrouille Orion mit Dietmar Schönherr. Die Barbapapas? Die ersten Schulrowdys mit fetziger Jeansweste, komplett vollgeschmiert mit den Lieblingsgruppen. Thommy Ohrner und wie hieß das noch: Das verschwundene Lächeln? Lieber Onkel Bill. 3 Jungen und 3 Mädchen.
Das Sammeln von Donald-Duck-Heften, Superman, Batman. Wann fing John Sinclair an? Heh, wir Mädchen haben Gummitwist gespielt und die Barbie bekam einen Ken. Glitzerflippchen tauschen und Poesiealbumsprüche. Wer hat sein's noch? Meines ist leider durch Umzüge verschwunden.

70/106, 2000-03-22, 16:17, anko

gesucht werden listen mit den 5 wichtigsten
* PERSONEN
* GEGENSTAENDEN
* BEGRIFFEN

der 70er jahre.
die listen bedeuten keine wertung, das heißt: es ist ja mitunter jemand oder etwas wichtig, von dem dauernd gesprochen wird, ohne dass man eine meinung/beziehung zu ihm hat!
bitte erst mal ohne kommentar – foerdert die konzentration, denke ich:-)

70/106, 2000-03-22, 16:35, Firmian Maierhofer

Hier meine Liste, absolut aus dem Bauch heraus:
* Personen:
- Willy Brandt
- Helmut Schmidt
- Richard Nixon
- Leonid Breschnew
- Franz Beckenbauer

* Gegenstände:
– Glockenhosen
– VW-Käfer
– Koteletten
– Hornbrillen
– orange-braun gestreifte 20 cm breite Krawatten
* Begriffe:
– Terrorismus
– Ostverträge
– Weltmeisterschaft
– autofreier Sonntag
– Nullwachstum

70/106, 2000-03-22, 21:06, BaerbelS

So ad hoc, würde ich sagen:
* Personen: Mama, Willy Brandt, Helmut Schmidt, Franz Beckenbauer, meine Freundin
* Gegenstände: Jeans, Parka, Tintenkiller, Chips, TV
* Begriffe: Party, Pickel, Tanzstunde, Make-up, Freund

70/106, 2000-03-23, 11:06, Anja Schroeder

* Personen: Willy Brandt, Helmut Schmidt, Hanns Martin Schleyer, Moshe Dayan (keine Ahnung warum), Rosi Mittermaier
* Gegenstände:
– Pappschies (diese kleinen runden Pappscheiben, die aus der Mitte von Singles ausgestanzt waren und auf Schuhbändern aufgezogen zur Schau gestellt wurden)
– Hubbabubba-Kaugummi
– Jeans (als Jacke, Hose, Tasche – egal)
– sämtliche Bücher-Serien à la Hanni und Nanni, Burg Schreckenstein, Dolly, Die drei???, Bille und Zottel (furchtbar)

- Matchbox-Autos (ich hatte die größte Sammlung im Umkreis – und das als Mädchen)

* Begriffe:
- Ölkrise (oder war es Energiekrise?)
- die Gold-Rosi
- GSG 9
- Baader-Meinhof
- Persil – Da weiß man, was man hat. Guten Abend

70/106, 2000-03-23, 13:07, Jimmy Jazz

Wichtigste Personen:
1: Ulrike Meinhof
2: Mick Jagger
3: Jean-Paul Sartre
4: Astrid (meine erste sexuelle Beziehung)
5: Franz Beckenbauer

Wichtigste Gegenstände:
1: Joints (in allen Variationen)
2: Fußball
3: Palästinensertuch (nur schwarz-weiß)
4: Pflastersteine bei Demos
5: Helm, Halstuch, Zitrone + Zettel mit Anwaltsnummer

Wichtigste Begriffe:
1: Terrorismus
2: Demonstration
3: Wohngemeinschaft
4: Sex+Drugs+Rock 'n' Roll
5: Reisen

70/106, 2000-03-23, 13:21, Teresa

Personen (ohne Rangfolge)

1. Helmut Schmidt
2. meine Schwester
3. Sandmännchen
4. Hanns Martin Schleyer
5. meine Grundschullehrerin

Gegenstände

1. Schlaghosen
2. Prilblumen
3. Flokati
4. Gummitwist
5. Clogs bzw. Klapperlatschen

Begriffe

1. Mogadischu
2. Baader-Meinhof
3. antiautoritäre Erziehung

6 Im linken Jugendheim

7 Demonstration gegen das Verbot der Abtreibung, 1976 in Essen

4. Hippie
5. die «Linken»

70/106, 2000-03-23, 17:41, Christine

Personen:

- Helmut Schmidt
- meine Kindergärtnerin Barbara
- meine Grundschullehrerin Frau Brodbeck
- die Band, die «La Paloma Blanca» gesungen hat
- Breschnew

Gegenstände:

- Fahndungsplakate im Postamt
- Rollschuhe
- absorba-Hosen

- ergee-Strumpfhosen
- orangefarbene Blumentapete im Treppenhaus

Begriffe:

- RAF
- antiautoritäre Erziehung
- Kinderladen
- «Freiheit statt Sozialismus»

70/106, 2000-03-23, 21:14, Chefin

Die fünf wichtigsten Personen waren: Alfred Tetzlaff, Else Tetzlaff, Tochter, Schwiegersohn und natürlich Frau Suhrbier.

70/106, 2000-03-23, 22:27, Weisse Riesin

Person: unangefochten Willy Brandt

Gegenstände: Tintenkiller, Gimmicks aus Yps (z. B. die Klorolle, aus der Champignons wachsen), die Wunder-Muschel, die aufgeht, wenn sie ins Wasser kommt

Begriffe: RAF; Baader-Meinhof

70/106, 2000-03-24, 13:10, Tete

PERSONEN

Mutti, Frau Steller (meine Grundschullehrerin), Conny (meine erste heimliche & unerfüllte Liebe), Willy Brandt, Eddie Merckx

GEGENSTÄNDE

Koteletten, Jeans/Parka/Polywürg-Klamotten, Prilblumen, Slime, RAF-Fahndungsplakate

BEGRIFFE

Fete mit Schieber (Blues tanzen), Strahler-Küsse, Saturday Night Fever, Tennis-Videospiel, GSG 9

70/106, 2000-03-24, 15:17, Phaidros

* Personen:
- Evel Knievel
- Niki Lauda
- Sepp Maier
- Franz Klammer
- Nadja Comaneci

* Gegenstaende:
- Lederfussball (blieb ein Traum)
- meine ersten Torwarthandschuhe
- Skateboard
- Wasserpistole
- Arena-Taschenbuecher von Auguste Lechner

* Begriffe:
- «Bolzplatz»
- «Starfighter»
- «Vorsicht Schusswaffen!»
- «die Russen»
- «die Amis»

70/106, 2000-03-25, 04:12, Yoggi

Die 5 wichtigsten Personen aus Sicht eines 8-jährigen in den 70ern:

1. Die Baader-Meinhof-Bande
2. Hansi Müller (VFB Stuttgart)
3. Big Jim
4. Evel Knievel
5. Catweazle

Die 5 wichtigsten Gegenstände:

1. Pelikan-Füller
2. Flummi-Ball
3. Yps mit Gimmick

4. Playmobil
5. 6er- oder 12er-Schuss «Cobra»-Pistole (nur für Fasching)
Die 5 wichtigsten Begriffe:
1. «in echt» und «im Spiel»
2. blackunddeckerblackunddeckerblackunddecker …
3. Spiel 77
4. «Vorsicht Falle!»
5. Dalli-Dalli

70/106, 2000-03-25, 15:59, Patty

Personen:
- Willy Brandt
- Helmut Schmidt
- Ulrike Meyfahrth
- Rainer Werner Fassbinder
- Mainzelmännchen

Gegenstände:
- mein Braun-Elektrowecker
- Palästinenserfeudel
- grünes Apfelshampoo
- mein rosa Häkelbikini
- BMW 2000

Begriffe:
- Ölkrise
- AKW? Nee!
- Flitzer
- Trimm dich fit!
- Wohngemeinschaft

8 Patty

70/106, 2000-03-25, 22:24, Antje

Aus der variierenden Perspektive von 4–14 Jahren (Reihenfolge und Auswahl zufällig):

Personen:

- Winnetou
- meine Freundinnen
- mein Grundschullehrer
- Abba
- Jimmy Carter

Dinge:

- Rollschuhe zum Anschnallen
- der Bücherbus der Stadtbibliothek
- Jeans und Parka
- Mundorgel
- Tiefflieger über Wohngebieten

Begriffe:

- «kooperative Schule»
- «Baader-Meinhof»
- «in echt» und «in unecht»
- «miteinander gehen»
- Häschenwitze

70/106, 2000-03-27, 09:17, Hanne Soya

PERSONEN

- Familie
- Freundinnen
- Lehrerinnen jenseits der Schule (Klavier, Ballett, Schwimmverein)
- Loriot
- Alice Cooper

GEGENSTÄNDE

- Flummis

- Slime
- Hollandrad
- «der Wuerfel» (Rubik's Cube)
- Schmelzgranulat

BEGRIFFE

- AKW? – Nee!
- Ein Herz fuer Tiere (oder waren es Kinder?)
- Autofreier Sonntag
- Oelkrise
- «Kekseeeeeee!»

70/106, 2000-03-27, 09:50, sonni

personen:

- die terroristen
- udo jürgens
- alle jungs, die älter waren und lange haare hatten
- otto
- die mainzelmännchen

gegenstände:

- pelikan-schreibtisch-box mit geheimfach
- mustang-jeans-umhängetasche mit weißen kordeln
- disco-roller
- barbie-camper

begriffe:

- «made in west-germany»
- «die terroristen»
- «das wäre jetzt in echt»
- «willst du viel, spül mit pril»
- «krempel und abfall» für c&a

70/106, 2000-04-12, 12:11, Niklas

Personen:
- Wolfgang Overath
- Steve McQueen
- Farrah Fawcett
- Ulrike (meine erste ((unerfüllte)) Liebe)
- Neil Young

Dinge:
- Honda CB 750 Four
- Jeans
- Die LP «The Song Remains the Same» von Led Zeppelin
- Selbstgedrehte
- Kassettenrecorder

Begriffe:
- Fußball-WM
- Punk
- autofreier Sonntag
- Helsinki-Konferenz
- Charta 77

9 Demo, 10. 9. 1974, Berlin

70/106, 2000-04-12, 10:49, Konstantin Opel

Personen:
* Willy Brandt
* Rudi Carrell
* Erik Ode
* Jacob-Sisters
* Luigi Colani

Gegenstände:
* Der orangefarbene VW 1302 LS meiner Eltern

* Das knallgrüne Rodier-Kostüm meiner Mutter
* Mein erster Kassettenrecorder (98,– DM)
* Das RAF-Fahndungsplakat, das im elterlichen Küchenschrank aufbewahrt wurde; verhaftete Terroristen strich mein Vater mit schwarzem Edding durch
* Das 70er-Jahre-Hochhaus, in dem ich aufwuchs
* Mein Barbapapa-Radiergummi

Begriffe:

* RAF
* Ölkrise
* Wohnlandschaft
* Dalli Dalli
* Doppelvergaser

70/106, 2000-04-12, 17:28, Teresa

Eigentlich sollen wir ja hier nicht kommentieren, aber jetzt muss ich nochmal loswerden, dass bei uns das Fahndungsplakat im Gäste-WC hing und somit jeder, der dort länger saß, sich unweigerlich die Gesichter eingeprägt hat. Kann mich heute noch daran erinnern. Echt krank!

70/106, 2000-04-12, 23:25, Hermann J

Personen:

- Freddy Mercury
- Helmut Schmidt
- Marion Dönhoff und Theo Sommer
- Sepp Maier
- Kermit

Gegenstände:

- Jeans und Parka
- Ciao (Mofa)
- Bonanza-Lenker

– Klampfe
– Bravo

Begriffe:
– Knutsch-Ecke
– Hitch-Hiking
– Pam Pam (Disko in Geldern)
– Terroristen
– Wildwechsel (steht auch für Fassbinder)

10 Jugendliche im Ruhrgebiet

70/106, 2000–04–13, 03:13, Chefin

Die fünf wichtigsten Personen waren: die 3 Päpste, mehr hatten wir nicht. Vielleicht noch Schmitz und Schmitzchen aus der Fernsehwerbung im WWF.

70/064, 2000–04–17, 01:28, wild

hi, bevor ich eure listen lese, moechte ich erstmal meine posten; sozusagen clean

personen:
– abba
– dieter thomas heck
– ilja richter
– batman
– christiane f.

gegenstaende:
– bravo & yps
– schallplatten
– lego technik
– walkman
– ti 57 (texas instruments)

11

begriffe:
- atomkrieg
- «das schockt»
- «no future»
- gastarbeiter
- star wars

70/106, 2000-03-23, 13:30, Klaudia Kisters

Es wäre mir sehr unangenehm, wenn bestimmte Leute als die wichtigsten Personen (Begriffe) der 70er gekürt und in einer Ranking-Liste in dem Buch auftauchen würden. Ich möchte nicht daran beteiligt sein, noch im nachhinein die Baader-Meinhof-Gruppe oder einzelne von denen hochzujubeln. Das wäre der Fall, wenn sie in die Liste kämen. Wichtig ist für mich bei Personen gleichbedeutend mit beeindruckend und positiv.

70/109, 2000-03-23, 15:12, Anja Schroeder

Liebe Klaudia, Deine Bedenken kann ich nachvollziehen.
Wichtig und prägend ist nicht immer das, was wir gutheißen. Historischer «Bestandteil» der 70er Jahre ist auch der Terrorismus, die RAF, Baader-Meinhof.
Als «Nachrichten» aus den 70er Jahren sind mir besonders die Meldungen zu diesem Thema im Gedächtnis geblieben. Unvergessen bleibt in meinem Kopf das Bild des toten Piloten der entführten Lufthansa-Maschine «Landshut», dessen Körper aus dem Flugzeug gestossen wurde. Ich erinnere mich wie heute, dass die Nachrichten meldeten, man wisse nicht genau, worum es ginge, aber der Pilot habe vor der Erschießung immer «not guilty» gerufen.
Ich war zu dieser Zeit noch Grundschülerin und erinnere mich an kein anderes Ereignis der 70er Jahre, das mich nachhaltig so beschäftigt hat.
> Wichtig ist für mich bei Personen gleichbedeutend mit beeindruckend und positiv.

Dann negierst Du den Einfluss, den auch «schlimme» Ereignisse auf Deine intellektuelle Entwicklung haben. Zu akzeptieren, dass die Ereignisse um die Baader-Meinhof-Gruppe Spuren in den Erinnerungen hinterlassen haben (wie immer die auch aussehen mögen), ist nicht per se schlecht und hat auch nichts mit «hochjubeln» zu tun.

70/109, 2000-03-23, 16:30, Klaudia Kisters

Klar, dass RAF, Baader-Meinhof etc. in die 70er gehören. Nicht weil wir sie brauchten, sondern weil es sie gab. Aber das Wort «wichtig» – das dann wohl über der Liste stehen würde – muss schon näher erläutert werden. Sonst bleibt mein Unbehagen.

70/109, 2000-03-23, 16:43, Anja Schroeder

Einer aus meinem Nachbarort war bei der GSG 9. Ein wahrer Held, der zur Rettung anderer sein Leben riskierte. Wenn RAF auf die Liste käme und nicht GSG 9, wäre ich sehr enttäuscht. GSG 9 ist auch ein Synonym für diese Zeit. Held und Heldentum sind relativ. Du wirst gesehen haben, dass ich GSG 9 als einen Begriff auf die ultimative Liste gesetzt habe. Nicht wegen des Aspekts «Helden», sondern weil es für mich ein Zeichen der Zeit war, dass nach der Beendigung der Flugzeugentführung in Mogadischu immer und allerorten nach der GSG 9 gerufen wurde.
Auch an dem Ausmaß des Unbehagens kannst Du ablesen, wie sehr die RAF-Geschichte Dein Leben in den 70ern begleitet hat.

70/109, 2000-03-23, 16:49, Klaudia Kisters

Liebe Anja, du scheinst ja eine Menge über mein Leben zu wissen, was für mich wichtig war und was mich so begleitet hat in den 70ern. Bleiben wir aber doch dabei, dass hier jede(r) Experte für seine/ihre eigenen Gefühle und Sicht der Dinge hinsichtlich der 70er und überhaupt ist. Mir geht es darum, meine Gefühle in Bezug auf diese Liste auszudrücken. Was die anderen tun, wird sich zeigen. Ich behalte mir vor, meine Mitarbeit an dem

Buch u. U. nochmal zu überdenken. In den 70ern selbst waren für mich diese ganzen Ereignisse nicht so wichtig, weil sie wenig Stellenwert in meinem Alltag hatten. Die Meinung, die ich hier kundgetan habe, hat sich im nachhinein herauskristallisiert.

70/109, 2000-03-23, 16:54, anko

zur genaueren erklaerung, was wir vorhaben:

* wir wollen die listen so abdrucken, wie sie gepostet werden. das heisst, wir werden nicht jemanden aufgrund der postings kueren (und den titel umhaengen: «wichtigste person der 70er») – das waere bei dem kleinen sample auch nicht vertretbar.
* es geht ausschließlich um die subjektive erinnerung: welcher name war fuer mich wichtig. ich wuerde z.b. auch sagen, dass ein konservativer landespolitiker meiner kindheit einfach wichtig war fuer mich, weil ich im schatten seines namens aufgewachsen bin. das heisst aber_nicht_, dass ich ihn politisch fuer gut halte.

70/106, 2000-03-22, 16:46, Klaudia Kisters

Na gut.

* Personen:

1. Willy Brandt
2. Meine beste Freundin
3. Nadja Comaneci
4. Heide Rosendahl
5. Franz Beckenbauer

* Gegenstände:

1. Jeans
2. Flimmerkiste
3. Erdbeerbowle
4. VW-Käfer
5. Parka

* Begriffe:

1. Fete
2. Hardrock
3. autofreier Sonntag
4. GSG 9
5. Hippie

Alles Bonanza - Antwort auf Beitrag

Back Forward Home Search Reload File Hotlist Stop Print

URL: http://www.alles-bonanza.de/

Alles Bonanza

Forum: www.alles-bonanza.de
Ein Album der 70er

Name

Thema Kleidung

Anziehen

Von langen Hemden, abgetrennten Wranglerschildchen, gebatikten Stoffwindeln, orangen Plastikkämmen, Schlaghosen und was darüber entschied, welcher der richtige Parka für uns war

70/29, 2000-02-12, 00:50, Jimmy Jazz

Ich erinnere mich an die Hercules M5 mit P3-Krümmer und das größere Ritzel, an den durchgebohrten Vergaser. Ich erinnere mich an die Sportschau mit «Mister Sportschau» Ernst Huberty, an die Eintracht, wie sie die Bayern 6:0 nach Hause schickte. Ich erinnere mich an den immer wiederkehrenden Streit in der Familie am Samstag zwischen Daktari- und Sportschauguckern. Ich erinnere mich an die «pädagogisch wertvollen» Kindersendungen

«Rrrrrappelkiste» und «Kli-Kla-Klawitterbus». Ich erinnere mich an Deep Purple und T-Rex und an die Klassendiscos, wo auf der einen Seite die Stühle für die Mädchen standen und auf der anderen die für die Jungen. Ich erinnere mich an die Tanzstunden und die sonntäglichen Tanzschuldiscos, in denen es immer 15 Minuten gab, in denen wir unsere langen Haare durch die Gegend schmeißen durften. Und ich erinnere mich an die langen Hemden, die ich zu Hause in die Hose ziehen musste; sobald ich aber aus der Tür ging, zog ich sie heraus; sie hingen mir manchmal bis zur Kniekehle.
O Mann, ich erinnere mich …

70/029, 2000-02-15, 14:41, Patty
Die langen Hemden haben wir uns im Second-Hand-Shop gekauft, sie wurden prinzipiell über der Hose getragen, kombiniert mit einer «Opa-Weste», dazu Clogs, Parka und Palästinenser-Feudel (war auch als hübsches Tischtuch zu verwenden). Wir sahen uns als eine Art neue Hippie-Generation und waren die «Mini-Freaks».

70/024, 2000-03-07, 11:59, Dreas
Wer von Euch hat die Original-Wrangler-Jeans-Jacke getragen mit der Haarbürste oben in der halboffenen Tasche? Das war so Mode. Eklig, eigentlich Percy Stuart, das ist unser Mann: Ein Mann, ein Mann, ein Mann, der alles kann.

70/024, 2000-03-07, 17:00, Laila West
Stimmt, echt fies. Genau wie der große, orange Plastikkamm hinten in der Hosentasche. Am besten in einer Lucky Star.

70/075, 2000-03-17, 23:31, Lilofee
Hatte eigentlich keiner von Euch einen kleinen Plastikkamm in Fischform, den man sich hinten in die Hosentasche schieben musste? Die gabs in vie-

len Farben, aber am beliebtesten waren die mit Glitzer und die dreifarbigen, oder aber die Steigerung: dreifarbige mit Glitzer!

70/075, 2000-03-18, 20:38, Harald Leinweber

Ich habe 1976 in den Sommerferien bei Spon-, äh, Montanus aktuell gejobt. Bei der Gelegenheit habe ich zwei Sonnenbrillen ergattert, die einer italienischen Frauenzeitschrift beilagen und deren Fassungen (weisser Kunststoff) Blumenform hatten. Meiner Freundin und mir verhalfen die zu einem in der Tat abgefahrenen Partnerlook. Meine Güte, was so alles rauskommt! Außerdem kam ich damals auch zu zwei Kämmen in Mintgrün, ungefähre Fischform. Habe ich heute noch einen von. Unbezahlbar, unersetzlich.

70/075, 2000-03-12, 00:22, redselig

Ich erinnere mich an einen dunkelblauen Minirock aus Wildleder, der aus lauter fischschuppenförmigen Einzelteilen zusammengenäht war. Gebatikt wurde natürlich auch viel, und dann diese halsbrecherischen Clogs an den Füßen!

Und wenn die Hosen zu kurz wurden, nähte man unten breite Borten an, bevorzugt mit Sternmuster, das an die amerikanische Flagge erinnerte.

Und knielang abgeschnittene Jeans wurden natürlich nicht gesäumt, sondern bekamen in 1-cm-Abständen Einschnitte verpasst. Die herunterhängenden Fäden musste man dann regelmäßig abtrennen.

70/075, 2000-03-12, 20:18, Patty

Auch schön: geschnürte Lacklederstiefel zu von Mutter gestrickter 3/4-Hose – nannte sich «Kosaken-Stil» (1972). Im selben Jahr meine Erstkommunion, auch sehr modisch: die anderen Mädchen in Rüschen und Spitzen, ich jedoch im Kleid in A-Linie, dazu meine ersten Plateausohlen (natürlich dezent, aber immerhin!). Die Wildlederröcke kenne ich auch noch, sehr witzig für die Jungs auf dem Pausenhof: Deckel hoch, der Kaffee kocht, und hatte man Pech und wenig Knöpfe, stand man im Freien. Ich erinnere mich an Cordhosen von Lemmi, gehäkelte Pullunder und Bikinis, Dufflecoats und meine ersten Adidasturnschuhe. Auch da war ich modische Vorreiterin und wurde dafür noch ausgelacht: Das seien doch Fußballschuhe!

70/075, 2000-03-12, 20:42, redselig

Richtig, gehäkelt wurde ja auch. Ich hatte ein Kleid, rot und weiß gestreift wie ein Leuchtturm und – gehäkelt!!! Die Cordhosen trug man in Farben wie Knallgelb; dazu Bluse und Pullunder. Und die rückenfreien Kleider! Eiseskälte an den Nieren, aber ein Muss! Und die bestickten Felljacken und die pelzigen Stiefel!

70/075, 2000-03-13, 08:32, Hanne Soya

... und Nieten wurden per Hand auf Jeansjacken und -hosen gepfriemelt!

70/075, 2000-03-13, 11:45, Laila West

So einen Wildlederrock aus Streifen hatte ich auch. Wir haben die Dinger immer Bananenrock genannt, weil die einzelnen Stücke irgendwie an Bananen erinnerten. Dazu hatte ich ein grünes T-Shirt, auf dem aus aufbügelbaren Buchstaben mein Name stand. Besonders stolz war ich allerdings auf eine Schlagjeans, die unten mit Blumen bestickt war. Richtig chic sahen dazu meine Plateausandalen aus (fand ich). Dabei sah ich eigentlich ziemlich komisch aus, weil ich so klein und super dünn war. Aber deshalb brauchte ich ja auch diese Schuhe! Seltsam finde ich auch, dass wir so mit 7 oder 8, wenn es im Sommer heiß war, nur mit T-Shirt, Frotteehose und Sandalen bekleidet in die Schule gelatscht sind. Das macht doch heute kein Mensch mehr!

70/075, 2000-03-16, 13:30, redselig

Ja, die Frotteehöschen – komisch, man fühlte sich eigentlich vollkommen angezogen damit.

70/075, 2000-03-13, 13:06, Phaidros

Hat hier sonst noch jemand ein Palästinensertuch gehabt?

70/075, 2000-03-13, 14:02, Teresa

Aber sischer dat! Und dazu den obligatorischen Bundeswehrparka, Jeans und Turnschuhe. Ganz toll waren vorher aber auch knallenge Rollis möglichst mit Blockstreifen (grün, türkis, schokobraun oder so), die über der Hose getragen wurden und auf der Hüfte mit einem breiten Gürtel (Leder oder Plastik, aber auf jeden Fall Riesenschnalle) gehalten wurden. Ich sage nur: optische Körperverletzung!!! Und meine Mutter trug Anfang der siebziger noch die ein oder andere Zweitfrisur, je nach Anlass und Outfit als modisches Detail, nicht etwa weil sie ein Problem mit ihrem Haarwuchs gehabt hätte.

70/075, 2000-03-13, 15:12, Laila West

Apropos enge Rollis. Ich hatte ein paar aus Trevira. Besonders modern war es, sie unter Blusen mit weitem Kragen zu tragen. Ein Palästinensertuch hatte ich nicht, dafür aber gebatikte Stoffwindeln. Palästinensertücher gehören eindeutig in die 70er: Gorleben, Brokdorf, «Lieber heute aktiv, als morgen radioaktiv», «AKW nee» – ohne Palästinensertücher kaum vorstellbar.

70/075, 2000-03-13, 21:29, tjane

schlagjeans, am besten mehrfach geflickt und unten noch angestueckelt – mein bestes stueck hab ich mehrfach aus der altkleidersammlung gerettet, in die es meine so gar nicht «modebewusste» mama verfrachtete (heimlich natuerlich, pfui!;-)). dafuer mochte sie wenigstens die indischen klamot-

ten: zur konfirmation erschien ich nicht im haesslichen schwarzen sondern im dezenten blaugemusterten indischen rock, was mir jede menge neidischer blicke eintrug (und unser pfarrer ertrug den anblick mit fassung;-)
eines meiner auffaelligsten kleidungsstuecke vom ende der 70er war aber eine weinrote pump-latzhose – ueberall irre weit und oben mit einem huebsch bestickten buendchen. dazu trug ich meist einen alten babyschuh um den hals gebammelt, was mir denn doch einige mitleidige blicke aelterer damen einbrachte – die haben das offensichtlich nicht als «modisch» einordnen koennen und gemutmasst, unter der sich bauschenden pumplatzhose wuechse nachwuchs heran (ah – da war ich so 13,14:-)

12

70/075, 2000-03-14, 05:38, Hanne Soya

tjane, da sprichst Du was an: Konfirmation! Ich war den Traenen nahe, als es daran ging, auszusuchen, was ich denn zu jenem Anlass bloß mal tragen koennte. Mit Kostuemchen konnte ich in dem Alter wirklich nix anfangen (eigentlich immer noch nicht so recht) und noch nicht einmal mit Blazern. Es hat sich dann schließlich ein einigermaßen sportliches Ensemble aus dunkelblauem Chintz (!) gefunden. Dazu trug ich weiße Soeckchen, die mit einer Ruesche abschlossen, die kamen damals gerade auf. Solche Soeckchen erwarb ich dann noch in verschiedenen Variationen.

70/075, 2000-03-13, 22:31, BaerbelS

Ja, Ihr habt alle recht – nur die cooooole Jeansweste habt Ihr vergessen! Wichtig war: Die Schmiererei mit den Lieblingsgruppen; auch Zeichen und andere Malerei wurden an ihr verewigt. Eine Weste als Aushängeschild – wo gibt es das heute noch?! Und dann Daddies oder Opies lange Hemden. Wie coool, diese über der Wrangler-Jeans zu tragen.
Oder die «Carmen-Blusen»: Werden gerade wieder modern. Wickelröcke: Hilfeeeeee!
Schuhe: Das waren doch wohl die Cowboy-Stiefel! Vorne spitz und unten hoch.

70/075, 2000-03-19, 18:42, Gala

Mir scheint, dass die oben beschriebenen Modeerscheinungen wieder voll im Trend liegen. Wir haetten alle unsere Haekelbikinis, Haekelroecke, Lederroecke, Palaestinensertuecher, Rolling-Stones-Zungen, merkwuerdige farbene Knallbonbonsjacken und Adidas-gestreiften Sportklamotten, Indiekleider usw. aufheben sollen! Ach, und noch eins: Skaten – hochmodern, ich hatte Rollschuhe, die waren groessenverstellbar und wurden unten an die Schuhe geschnallt. Damit bin ich regelmaessig in die Schule geduest, ging gut – Berg runter, dort abgelegt, und in der Pause wieder angelegt. Stopper hatten die Teile natuerlich nicht, aber dass dieses Skatefieber, das seit einigen Jahren mit hochgestylten Plastikteilen kursiert, auch nix Neues ist, wollte ich hier mal kurz belegt haben.

70/075, 2000-03-20, 10:09, Firmian Maierhofer

Tja, die meisten gaben ihre 70er-Sachen, als sie aus der Mode kamen, ans Rote Kreuz oder schickten es an die Verwandten in der «Zone». Das DRK verkaufte alles an Thomas Gottschalk, und die Ostverwandtschaft wollte es auch irgendwann nicht mehr anziehen. Und jetzt bereuen's alle, dass sie die Sachen hergegeben haben.

70/075, 2000-03-21, 10:29, walter
Afghanenmaentel wurden noch nicht erwaehnt. Die waren nach 2–3 Jahren so versifft, dass man sie in die Ecke stellen konnte.

70/075, 2000-03-21, 13:12, anko
stimmt – mein vater hatte einen aus persien mitgebracht, das absolute spitzenteil. das hatte er ueber jahre immer zuhause an. sah klasse aus – nur leider habe ich es nie geschafft, damit in die schule zu gehen. schmerzt heute noch dieser versaeumte auftritt.

70/075, 2000-03-21, 13:50, Dreas
Und wenn die Jeans («Nietenhose», sagte meine Omi) Löcher hatte, dann kamen Bügelflicken drauf. Und da mein Bruder und ich abartig schnell wuchsen, mußten die Jeans verlängert werden. Also gab es bei Karstadt so Stoffe mit jeansfarbenen Mustern bzw. den Buchstaben JEANS (wie originell), und die hat meine Ma dann mit der Maschine unten angenäht – und schon passte sie wieder. Überflüssig zu sagen, dass meine Eltern diese Jeans eigentlich völlig blöd fanden. Also, sonntags nie …
Dann schon lieber Cordhosen, gabs 1976/77 auch schon in Blau und von Wrangler mit dem Lederschild auf der rechten Backe. Und dazu den obligatorischen Bundeswehrparka im Winter. Die Streitfrage war eben nur: Soll man die Deutschlandfahne an der Seite abmachen oder dranlassen?

70/075, 2000-03-21, 13:53, Klaudia Kisters
Mein Mini-Wildlederrock war braun-rosa gestreift und vorne geknöpft, den hätte ich heute noch gern. Dazu ein Rolli mit Blockmuster. Diese Clogs hatte ich auch, gekauft in der Molkerei, Abteilung Landwirtschaftsbedarf!
Zu den Clogs (mit Frotteesocken) sah meine rosa Latzhose klasse aus.
In indischen Sandalen (wenn man das überhaupt noch so nennen konnte) haben wir uns die Füße platt gelaufen. Die Plateauschuhe sind an mir vorbeigegangen, waren, als sie in Frage gekommen wären, wohl schon wieder

out. Überhaupt hieß die Devise: Je flacher, desto besser. Boots waren einfach unschlagbar, weil sie so bequem waren. Wir haben sie teilweise sogar im Sommer getragen.
Bei den Bundeswehr-/NATO-Jacken gab's feine Unterschiede. Die dicken Bundeswehrparkas in dem helleren Grün hatten eine Kapuze und manche sogar einen Kordeldurchzug in der Taille. Ich besaß eine kurze NATO-Jacke mit Kragen und ohne Kapuze aus einem glatten, dunkelolivgrünen Stoff. Und natürlich trug ich Nicki-Pullover, erst in Rot, dann in dezentem Olivgrün, Braun oder – eine Zeit lang der absolute Renner – in Schwarz. Und nur mit rundem Halsausschnitt.
Bei den Jeans waren – na klar – Wrangler und Levis der Hit, Lois und Rifle gingen auch noch. Das rechteckige Schild aus hellbraunem Plastik mit dem Wrangler-Schriftzug wurde sorgfältig abgetrennt, auch wenn das Blau darunter dunkler war als das der restlichen Hose. Sichtbare Markenschilder jeder Art waren verpönt. Es musste die Original-Wrangler sein, aber ohne Schildchen.
Ich erinnere mich gerade an ein typisches 70er-Winter-Outfit: Boots, Jeans, schwarzer Rolli, darüber eine weiße Bluse mit langem, spitzem Kragen und dann ein Bundeswehrparka oder eine NATO-Jacke drüber. Dazu das Palästinensertuch oder ein schwarzer selbstgestrickter Schal in Rippenmuster mit Fransen.
Gestrickt haben wir bis zum Geht-nicht-Mehr, besonders im Unterricht. Mein Rekord war ein Pullover an einem Tag. Okay, der war kurz und aus dicker Bouclé-Wolle, aber immerhin. Meine beste Freundin war Spezialistin für Lochmuster.

70/075, 2000-03-21, 14:03, Firmian Maierhofer

> Ich besaß eine kurze NATO-Jacke mit Kragen und ohne Kapuze
Da ich 15 Monate lang dienstlich einen Parka besaß, weiß ich, daß die echten 'ne Kapuze haben! Deiner war ein Fake!

70/075, 2000-03-21, 14:30, Klaudia Kisters
Die mit Kapuze sind die Bundeswehrparkas gewesen. Da ich meine Jacke in einem Second-Hand-Laden für alle möglichen NATO-Sachen in Nimwegen (Holland, nahe der deutschen Grenze) gekauft habe, behaupte ich mal, dass es eine NATO-Jacke war.

70/075, 2000-03-21, 15:47, Firmian Maierhofer
Ach so, Du meinst Kampfjacken. Die haben keine Kapuzen.

70/075, 2000-03-21, 15:40, Laila West
Apropos abgetrennte Wrangler-Schilder. Eine Zeit lang ging hier das Gerücht um, man bekomme für 100 Schilder eine neue Hose. Daraufhin haben alle wie wild gesammelt. Mir ist allerdings niemals jemand begegnet, der 100 Schilder hatte, geschweige denn eine neue Jeans bekommen hätte.

70/075, 2000-03-23, 14:45, Teresa
Für mein erstes Klassenfoto in der Grundschule wurde ich morgens gar niedlich herausgeputzt: mit zitronengelbem Faltenrock und pinkfarbener, gesmokter Rüschenbluse. Passend dazu rosa Söckchen in gelben Lacksandalen. Allerdings war dem Kind an diesem Hochsommertag sehr warm, so dass es sich kurzerhand der Polyesterbluse entledigte und auf dem Foto im Unterhemd da sitzt. Meine Mutter kriegt heute noch Zustände angesichts dieser «Peinlichkeit» – ich find's cool!

70/075, 2000-03-24, 19:51, ameise
Wann ging das los mit den Karottenjeans?? Ich hatte eine rosa-weiß gestreifte mit sogenanntem «Schleimi-Gürtel» – das waren elastische Strickgürtel mit silbernen rechteckigen Schließen. Und kennt jemand die «Dschunke-Kleider»? Hauchdünne, fliegende Batikkleider mit Perlenbändern in Erdfarben, zu denen man dann Jesuslatschen oder Leinenschuhe mit Knöchelbändern und Flechtkeilabsatz trug.

70/075, 2000-03-26, 01:49, Tete

mir fällt noch die jeans mit den jeweils seitlichen weißen plastikstreifen entlang der (außen)nähte ein. wir nannten das abfällig «goldkante» (ich fand's schon damals gruselig). soweit ich mich erinnere, muß das absolute late 70's gewesen sein und war auch nur recht kurz modern.

70/075, 2000-03-27, 08:39, Hanne Soya

Die Karottenhosen, hm, so ab Ende der 70er gab es die wohl, schaetze ich. Ja, und die «Goldkante» – na, also, «Paspel» heisst das doch:-) Ich hatte so eine Hose, jawoll. Dunkelblauer Feincord und die Kante aus weißer Baumwolle, sach' ich mal. Also schon bisken wat Feineres:-) Fand ich doooooht-schick, habe ich zur ersten und letzten Klassenfeier unter unserer damals neuen Klassenlehrerin angezogen. Hat ihr wohl nicht gefallen, die Feier. Dazu trug ich einen Wollpullover, habe mich beim Tanzen totgeschwitzt, aber wer schoen (?) sein will, muss ja bekanntlich leiden. Irgendwann tanzte ein Paerchen romantisch eng zu «We Are the Champions», so gegen vier Uhr nachmittags. Niedlich! Damals fanden wir das natuerlich ober-frivol. Das muss so 1979 gewesen sein.

70/075, 2000-03-25, 15:38, redselig

Sensationell fand ich meine erste Uhr, die wahrscheinlich von Tchibo stammte: Riesengroß, braun, mit braunem Plastikarmband, an dem man herrlich kauen konnte und – das war der Hit – mit einer bräunlichen Plastikscheibe, durch die man das Uhrwerk sehen konnte. Sie hat ziemlich lange gelebt.

70/099, 2000-03-21, 19:06, Harald Leinweber

Meine Jeans wurden irgendwann ziemlich schwer, weil so viele Schichten Flicken drauf waren. Außerdem wog der Reißverschluss, den ich überm Knie angebracht hatte (voll funktionsfähig!), natürlich auch was. Dafür aber ich fast nichts.

Nun ja, aber: Zu den Verrenkungen, die Frauen anstellen mussten, um in ihre Jeans zu kommen, hatte eine Jeans-Firma (nur: welche?) einen sehr hübschen Werbespot gemacht, der so zwei oder drei Dutzend solcher Übungen in schneller Folge vorführte. Dazu hieß es so ungefähr: «Jeden Morgen stellen Millionen Frauen in aller Welt überaus seltsame und schweißtreibende Übungen an.» Und dann wörtlich (ich habe das Ding im Original gesehen): «They call it ‹Getting into Jeans›». Natürlich hatte diese Firma die Lösung: Jeans mit anderem Schnitt, entsprechend der weiblichen Anatomie.

Alles Bonanza - Antwort auf Beitrag

Back Forward Home Search Reload File Hotlist Stop Print

URL: http://www.alles-bonanza.de/

Alles Bonanza

Forum: www.alles-bonanza.de
Ein Album der 70er

Name

Thema Generation Yps

Haben & begehren

Über heißersehnte Bonanzaräder, tote Kanarienvögel und wundersame Gimmicks, ohne die wir, die «Generation Yps», nicht hätten leben können

70/20, 2000-02-11, 20:47, gerbaulet
das erste elektronikspiel, an das ich mich erinnere, war so ein rundes ding mit 5 farbigen tasten, die man immer dem zufallsgenerator nachspielen musste (so eine art memory). bei falscheingabe hats immer gebrummt.

70/20, 2000-02-12, 19:44, stups
das bonanza-fahrrad, das ich fuhr, war – logisch – orangefarben. das schärfste war der bananensattel und ich hatte am lenker nen

spiegel und einen fuchsschwanz angebracht, in dem dorf war das schon ziemlich gut angesagt. ich erinnere mich auch an ein telespiel – das waren nur zwei balken und ein viereckiger punkt und damit konnte man «tennis» spielen.

70/27, 2000-02-11, 23:26, stefan65

das bonanzafahrrad, das ersehnte, habe ich nicht bekommen. um das kabel meiner fahrradbremse hatte ich dafür so ein zweifarbig gewickeltes plastikband. dann hatten wir einen fuchsschwanz am hochlenker, mit einer wäscheklammer wurde ein streifen vom joghurtbecher zwischen die speichen geklemmt, damit sich das kinderfahrrad wie ein motorrad anhörte. fisher technik, damit verbrachten wir auch viele nachmittage. einen fernseher gab es erst 1974 bei uns. mußte ich also für schweinchen dick immer zu den nachbarn.

70/25, 2000-02-11, 15:47, gerbaulet

bei den cornflakes waren frueher immer kleine spielsachen drin: tolle kleine «masken», die man zu totempfählen zusammensetzen konnte oder auch kleine schiffe und rennautos zum zusammenbauen. das muss so ca. 1974 gewesen sein.

70/33, 2000-02-14, 13:43, Firmian Maierhofer

Obwohl ich nie im Leben (bis heute) freiwillig einen Fußball benutzt habe, konnte ich nicht umhin, mir zur WM 78 das Sammelalbum zuzulegen. Drei Bildchen (mit irgendwelchen iranischen oder tunesischen Fußballern, die mich null interessierten) für 10 Pfennig. Der Schmäh war, dass man natürlich nicht wusste, welches Bildchen in der Packung war. Die doppelten wurden dann mit Mitschülern getauscht; zur Beschleunigung des Tauschvorgangs legte man Listen an mit den Fehlnummern. Zum Schluss hatte man schon fast alle und kaufte 20 Heftchen à 3 Bilder, und wenn man Pech hatte, hatte man alle diese 60 Bilder schon.

70/33, 2000-02-14, 17:22, Phaidros

Mein erstes und einziges Fußballalbum war «Bundesliga 1976». Da ich aber in solchen Sachen nicht besonders ausdauernd war (bin), verlor ich schnell den Spaß dran.
Mein Bruder hatte das Krieg-der-Sterne-Album. Waere heute sicher ein Sammlerstueck, wenn er's komplett gehabt haette, aber dafuer reichte unser skandaloes niedriges Taschengeld bei weitem nicht aus.
Der Hauptspaß war sowieso, die doppelten Bildchen ueberall hinzukleben, wo's Eltern und Lehrer aergerte. Dazu brauchte man nicht mal ein Album ...

70/033, 2000-02-17, 16:26, Andrea

das album bundesliga 79/80 hatte ich sogar komplett, das ging aber nur, wenn ein möglichst großer bekannten-/mitschülerkreis für das gleiche album sammelte.

13 Sabine

70/033, 2000-03-12, 22:43, Sabine

Es gab ja nicht nur Fußballalben! Ich hatte auch noch Klebealben von «Elliott, dem Schmunzelmonster» – mehr als eins, damit man auch die doppelten Kleber, die wirklich keiner mehr tauschen wollte, einkleben konnte.

70/033, 2000-03-25, 13:27, Laila West

Ich habe immer die super doppelten oder ollen Fußballbilder von meinen Brüdern bekommen. Tauschen auf dem Schulhof war toll. Wir standen immer in einem kleinen Kreis rum und sind die Packen durchgegangen: Hamma, hamma, hamma nich – dann wurde getauscht.
Gut war auch das sog. «Schnibbeln». Es gab das echte Schnibbeln, dabei musste man die Bilder mit einem gekonnten Wurf gegen eine Wand

schnibbeln; wessen Bild am nächsten gegen die Wand gesegelt war, bekam alle Bilder, die dort lagen, usw.
Das unechte Schnibbeln hieß eigentlich «Fallen lassen». Dabei musste man in einem engen Kreis stehen und von oben ein Bild fallen lassen. Wessen Bild ein anderes Bild berührt hat, bekam als Gewinn alle Bilder, die berührt wurden.

70/34, 2000-02-14, 13:51, Firmian Maierhofer

Das Folgende werden nur Leute, die wie ich in Frankfurt a. M. aufgewachsen sind, verstehen: Alle zwei Jahre war ja IAA (Internat. Automobilausstellung). Hauptzweck war das Sammeln von diversen Anstecknadeln, die sehr unterschiedlichen Wert hatten. Die wertvollsten waren Rolls-Royce, Ferrari, BMW Sport und interessanterweise auch Skoda, die «billigsten» waren Mercedes, VW und Opel sowie diverse Zubehörfirmen, die niemanden interessierten (z. B. Eberspächer). Daß da nebenbei auch Autos ausgestellt wurden, war uns relativ Wurscht.

70/39, 2000-02-14, 23:18, Yoggi

Wer kennt noch Kim, Katja, Eric und Brillo? Ich hab noch ein paar dunkle Erinnerungen dran, ebenso wie an die Strandpiraten oder das Gard-Haarstudio. Eine Hörspielkassette hat sogar den Sanyo Kassettenrecorder uberlebt!
Dabei im neuen ZACK blättern und die Abenteuer von Michel Vaillant (Formel 1-Pilot) oder Rick Master lesen, sich 3x das YPS kaufen, weil das bekloppte Gimmick nicht funktionieren will, und sich am (HörZu-rosa) Donnerstag um 17:10 vor die Glotze hauen, um Biene Maja oder später Captain Future zu gucken. PLAY BIG passt einfach nicht zu Playmobil und NOPPER ist '78 total out.

14

15

70/039, 2000-02-15, 09:38, Firmian Maierhofer

Play Big war blöd. Zwar konnten die Figuren im Gegensatz zu Playmobil die Beine separat bewegen, aber die waren statisch sehr schlecht und fielen dauernd um.

70/039, 2000-02-15, 10:10, mr41

Am geilsten war es, unsere Spielzeugautos wirklich zu schrotten, um echte Unfälle nachzustellen. Irgendwann bekam ich Reinigungsbenzin in die Finger und hab einen meiner Lieblinge (einen englischen Triumph aus den 60ern) in Brand gesteckt, um einfach mal ein brennendes Auto zu haben. War 'ne echte Sauerei, die Teile brannten ja nicht so sehr, sie schmolzen nur.

70/039, 2000-03-08, 18:19, anko

bei meinen brüdern und mir war es auch schwer angesagt, die matchbox-autos «nachzuarbeiten». bei meinem liebling, einem beach-buggy in violett (mit gelben lacksprengseln) habe ich so lange gefeilt, bis der lack ab war und das auto silbrig glänzte. außerdem hatten wir diese gelbe faller-bahn, auf der man die matchbox-autos fahren lassen konnte. da packten wir alle

möglichen bleikügelchen in die von ihrem innenleben befreiten matchbox-autos, um die straßenlage zu «verbessern».
noch so was, was unbedingt nachgearbeitet werden musste: die handbremse unseres tretrollers war so uncool, dass ich an das eben geschenkte fahrzeug mit der zange ging und das teil abmontierte. keine ahnung, welche «höhere macht» uns diese regeln eingab. sie waren jedenfalls absolutes MUSS und wir gingen wie ferngesteuert daran, sie umzusetzen.

70/052, 2000-03-29, 18:39, Skippy

Ja, anko, den Lack abkratzen und dann neu lackieren. Mit Ölfarben aus dem Revell-Baukasten. Oder PLAKAfarben. Dann hatte man einen Wagen, den keiner hatte. War obercool. Ach ja, kennt jemand noch die Minikriegsflugzeuge aus dem 2. WK, die es pro Packung um eine DM (!) gab?

70/020, 2000-02-23, 15:15, Patty

Zu den 70ern fallen mir noch die JUNIOR-Hefte aus der Apotheke ein. Da gabs einmal im Jahr ein großes Preisausschreiben, ich habe leider nie etwas gewonnen, dafür einmal bei SPAR den 1.Preis von KARAMALZ abgestaubt: eine Doppelluftmatratze in Braun-Orange-Gelb, der Filialleiter persönlich hat sie mir überreicht und seine Glückwünsche ausgesprochen.

70/020, 2000-03-12, 23:03, Sabine

An die Klick-Klack-Kugeln kann ich mich noch sehr gut erinnern. Besonders deshalb, weil ich ständig blau-zerschundene Unterarme hatte, weil ich nicht so richtig wusste, wie man die Dinger stoppt, wenn sie so richtig in Fahrt waren. Ein anderes Ding war auch super und zwar der so genannte «Whizzer». Eine Art Kreisel mit einem Mini-Gummiding unten dran.
Die Kreisel waren nicht besonders groß, haben aber getanzt wie irre. Allerdings werde ich niemals den Tag vergessen, an dem mir mein Bruder diesen Kreisel auf den Kopf gehalten und der Kreisel sich komplett in meine Haare eingedreht hat. Meine Mutter musste ihn mir herausschneiden und

ich hatte eine fiese kahle Stelle und wurde so zum Gespött der ganzen Schule.

16 Peter Wuttke

70/052, 2000-02-15, 16:07, Peter Wuttke
Welche Klassiker werden vermißt? Ich zum Beispiel frage mich, warum das blaue «Plastikant» (mit den gelben Steckverbindungen, die mit der Größe von Kindernasenlöchern korrespondierten) nicht mehr zu haben ist. Wer wird heute noch mit «Ministeck» gequält?
Und wie will Europa im Wettbewerb der Techniker, Ingenieure und Konstrukteure mithalten, wenn niemand mehr mit dem «Trix-Modellbaukasten» üben kann?

70/052, 2000-02-15, 18:53, Konstantin Opel
Das transzendenteste 70er-Jahre-Spielzeug ist der hohl tütelnde «Maniac» von Mattel, der zum Weihnachtsgeschäft 1978 oder 1979 offensiv beworben wurde, um die 100 Mark kostete (!!) und seinen 11-jährigen Besitzer für ein paar Wochen zum Klassen-King machte. Noch mehr als eine Digitaluhr von Tchibo!!

70/052, 2000-03-11, 15:32, redselig
Da gab es auch das unsäglich bildende Spiel «Elektra» – hieß das so? Links legte man Fragebogen zu bestimmten Themen auf, rechts Blätter mit Antworten. Die Blätter waren gelocht, und durch die Löcher konnte man mit zwei an Kabeln hängenden Steckern elektrische Kontakte berühren. Hatte man die richtige Antwort erwischt, ertönte ein Hupton. Es war der Inbegriff des Fortschritts!
Außer Lego und Fischertechnik war damals auch noch Constri im Angebot. O Gott, wie oft habe ich mir die Finger eingeklemmt!
Und im Herbst baute man Laternen aus den hölzernen runden Käseschachteln, die ich seitdem auch nicht mehr gesehen habe, und weitere

Bestandteile waren Transparentpapier mit aufgebügeltem Wachsfarben-muster.

70/052, 2000-03-24, 14:31, Konstantin Opel
Das High-Tech-Lexikon von «Ravensburger» hieß «Elexikon», jedenfalls jene Version, die bis heute in einem Schrank der elterlichen Wohnung lagert (ungebraucht seit ca. 1978).

17

70/052, 2000-03-24, 17:35, Bettina
Dazu nur soviel: «Lampe glimmt, Antwort stimmt!»

70/052, 2000-03-12, 16:56, redselig
Und die Schlumpfwelle! Was hat man nicht an Taschengeld für diese gar nicht so billigen Kerlchen ausgegeben. Übrigens gab es auch ein Spiel «Die schwarzen Schlümpfe» – ein abgewandeltes «Mensch ärgere Dich nicht». Man musste seine vier blauen Schlümpfe sicher ins Dorf bringen, doch sie wurden unterwegs immer wieder von der Fliege «Bsst» oder anderen schwarzen Schlümpfen angesteckt und mussten dann erst auf bestimmten Feldern geheilt werden – und natürlich die blauen Schlümpfe des Gegners anstecken.

70/052, 2000-03-13, 17:50, blume2000
In meiner frühen Kindheit musste man unbedingt eine «Negerpuppe» haben – so sagte man damals, ohne an Diskriminierung zu denken. Ich bekam eine, als ich endlich schwimmen gelernt hatte. Aber die meiner

Freundin schoss, obwohl unangenehm kratzig-kraushaarig, den Vogel ab, denn es war ein «richtiger» Junge.

70/052, 2000-03-17, 18:38, Patty

Meine Freundin besaß auch eine «Negerpuppe». Es war eine sogenannte Schlenkerpuppe mit irrsinnig langen Gliedmaßen, die den schönen Namen «BIMBO» trug.

70/052, 2000-03-14, 19:45, Peter Wuttke

Schon allein die Packung von «Superhirn»: Ein Mann, souverän als Denker im Vordergrund, und eine gertenschlanke Frau, quasi als Spielzeug, im Hintergrund. War das die heimliche Botschaft dieses Spiels? «Denke, dann wird alles wie bei James Bond.»

70/052, 2000-03-14, 23:40, Harald Leinweber

Reversi habe ich sehr geliebt, fand aber bald keine Mitspieler mehr, weil ich immer gewonnen habe. Einige Jahre vor der Reversi-Phase habe ich einmal sehr ausdauernd gebrüllt, damit meine Mutter mir ein sogenanntes «Hippie-Auto» kaufte: einen VW-Käfer, ca. 20 cm lang, rot (es gab ihn auch in Grün, aber welches Kind will das schon), und die Türen waren mit aufgeklebten Blumen geschmückt. Obwohl dieses legendäre Fahrzeug oft mit in die Badewanne musste, existiert es – etwas ausgebleicht, aber immer noch geblümt – noch heute.

70/052, 2000-03-16, 06:31, Hanne Soya

Und dann gab's doch noch die Tonka-Autos. Wahrscheinlich das stabilste Spielzeug der Welt. Mich hat es immer ungemein beeindruckt, wenn in der Fernsehwerbung ein Elefant seinen Fuß darauf setzte. Ich hab's dann allerdings doch irgendwann geknackt.

70/052, 2000-03-18, 18:04, redselig

Tja, mit dem Tonka-Bagger einmal eine abschüssige Ausfahrt runterrasen und in ein eisernes Gartentor knallen – und er sieht aus, als wäre er dem Elefanten wirklich begegnet!

70/052, 2000-03-21, 14:21, Jimmy Jazz

Meine Brüder und ich spielten immer die Fußball-WM-Paarungen nach. Es galt, multitaskingfähig zu sein. Ball und Gegner wollten beherrscht werden (so das Ergebnis im WM-Buch das vorsah), ein Kommentator musste nachgemacht werden und schließlich war darauf zu achten, daß der Garten nicht zu viel Schaden nahm. Ein geflügeltes Wort ist im Familienkreis noch heute der Warnruf meiner Großmutter: «Passt mir auf die Kaiserkrone auf!» – immer, wenn es Freistöße von Rivelinho oder Bonhof nachzumachen galt. Was hatte diese Blume eigentlich hinter dem Tor zu suchen?

70/052, 2000-03-23, 19:06, Harald Leinweber

Noch nie erwähnt wurde: Evel Knievel – benannt nach dem (reallife) halsbrecherischen Motorradfahrer aus Amiland. Zwar hatte ich diese Figur nie (Neidfaktor 10 von 10 auf meinen Kumpel Olli), aber beeindruckt hat mich das Ding allemal. Meist funktionierte es nicht, aber wenn, dann machte das Motorrad einen gewaltigen Satz, bevorzugt in nicht-erlaubte Richtungen wie Fenster, TV, Vasen etc.

70/052, 2000-03-25, 01:47, Peter Wuttke

Die großen Brüder der kleinen Flummis waren die Hüpfbälle. (Einige halten sich heute noch artverwandte Kugeln als Sitzmöbel, angeblich, weil's der Haltung dienlich ist.) Es galt, sich an zwei «Hörnern» dieses Hüpfballs festzukrallen und durch die Wohnung zu hopsen. Erdbeben waren nichts dagegen.

70/052, 2000-03-25, 13:24, Sabine

Filzstifte, vielleicht erschienen sie schon Ende der Sechziger? Es gab sie zuerst nur in sechs Grundfarben, sie waren aus Japan und ziemlich teuer, daher: «Nur für die Schule, nicht für nur so!» Später waren sie billiger und es gab sie in vielen Farben. Mein Cousin, meine Schwester und ich waren Weltraum-Fans und zeichneten unsere eigenen SF-Comics. Aber dafür bewährten sich die Filzstifte nicht besonders, weil sie zu sehr ins Papier einsaugten. Daher bevorzugten wir weiterhin Bleistift und Goldfaber.

70/052, 2000-03-28, 18:58, redselig

Ja, die quietschenden, intensiv riechenden Filzstifte, die immer viel zu schnell ausgetrocknet waren! Meine Blockflöte hatte jahrelang bunte Schatten um die Löcher, weil ich das Zeug dauernd an den Fingern hatte. Unter den Nägeln wiederum sammelte sich Knetgummi, der seltsamerweise immer eine blaue Farbe annahm, wenn man die einzelnen Stangen ineinander verarbeitet hatte, was natürlich schnell geschehen war.

70/052, 2000-03-29, 18:39, Skippy

Den Rubik's-Cube haben wir wegen der Geschichtslehrerin zerlegt, mit Schmirgelpapier innen «runder» gestaltet und dann mit Hautcreme gefettet, damit er nicht mehr so knarzte und noch schneller lief. Wer dabei jedoch übertrieb, dem ist er dann bei unvorsichtigem Hantieren ständig «auseinandergeflutscht». Ich trage die einmal im Magazin «Spiegel» veröffentlichte Lösung für den Zauberwürfel aus reiner Sentimentalität noch heute im Portemonnaie mit mir rum ;)

70/053, 2000-02-15, 16:51, DiWa

Ich erinnere mich an Marvel Comics, die Spinne im Kampf gegen Doc Oc oder den Kobold. Das Heft gespickt mit Münzkatalogen oder Werbung der Sea-Monkeys, die auf der Anzeige in einem nachgebildeten Atlantis lebten. Als Ersatz mussten dann die Urzeitkrebse von Yps her, die allerdings nie zum Leben erweckt werden konnten, da 14 Tage später im Heft zwar das Futter für die Krebse enthalten war, die DM 2,50 allerdings für 10er-Eis draufgegangen sind. Die ersten Yps-Hefte enthielten, glaube ich, die Gimmicks «Buddelschiff», «Zauber-Guillotine», «Spionage-Brille» und die «Morse-Uhr». Außerdem gab es, als ich die Mandeln entfernt bekommen habe, den Greifarm als Zugabe.

70/053, 2000-02-15, 19:33, Yoggi

In YPS Nr. 2 (das erste, das ich gekauft habe) war so eine Art «magisches Rad», das auf zwei Drähten lief und nicht runterfiel – oder so ähnlich, in Nr. 3 war ein Katapult. Dann noch so ein komisches Zelt (eher ein aufgeschnittener Müllsack), eine Erzmühle aus Pappe mit «echtem Erz!», die «Original Erdnüsse von Jimmy Carter» (mit Jimmy-Carter-Maske auf der Rückseite zum Ausschneiden) und noch ein Sonderheft mit einem «echten Radio» zum Selberbasteln.

70/053, 2000-02-16, 11:05, mr41

Der YPS-Eierbaum hat bei mir wirklich funktioniert. Es entwickelten sich eierartige Früchte an dem Strauch. Es war vermutlich eine Auberginenart. Angeblich waren die Dinger essbar. Meine rochen aber nach Terpentin, als ich sie in Abwesenheit meiner Eltern im Ofen gebacken habe. Jedenfalls war das meine damalige Empfindung.

70/068, 2000-03-07, 11:16, Dreas

Hallo, ich bin Jg. 64 und hab die 70er also voll mitbekommen. Als 69 die Landung auf dem Mond stattfand, gab es kurze Zeit später bei Shell (oder war es ARAL?) Münzen, die mein Papa für eine Tankfüllung bekam. Dazu gab's eine große Tafel, mit vorgestanzten Vertiefungen, in die die jeweiligen Münzen eingedrückt werden mußten. Auf den Münzen waren das gesamte Gemini- und das Apollo-Projekt drauf. Und später gab es Münzen mit Oldtimern.

70/068, 2000-03-07, 19:14, anko

die münzen müssen aber von MOBIL gewesen sein, denn weder ARAL noch SHELL gab es bei uns
ums eck. die konkurrenz war eine BP-tankstelle. die war teil einer firma, die saatgut verkaufte. ich fand die grüne BP immer cooler als die MOBIL – ich weiss auch nicht warum, denn die letztere hatte auf jeden fall die besseren aufkleber: und zwar nicht so dicke plastikfolien wie heute, sondern so hauchdünne aufkleber mit dem roten fliegenden pferd. die mussten dann vorsichtig auf den tretroller aufgeklebt werden.

70/068, 2000-03-11, 21:08, Chefin

Ich habe sie noch. Fußball-Weltmeisterschaft 1970. Geschichte der Fliegerei. Oldtimer (müsste ich jetzt suchen). Durch mehrere Umzüge sind einige Münzen verlorengegangen. Aber höchstens nur jeweils eine pro Sammlung.

70/111, 2000-03-25, 03:54, Yoggi

Wer kennt noch die «Medi & Zini»-Poster, die man in den 70ern in der Apotheke gekriegt hat? Waren damals die definitiv größten Poster, die es gab (meistens mit Pferden, Katzen- und Hundebabys drauf).

70/068, 2000-03-14, 09:22, Milliways

wer kann schon starschnitte vergessen?! hatte beinahe die bay city rollers komplett, obwohl ich die eigentlich nicht leiden konnte (ich stand mehr auf sweet und smokie), aber mir fehlten irgendwelche beine.
medi & zini war aufgabe meiner oma, die ständig für mich in die apotheke rannte (auch wenn sie mal nichts brauchte). oma-like wurde ich auch noch mit den dingern versorgt, als ich längst in einem alter war, als das schon als super peinlich galt.

70/111, 2000-03-26, 05:01, Harald Leinweber

Beim Bravo-Starschnitt fehlte immer ein Teil! Der einzige, den ich komplett hatte, war Shaun Cassidy (der Bruder von David Cassidy). Ich klebte ihn auf einen Pappkarton, stellte ihn in meinem Zimmer auf und tat so, als wäre er mein boyfriend. Wieso gibt's eigentlich keinen Starschnitt mehr???

70/111, 2000-03-27, 08:25, Hanne Soya

buttons – prima-thema. wir haben irgendwann angefangen, die selbst zu machen – aus kronkorken, mit plaka-farben bemalt und hinten mit pattex sicherheitsnadeln reingeklebt. war aber eher ende siebziger – anfang achtziger in meiner müsli-phase. da standen dann so sachen drauf wie «schule ist doof» oder «rettet die wale», «tee statt bier».

70/111, 2000-03-29, 11:12, Tete

buttons waren mein ganzes glück nach unserer london-reise im sommer 78, als in england schon der punk tobte. so hatte ich denn als einziger (!) in der klasse buttons an meiner jacke, in verschiedenen farben und größen. einer war sogar ein kleiner quadratischer spiegel mit schwarzem rahmen und schwarzem fotoaufdruck (darauf war ich natürlich besonders stolz, hatte mich schließlich auch ein kleines vermögen gekostet, das ich ausnahmsweise mal nicht in videospiele steckte).
das abgebildete war eigentlich von sekundärem interesse, galt es doch vorrangig zu beeindrucken. die bizarre mischung ging von Ted Nugent (den kannte ich gar nicht) und Thin Lizzy (das war das spiegelmotiv) über Sex Pistols/god save the queen bis hin zu Jagger's zunge und allen denkbaren f*** off/p*** off-varianten. ein oder zwei davon habe ich noch bis heute in meiner ‹best-of-ever›-kiste aufbewahrt.

70/115, 2000-03-27, 15:35, redselig

Jetzt wird es etwas schrecklich ...
Mein erstes Haustier, das ich mit drei Jahren ungefragt geschenkt bekam,

war eine griechische Landschildkröte namens Sophie. Schon damals löste sie ein Trauma bei mir aus, weil meine schwäbische Mutter bei jeder Fütterung schimpfte, dass dieses anspruchsvolle Tier nur das teuerste Fleisch fresse und außerdem Tomaten bevorzuge, wenn die gerade nicht ganz so preiswert waren. Ich fühlte mich dann immer für den drohenden Ruin der Familie verantwortlich. Außerdem musste ein Schild «Schildkröte entlaufen» gemalt werden, das regelmäßig an den Gartenzaun gehängt wurde, wenn die bedauernswerte Sophie es wieder einmal geschafft hatte, ihr Maschendrahtgehege zu verlassen. Irgendwann stellte meine Mutter, als sie das Tier nach dem Winterschlaf in unserer kleinen rosa Babybadewanne badete, fest, dass in dem Panzer wohl kein Leben mehr herrschte. Ich wollte die tote Sophie behalten, lernte aber bei der Gelegenheit den Ausdruck «Leichengift». Im nachhinein habe ich immer noch ein schlechtes Gewissen, überhaupt jemals ein solches Tier besessen zu haben.
Dann kam Susi, das Zwergkaninchen, dessen Tod einige Jahre später zu meinen Kindheitstragödien gehört, noch später waren mongolische Wüstenrennmäuse an der Reihe und zwischendurch auch ein Aquarium, das ebenfalls – neben den endlosen Wasserwechselzeremonien – vor allem durch Todesfälle in meiner Erinnerung haftengeblieben ist: Die Schwertträger sprangen gerne heraus und lagen dann aufgerollt und vertrocknet auf unserem knallgelben Teppich, die Zebrabärblinge schlugen Purzelbäume, ehe sie verendeten, und die Neons litten darunter, dass man den Heizstab so schlecht regulieren konnte.

70/115, 2000-04-05, 16:13, redselig

Mein – blauer – Wellensittich hieß einfach Vogelvogel. Ich bekam ihn von meinem Großvater; der hatte ihn seinerseits als Ersatz für den – grünen – «Paule» seiner Vermieterin angeschafft, der entflogen war; den blauen Wellensittich fand Großvater dann aber nicht menschenfreundlich genug und gab ihn mir.

70/115, 2000-04-06, 10:47, Franka

Waren denn alle Hansis blau?
Mein erstes Haustier bzw. meine erste ‹tierische› Begegnung hieß auch Hansi und war ein blauer Wellensittich. Hansi hat nicht viel mehr gemacht als dumm rumgesessen und ab und zu so wild mit den Flügeln geschlagen. Er hatte einen Spiegel im Vogelkäfig. So, dachten wir, könnten wir ihm vorgaukeln, daß er da nicht mutterseelenallein hockt. Irgendwie habe ich noch ziemlich lange gedacht, dass wir Menschen genau aus demselben Grund überall Spiegel rumhängen haben.
Ich geb's zu, ich war noch seeehr jung.

70/115, 2000-04-06, 06:28, Hanne Soya

Ich war schon immer mehr fuer Pelziges und hatte nacheinander einige Hamster. Ich finde Hamster als Haustiere besonders schrecklich. Fuer die Hamster sowieso, und dann fuer die Halter – man sieht sie kaum, weil sie Nachttiere sind, und nach zwei Jahren sind sie doht. Das ging mir nun wirklich zu schnell, traurig war das.

70/115, 2000-04-06, 10:19, enomi

als kinners konnten wir zwei wunderschöne stallhasen unser eigen nennen. benannt wurden sie nach max & moritz, obwohl es ein pärchen war, was sich erst hinterher feststellen ließ: bis zu dem unsäglichen zeitpunkt, an dem wir uns mit dem gedanken abfinden mussten, dass die beiden im topf landen sollten. eines schönen sonntag morgens ging es ihnen wirklich an den kragen und somit auch der kindlichen illusion, eine hasenfamilie züchten zu können ...
zu allem übel landeten dann max & moritz wirklich auf dem mittagstisch ... *örx*

Alles Bonanza - Antwort auf Beitrag

Back Forward Home Search Reload File Hotlist Stop Print

URL: http://www.alles-bonanza.de/

Alles Bonanza

Forum: www.alles-bonanza.de
Ein Album der 70er

Name

Thema Hörspiele und Märchenplatten

Lauschen & mitsingen

Vom mordenden Indianer Joe, von kleinen roten Schallplattenspielern und der Mundorgel, die alle auswendig kennen

70/032, 2000-03-06, 20:26, anko

eine sehr eindrucksvolle erinnerung sind die stimmen der erzaehler auf den maerchenplatten von der firma europa: die stimmen, die meine brüder und mich in regelmäßigen abständen in absolutes grusel-entsetzen versetzten, gehoerten zu «tom sawyer und huckleberry finn». wir hatten eine schallplatte, auf der sich die dramatisierte fassung des buches befand. allein die erzaehlerstimme, die schilderte, wie indianer joe in der hoehle verhungert und das wachs der kerzen isst. keine ahnung, wie diese schauspieler hießen. auf jeden fall: die kerze der ewigen erinnerung fuer sie :-)

18

70/032, 2000-03-12, 17:03, redselig

O ja, diese gruselige Tom-Sawyer-Platte hatte ich auch. Hab mich nur ganz selten getraut, die anzuhören. Übrigens Erzählungen auf Platten: Der Mäusesheriff war spitze. Und Schlupp vom grünen Stern. (I gagri Schlupp! I schrambere! Schumuuu!). Und mein Bruder war ganz vernarrt in die vielen Räuber-Hotzenplotz-Platten, noch heute verfolgt mich der Titelsong: «Der Hotzenplotz, der Hotzenplotz, der Hotzenplotz geht um … er hat ein großes Schießgewehr und macht damit bummbumm!»

70/032, 2000-03-12, 22:36, Sabine

Tom Sawyer anzuhören habe ich mich auch nie allein getraut. Da waren mir Die drei Fragezeichen oder Fünf Freunde schon lieber. Aber auch Hanni und Nanni waren Klasse – selbst als ich die Bücher schon zigmal verschlungen hatte, waren die Kassetten noch immer toll!

70/032, 2000-03-13, 07:51, Hanne Soya

Ich hatte (habe, fuerchte ich!) so eine saudumme Maerchenplatte von einer Eisenbahn, «Lok 1414», die mir eine findige Verkaeuferin mal aufgeschwatzt hat, als es die Platte nicht gab, die ich haben wollte. Muss der Ladenhueter gewesen sein. Lok 1414 schnauft immer irgendwelche Worte im Dampfmaschinen-Rhythmus und gewinnt irgendein Rennen gegen irgendein anderes Gefaehrt. Deutlich im Ohr habe ich noch ihr «Geh vom Geleis, geh vom Geleis!».

Ansonsten war ich als Kind sehr leicht zu erschrecken und konnte allein schon das Geraeusch nicht ertragen, mit dem im Froschkoenig der von der Prinzessin an die Wand geworfene Frosch an selbige klatschte. Hm. Sehr merkwuerdig, bei genauerem Nachdenken: Auf meiner Platte verwandelte er sich nach diesem großen Wurf. Von Kuss keine Rede. Die Kinderversion eines Kindermaerchens?

70/032, 2000-03-14, 16:23, Firmian Maierhofer

Neinnein, das ist völlig richtig. Hier die Geschichte im Original:
gutenberg.aol.de/grimm/maerchen/froschko.htm
Und Lok 1414 fand ich ganz gut, ich konnte mich gut in die Lok reinversetzen, die sich gegen ihre bevorstehende Verschrottung wehrt – aber ich war auch schon immer ein großer Eisenbahnfan.

70/032, 2000-03-15, 15:27, redselig

«Sieben Messer und ein Gewehr ... hat der Räuuuuber Hotzenplotz, Hotzenplotz ...» ich bin wohl etwas traumatisiert von diesen Songs, denn mein kleiner Bruder pflegte diese Platten auch mitten in der Nacht aufzulegen, nachdem er den Plattenspieler meiner Eltern geerbt hatte. Den konnte man übrigens noch von 16 bis 78 einstellen, auch einer der Gags meiner Jugend. Das Lied der Schlümpfe, mit 33 statt 45 abgespielt, klang wie ein ganz normaler Knabenchor.
Wir hatten dann noch ein viel älteres Radio mit Holzverkleidung und elfenbeinfarbigen Tasten und einer grünen Anzeige, auf der man die Sender ablesen konnte. Es wurde von der ersten Stereoanlage ins Kinderzimmer verdrängt, einem breitgequetschten weißen Plastikmonster von Kenwood, dessen Zimmerantenne sensationellerweise aus einer Art Folie bestand. Erinnert sich noch jemand an die neuen Klangwelten, als man von Mono zu Stereo überging?

70/087, 2000-03-14, 19:34, Peter Wuttke

«Wache! Legt ihn in Ketten!»

So schallte es von der Langspielplatte, die vom stürmischen Leben des Klaus Störtebeker und seiner «Vitalienbrüder» erzählte.

Diese Geschichte hab ich oft gehört und immer gehofft, das Abenteuer möge einen anderen Ausgang nehmen. Zum Schluß hieß es jedoch immer, der Piratenkapitän sei vor den Toren Hamburgs enthauptet worden.

Neben Spannung wurde durch diese Rillen immer auch Bildung, na sagen wir einschränkend: Halbbildung transportiert. Nicht nur Histörchen und Historie, auch Musik hat es gegeben. Die Störtebeker-LP zum Beispiel bediente sich eines Stückes von Peter Tschaikowski – Ouvertüre 1812, also die, wo man die Kanonen in der Schlacht um Moskau hört. Wie diese Musik allerdings mit der Hansezeit zusammenstimmen soll, ist mir ein Rätsel.

70/087, 2000-03-15, 09:56, Firmian Maierhofer

Meine Lieblingsplatten von damals waren:

- Pumuckl-Geschichten (mit Hans Clarin als Pumuckl)
- Das kleine Schloßgespenst
- Jim Knopf

70/087, 2000-03-15, 10:09, f r a n k

Bei mir eindeutig:

«Durchs Wilde Kurdistan»,

«In 80 Tagen um die Welt»

«Hui Buh, das Schloßgespenst»

70/087, 2000-03-15, 18:55, Harald Leinweber

Ich hatte von Europa die Platten:

- Das Wirtshaus im Spessart
- Die Irrfahrten des Odysseus

– Tom Sawyer und Huckleberry Finn
Vorher hatte ich «Doktor Allwissend» und den Vitzliputzli-Mambo – eine Werbe-Platte mit Musik und Szenen von Dulgon (was immer das war). Etwas später kamen dann von Europa:
– Gefahr für die Erde
– Roboter R 7 außer Kontrolle.
Und noch etwas später, aus dokumenatrischen Gründen,
– Perry Rhodan: Invasion der Puppen.

70/087, 2000-03-15, 19:29, f r a n k
Dulgon war ein sog. Duschbad. Sowas Blaugrünliches, was mich an das allwöchentliche Samstagsbaden erinnert. Duschen gab's damals noch nicht.

70/087, 2000-03-15, 21:06, Peter Wuttke
Hans Paetsch – war für mich immer «die Stimme». Auf sehr vielen Langspielplatten gab er den Erzähler. Er konnte das so gut, daß man ihm (oder EUROPA) einfach alles abnahm.

70/087, 2000-03-16, 09:32, Firmian Maierhofer
Hans Paetsch sprach auch Jahre später die Vorrede zu einem Tote-Hosen-Song («Auf der Suche nach der Schnapsinsel»): «Schon vierzig Tage irrten die halbtoten Hosen nun schon auf den sieben Weltmeeren herum. Orkan und Skorbut hatten die Mannschaft bis ans Ende ihrer Kräfte gebracht. Da ertönte es auf einmal vom Ausguck ‹Laand in Siicht! Laand in Siicht!›. Vor ihnen lag die Insel ihrer Träume.»
Jeder erkannte sofort die Stimme von den Märchenplatten.

70/087, 2000-03-16, 05:33, Hanne Soya
Als Kind war ich ja nicht sooo markenbewusst, daher koennte ich nicht sagen, ob meine Lieblingsplatten, «Urmel aus dem Eis» und «Die kleine

Hexe», nun von Europa waren oder nicht. Jedenfalls ist bis heute die Reaktion der aufbrausenden und aeußerst kurzatmigen Oberhexe auf die lieben, also in den Augen der boesen Hexen voellig danebengeratenen, Hexereien der kleinen Hexe eines meiner Lieblingszitate:
«Pfui Rrrraaaaaattendreeeeeck! Was fuer eine schlechte – (keuch!) – Hexeeeeeeeee!»
Das war eine Stimme!
Ansonsten faellt mir da nur ein, dass ich die Stimme der Ziege auf der Sammel-Maerchenplatte mit «Tischlein deck dich» und einigem anderen Zeugs immer gern auf 78 abgespielt habe. Sie zirpte dann wie eine Grille: «Maeh, maeh, ich sprang nur ueber Baechlein und ass kein einzig Bluemelein, maeh, maeh!» (Verlogenes Vieh, das.) War das nun eigentlich aus «Tischlein deck dich»?! So eine Sammelplatte bringt es natuerlich mit sich, dass man alles durcheinanderwirft …

70/087, 2000-03-16, 11:20, Phaidros

Am liebsten hatte ich «Ivanhoe»! Allerdings war es wirklich bestenfalls ein Hauch von Halbbildung, den ich dadurch vermittelt bekam. Denn unter Normannen und Angelsachsen stellte ich mir weiß Gott was vor, und Richard Loewenherz war vor allem durch seinen Namen interessant (und Vorbild beim Ritter-Spielen).
Hatte jemand «Lari Fari Mogelzahn»? Das war der Einbruch des Psychedelischen in das Kinderhoerspiel.

70/087, 2000-03-16, 00:58, Christine

Schallplatten hatte ich weniger, ich erinnere mich lebhaft an eine, die «Musikkindergarten» hieß, und auf der Kinder sangen, auf Topfdeckel und anderes schlugen und insgesamt ziemlich viel Geräusch machten.
Kassetten dagegen hatte ich einige, vor allem Hui-Buh habe ich geliebt! «Hui-Buh, das Schlossgespenst», Klasse! Die Geschichten konnte ich auswendig, und erst vor kurzem habe ich bei meinen Eltern im Keller ein paar

Kassetten wiedergefunden. Sie sind noch viel witziger, als ich teilweise als Kind wahrgenommen habe!
Wir hatten die Kassetten mal an eine befreundete Familie verliehen, die jüngere Kinder hatte – die haben sich allerdings richtig davor gefürchtet. Und die «???»-Hörspiele, die sind ja eh Kult.

70/087, 2000-03-23, 22:41, Weisse Riesin
Also die Platten, die ich auf meinem roten kleinen Kinderplattenspieler rauf und runter spielte, waren auch vor allem Hui Buh, das Gespenst mit der rostigen Rasselkette, die Hexe Schrumpeldei aus der windschiefen Petergasse 13 oder so ähnlich und die drei??? (besonders empfehlenswert die Geschichte mit dem Karpatenhund). Eine Geschichte von Hui Buh ist mir noch in besonders guter Erinnerung. Da würfelt Hui Buh eine Sieben, nur um zu gewinnen ...

70/087, 2000-03-24, 15:11, Kathrin
Meine ersten Schallplatten, die auch auf einem kleinen roten Kinderschallplattenspieler abgespielt wurden, waren vom Kli-Kla-Klawitterbus. Irgendwann habe ich sie mal aus dem Keller gekramt und war entsetzt über einige Liedtexte (z. B. von einem Pudel, der irgendwann stirbt, weil er zu dick ist). Aber als Kind war ich begeistert.

70/087, 2000-03-16, 13:30, Firmian Maierhofer
Christine, Du mußt ein paar Jahre jünger sein als die meisten hier (ich bin Bj 67), denn die Kassetten verdrängten erst um ca. 1980 die Platten (sind natürlich auch unempfindlicher). Dann liebte ich noch das «Kleine Schloßgespenst». Weil die Turmuhr verstellt war, stand es irrtümlich statt um Mitternacht um 12 Uhr mittags zum Spuken auf und wurde vom Sonnenlicht schwarz!

70/087, 2000-03-16, 15:43, Christine

Du hast recht, ich bin ein bißchen jünger als Du (Jg. 71), aber bin ich tatsächlich jünger «als die meisten hier»? Meine wenigen Platten hatte ich vor allem von meinen großen Cousins «geerbt».

70/087, 2000-03-16, 14:45, Dreas

Dann gab es noch «Das Feuerzeug». Ich weiß nicht, ob es auch der Sprecher war, den ihr jetzt alle meintet, aber dieser Sprecher taucht heute noch in der Fernsehwerbung auf.
Ich bin mit «Peter und der Wolf» großgeworden, na ja, kein Märchen, ich weiß. Und dann die Andersen-Märchenplatten, die waren eben einfach Klasse.

70/087, 2000-03-23, 23:12, Peter Wuttke

Im Ohr sind mir heute noch Sequenzen von zwei LPs mit Aufnahmen der Augsburger Puppenkiste:

- «Schnell, spuckt das Raxel aus!» (Kalle Wirsch)
- «Habt ihr das gehört? Nein? Das war Ultraschall.» (Tutulla)
- «Verrat, gemeiner Verrat!» (Die Ratte)
- «Schrumpfe!» «Nein, du sollst schrumpfen!» (Zoppo Trump und Kalle Wirsch im finalen Wettkampf)

70/087, 2000-03-27, 10:02, Hanne Soya

Kaum zu glauben, dass mir erst jetzt einfaellt, dass meine mit Abstand meistgehoerten und -geliebten Platten «Das Dschungelbuch» I & II waren. «Ich sing nur dubididuh, immer nur dubididuh, mir ist so dubidubidubidubi, dubididuhhhh!»

70/087, 2000-03-28, 12:34, Harald Leinweber

Das Dschungelbuch! Louis Prima als Affenkönig! Baloo der Bär wird für tot gehalten und ist ganz gerührt ob seiner Grabrede! Die Schlange Kaa

versucht Mowgli zu hypnotisieren! Baloo singt «The Bare Necessities»! Und natürlich das Schlusswort: «Das war doch alles Mache!»
Bei der Gelegenheit eine Frage: Was macht eigentlich ein Bär im indischen Dschungel? (Heißt der da überhaupt «Dschungel»?) Einfach ein ganz großartiger, herrlicher, wundervoller Film!

70/087, 2000-04-15, 23:24, Emilia

Außer Hui Buh und Tom Sawyer (auf der zweiten Seite war er mit Becky Thatcher in der Höhle am Mississippi, in der Indianer Joe sein Versteck hatte ... *damalsgrusel* ...) hatte ich noch auf Platte:

– Winnetou I
– Der kleine Muck.

70/087, 2000-04-17, 09:31, Teresa

Hui Buh (musste später beim Pumuckl immer an das Schlossgespenst denken, da beide Male Hans Clarin sprach), Tom Sawyer, absolute Klasse, das! Irre fand ich vor allem, dass man als Kind viele Begriffe noch gar nicht kannte (was bitte ist ein «Kastellan», fragte sich Klein-Teresa?) und teilweise waren die Stories ja recht heftig: Indianer Joe will die Witwe Douglas verstümmeln oder wie sie den Suffkopp Muff Potter auf'm Friedhof erschlagen (Zitat des Reverends: «Liebe Gemeinde, erregt Euch nicht an der Stätte des Todes! Gottes strafende Hand liegt über dem Sünder! Er entgeht seinem Urteil nicht!»).
Dann waren da noch «Das Haus der Krokodile», «Trotzkopf» und andere Vorlagen zum Auswendiglernen. Tja und aus der Disney-Riege natürlich «Das Dschungelbuch» und «Aristocats» («Dummerchen, wir Gänse haben doch alle Plattfüße! – Schnatter, Gacker») Herrlich!
P. S. Ich habe noch alle Platten im Keller!

70/087, 2000-04-17, 14:09, Aurelia

Die Tom Sawyer-Platte mit der Höhle hatte ich auch, die war wirklich gruselig! Ich weiß wirklich nicht, ob ich sowas meiner Tochter vorspielen würde …
Und Winnetou I hab ich auch noch, da spricht der oben erwähnte Hans Paetsch den Intschu-Tschuna, diese Stimme erkenne ich auch immer und überall wieder, sehr beeindruckend!
Und «Der Sängerkrieg der Heidehasen», jaaa!!!
Wenn ich mal wieder verpennt habe, kann es sein, dass mir die ganze Zeit dieses Lied im Kopf rumgeht:
«Als ich heute früh erwachte
fand ich meine Uhr verstellt …»
Uhr verstellt … Uhr verstellt?! – kann mir jemand sagen, wie es weitergeht???

70/28, 2000-02-12, 09:25, Spangie

Als Kimba im Fernsehen lief, habe ich auch das Hörspiel zu dieser Serie gehabt. Das habe ich mit meiner Schwester jeden Sonntag vor dem Mittagessen gehört. (Natürlich trugen wir dabei blaue Adidas-Trainingsanzüge mit dem Gummi für die Füße!) Wir hatten einen Kassettenrecorder von ITT. Dieses Ding konnte wirklich nur Kassetten abspielen! Später habe ich dann mit einem Überspielkabel zu Mutterns Radio Mal Sondocks Hitparade damit aufgenommen. (Damals hieß der Sender noch WDR1.) Dieser Mensch hat ständig in die Lieder geredet. Frust!

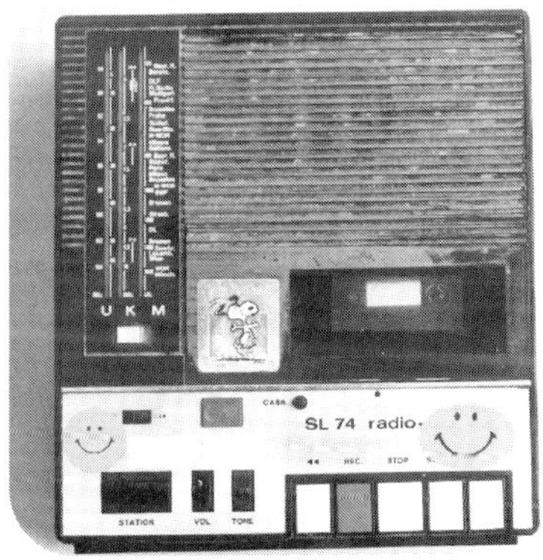

19

70/135, 2000-04-08, 18:19, Chefin

In der Schule wurde das Musikbuch durch die Mundorgel ersetzt. Der Lehrer kam stets mit seiner Gitarre und von nun an wurden Fahrtenlieder gesungen.

20

70/135, 2000-04-08, 19:49, Aurelia

Ich habe die Mundorgel noch!
Heiß geliebt:
«Herr Hadubrand in Gram und Sorg'
der lebt' auf seiner Ritterborg
er lebt in Gram und Sorge nur
und war ein schrecklicher Barbur»
(ein Barbur, ein Barbur –
und die Geschichte ist ganz wuhr)
oder das ultimative Liebeslied:
«Es bricht im Glase sich der Funke
die Nacht bricht an zu kühler Ruh'.
Es bricht der Jüngling nach dem Trunke,
mein armes Herze brichst nur Du ...»
Gut war auch:
«Sabinchen war ein Frauenzimmer,
gar hold und tugendhaft ...»
(damit konnte man die zu dieser Zeit häufig anzutreffenden Sabines ärgern)

70/135, 2000-04-08, 19:56, tjane

aber auch «hohe tannen» und «wenn wir auf kaperfahrt gehn» (oder so).
da gings irgendwie um baerte, und wer mitkommt;-)
aber auch «wir sind die moorsoldaten ...»
jedenfalls – unverzichtbar auf jeder klassenfahrt (wir hatten zum glueck klampfenspieler in der klasse :-)

70/135, 2000-04-10, 13:00, Chefin
«Der Globus quietscht und eiert» kann ich heute noch auswendig. Bei «Hohe Tannen» heulte unser Lehrer stets wie ein Wolf. Während einer Klassenfahrt ließ er sich einen Bart wachsen. Da sah er aus wie der Bösewicht aus «2 Jahre Ferien». Auf einem Fischkutter bekamen wir es dann spaßeshalber mit der Angst zu tun und sangen «Wer will mit uns auf Kaperfahrt gehen».
Unsere Mädels wollten jedoch meistens nur «Am Tag als Connie Kramer starb» singen. Irgendwann weigerte sich dann unser Lehrer.

70/135, 2000-04-10, 13:43, Konstantin Opel
Uuuuund eine zentrale Frage meiner Kindheit:
«Wer hat die Kokosnuss geklaut?» (Der Affen-Milchmann, dieser Knilch, der wartet auf die Kokosmilch).

70/135, 2000-04-10, 15:28, Frau Antje
Ich habe das gute Stück immer noch – na klar!!
«Im Frühtau zu Berge» war der Knaller der Chor-AG und ich mochte und mag am liebsten: «Es lebt der Eisbär in Sibirien (in meinem Herzen lebst nur du auauuuu-auau).»
Ich hör mich schon wieder singen …

70/135, 2000-04-10, 16:33, redselig
Klar hatten wir die Mundorgel! Aber mir ist aus dem Reliunterricht noch im Ohr: «Liebte Gott, der Herr, uns nicht (cha-cha-cha), hätt' er nicht die Erd' erschaffen …». Und auf dem Weg ins Skischullandheim sangen wir bis zur Erschöpfung: «Johnny, komm, wir fressen eine Leiche», «Eiiiisgekühlte Coca-Cola» und «Scheiße auf der …» (und dann wurde z. B. Kirchturmspitze eingesetzt). Unsere Lehrer und der Fahrer tun mir immer noch leid.

70/135, 2000-04-11, 18:08, hitchhiker

Es gab nicht nur die Mundorgel, sondern auch die weißen DIN A5-Liederheftchen, ich glaube, der Verlag hieß «Student fuer Europa»?
Erst waren da «Liederbuch», dann kamen «Liedersonne», «Liederbaum» usw. Die waren bei jeder Strandfete dabei – ich glaube, die Reihe wird immer noch fortgesetzt?

70/135, 2000-04-11, 22:54, heute

In der Grundschule zogen ein paar Freundinnen und ich eingehakt über den Schulhof und sangen aus der Mundorgel. Besonders beliebt war das Lied von den Abenteuern des «Bolle», der zu Pfingsten reiste:
«... aber dennoch hat sich Bolle ganz köstlich amüsiert!»

70/135, 2000-04-11, 23:31, Niklas

also ich hab diese Ferienlager-Lieder und die roten Büchlein gehasst wie die Pest. «Bolle» und «Kokosnuss» kann ich bis heute nicht hören, oder auch nur dran denken, ohne dass mir ein wenig übel wird. Ich hätte lieber «Heart of Gold» oder «You can close your eyes» gesungen :-)

70/135, 2000-04-12, 09:50, Chefin

@Niklas
«... wir lachen jeden Griesgram an,
bis daß er wieder, wieder lachen kann ...»
Natürlich haben auch wir andere Musik gehört. Keine Frage. Aber zur Förderung der Klassengemeinschaft eigneten sich nur Lieder aus der Mundorgel. Also, sing mit!

70/135, 2000-04-12, 15:06, Niklas

@Chefin
danke, lieb gemeint, aber zu manchen Dingen aus den 70ern gehören auch nicht ganz so nette Erinnerungen. :-)

Ich habe zum Glück mit «Hey, hey, mey, mey» und «Lady in Black» Gitarre spielen gelernt!

70/137, 2000-04-18, 18:51, pinkas

«Die Rübe» hatte ich auch, auf eben der Platte ist übrigens auch das Lied vom Fisch Fasch mit dem «weiiiiiißen Aasch» drauf (der Text ist von Brecht), genauso wie der legendäre «Hase Augustin» und (ich glaube) sogar «der Baggerführer Willibald» nach Süverkrüp. Und auf der Hülle, neben der riesigen Rübe, dieser Lehrer vor dem abgestürzten grauen Bundeswehr-Kampfflugzeug: «Mit dem Preis von so'nem Scheiß könnte man drei Schulen bau'n.»
F. Vahle gibt's immer noch, somit erfuhr ich vor kurzem aus der Zeitung, dass er mit Christiane gar nix hatte; ich dachte als Kind immer, die seien ein Paar.

Alles Bonanza - Antwort auf Beitrag

Back Forward Home Search Reload File Hotlist Stop Print

URL: http://www.alles-bonanza.de/

Alles Bonanza

Forum: www.alles-bonanza.de
Ein Album der 70er

Name

Thema Süssigkeiten

Essen & naschen

Von braven Sugus-Kindern, Knibbelbildern, Leckerschmeckern und der Frage, ob es politisch korrekt für mich ist, einen Negerkuss so zu nennen, wie ich es mal gelernt habe

70/28, 2000-02-11, 23:32, Maria Kron
Kann sich noch jemand an das Sugus-Männchen erinnern? Das Markenzeichen der leckeren Kaubonbon-Stange (lag im Supermarktregal immer neben den Carrera-Riegeln).

70/28, 2000-02-12, 09:25, Spangie
«… alle Menschen schenken dir Vertrauen!» Klar kann ich mich noch an dieses Männchen erinnern. Ich hatte sogar einen Sugus-

Männchen-Schlüsselanhänger. Der war ähnlich aufgebaut wie der allseits bekannte Mister-Minit-Anhänger.

70/28, 2000-02-13, 15:20, prilblume

Jaaaaaaaahhhhh: «Sugus, Sugus, Sugus von Suchard» haben sie immer gesungen im Fernsehen. Kennt jemand noch den Plombenzieher «Die drei Musketiere», gitterartig gegossener Karamel mit Schokoladenüberzug?

70/28, 2000-02-13, 16:49, Harald Leinweber

«Jetzt gibt's ein neues Fruchtbonbon,
Sugus von Suchard!
Brave Kinder kennen's schon
Es schmeckt wunderbar!
Sugus – Sugus – Sugus von Suchard!»
Bleäccchh, yucchhy – reaktionärer Autoritätsverherrlichungs-Mist!
Dagegen:
«Wollt Ihr Elfmeter?» – «Nein!»
«Wollt Ihr unentschieden?» – «Nein!»
«Was wollt Ihr denn?» – «Ma-o-am, Ma-o-am!»

70/28, 2000-02-14, 13:15, Firmian Maierhofer

Wir Kinder hatten eine Persiflage auf das Sugus-Lied:
«Es gibt ein neues Fruchtbonbon
mit Nitroglycerin,
böse Kinder kennen's schon,
es schmeckt nach Benzin.
Nitro-nitro-nitroglycerin»

70/028, 2000-02-16, 09:18, Hanne Soya

Sugus fand ich ziemlich lecker, besonders Ananas. Aber der Spruch mit den «braven» Kindern war obereklig. Ich dachte mir stattdessen immer, «ALLE

21

Kinder kennen's schon». Und das schoene Liedchen ging noch weiter: «es schmeckt wunderbar: Nach Orange, Ananas, Himbeer und Zitro-ho-ne, Alle Kinder lieben das, kommt, lasst Euch belohnen – Suuuuuugus, Suuuuuugus, Sugus von Suchard!»

70/022, 1999-12-14, 10:54, Didi

Hallo Leute, ich habe eine Wette laufen: Wurden die Bonitos mit den Gesichtern bereits mit dem M&M-Slogan «Die schmelzen im Mund und nicht in der Hand» beworben oder nicht? Wir scharen bereits AnhängerInnen beider Lager um uns und ich erwarte hier ultimative Klärung! Lasst mich nicht hängen!

70/28, 2000-02-14, 00:47, Christine

M&M's hießen damals noch anders, «Bonitos» oder so. Hinten auf der Packung waren kleine Comics aufgedruckt, und die Schoko-Dragees hatten Gesichter.

Irgendwann gab's auch mal die Knibbelbildchen in den Colaflaschen-Deckeln, aber das könnte in den 80ern gewesen sein. Das waren Bilder, die auf die Gummidichtungen innen in den Deckeln aufgedruckt waren.

70/28, 2000-02-14, 13:24, Harald Leinweber

Für Bonitos, die Schoko-Drops mit den lustigen Kichergesichtern, warb damals im Fernsehen die Stimme von Hans Clarin – der später den Pumuckl synchronisierte. Ich glaube nicht, dass die Bonitos später M&M (bzw. vorher Treets) hießen. Soweit ich weiß, war das eine Heldenhafte Kleine Firma, die sich gegen Die Großen Schoko-Konzerne nicht behaupten konnte.
Die Knibbelbilder habe ich auch noch rausgepult. Sind die eigentlich erfunden worden, damit die Flaschen nicht weiter benutzt werden können? Ohne Gummidichtung ist aus so einer Cola-Flasche doch schnell der Ffumm raus.

70/28, 2000-02-15, 11:52, Maria Kron

Genau, die Knibbelbildchen. Die waren immer viel zu häßlich zum Sammeln (wo sollte man den fast wabbeligen Plastikmüll auch aufheben?). Ich kann mich aber noch erinnern, dass es mal eine Serie mit Rennwagen gab!
Kennt auch noch jemand vom Kiosk die ca. Din-A4 großen Pappbilder mit irgendwelchen Hintergründen (Spielwiese, Strand o. ä.). Dazu gab es Rubbelbilder mit Figuren (z. B. Oberkörper von Kind in Gummireifen, keine Beine), die man auf die Landschaft rubbeln konnte (badendes Kind z. B. ins Meer). Das war immer sooo toll. Rund um Hannover kann man das leider nirgendwo mehr kaufen.

22 Maria Kron

70/110, 2000-03-30, 15:34, Franka
O ja, Sammelmotive in Kronkorken und Schraubverschlüssen. Meine Eltern haben damals immer einen Riesenvorrat an Getränken gekauft (ich bin ein Cola-Kind). Eines Tages bin ich im Sammelfieber in den Keller und habe alle Flaschen aufgedreht und die Sammelbildchen rausgepult. Es handelte sich damals um Oldtimer und um ca. 8 Getränkekisten.
Ich hatte mir auch ganz viel Mühe gegeben, die Flaschen wieder gaaaaanz fest zuzudrehen. Ohne Erfolg, die Kohlensäure war futsch und mein Papa hat getobt.
Egal, ich war eine Woche lang die Heldin, so viele Sammelbilder wie ich hatte keine(r).

70/110, 2000-03-31, 03:51, Raphael der Himmlische
Diese unsaeglichen «Knibbelbilder» hab ich auch wie wild gesammelt! Ich hatte die Technik-Serie (Oldtimer, Schiffe, Flugzeuge usw.), Rockstars und schließlich Olympia '84, da fehlte mir nachher leider das Bild von Cornelia Harnisch.

70/028, 2000-02-15, 15:33, Konstantin Opel
Unglaubliche Erinnerungswucht! Nach 20 Jahren meine ich den Geschmack der «Leckerschmecker» wieder spüren zu können. So hießen die gitterförmigen Schoko-Plombenzieher nämlich, wenn ich mich recht erinnere; «Die drei Musketiere» kamen nur als stets wiederkehrendes Leitmotiv in der TV-Werbung vor. Es gab zwei Slogans, an die ich mich vermutlich nicht allein erinnere, nämlich (der schwächere) «Leckerschmecker hört nie auf» und (der legendäre) «Lang wie ein Degen, süß wie eine Prinzessin». Absoluter Mittsiebziger-Kult!
Die Knibbelbilder fallen schon in die Jahre 1981/82 und waren nicht so unkorrekt, wie Ihr mutmaßt, denn es gab sie nur in den Ein-Liter-Glas-Pfand-(!)-Flaschen. Es waren zwei Serien im Umlauf, einmal zur Musikgeschichte (mit Mike Batt und den Doors!) und einmal als «Meilensteine

der Verkehrsgeschichte» (auch mit Rennwagen); gesammelt wurde mit Hilfe eines farbigen DIN-A3-Plakats, auf das die Plastikdinger geklebt wurden. Sie lösten unter den Siebtklässlern des vorderpfälzischen Kleinstadtgymnasiums, das ich besuchte, eine unglaubliche Sammelhysterie aus, die ich zuvor nur als Grundschüler kannte, als du der King warst, wenn du alle «Bernhard und Bianca»-Bilder von Figurini Pannini hattest. Geht es entschieden zu weit, wenn ich mich außerdem daran erinnere, dass es zwei Knibbelbild-Sorten gab? Nämlich einmal mit ganz glatter, weicher Oberfläche und einmal mit rauherer Beschaffenheit und etwas schlechterer Bildwiedergabe. Sowas kann ich mir bis heute merken; die Französisch-Vokabeln derselben Zeit dagegen weniger.

70/024, 2000-03-03, 00:54, Teresa

Dann war da noch «Kabafit» in den herrlichen Geschmacksrichtungen Erdbeere, Heidelbeere, Banane und natürlich Schokolade. Die Milch wurde rosa bzw. lila!!! In der dazugehörigen Werbung fuhr dieser kleine Zug durchs Bild und es klang fröhlich: «Mehr Spaß ins Glas mit Kabafit!».

70/028, 2000-02-15, 14:24, Patty

Unvergeßlich auch die eklig-klebrigen «Erfrischungsstäbchen» von Sprengel sowie das in der Hand so schön bizzelnde AHOI-Brausepulver.

70/028, 2000-02-16, 09:18, Hanne Soya

«Leckerschmecker» und «Drei Musketiere» waren in der Tat das gleiche, wohl von verschiedenen Firmen, oder aber nacheinander/umbenannt? Es gibt dieses schokoladenueberzogene «Karamelgitter» zumindest in GB immer noch, von Cadbury's, und ich komme einfach nicht drauf, wie das heisst. Wird mir jetzt den ganzen Abend keine Ruhe lassen und mit Erfolg! PS: Drei Sekunden vor dem Einschlafen fiel es mir wie Schuppen etc.: «Curlywurly» heißt das bei Cadbury's.

70/084, 2000-03-14, 19:03, Milliways

Man versucht mir meine Kindheit kaputtzumachen! Ich darf das Wort «Negerküsse» nicht mehr benutzen, und tue ich das doch, dann werde ich angesehen, als würde ich kleine Kinder fressen. Allerdings entdecke ich in solchen Situationen auch immer wieder jemanden, der verschmitzt lächelt, als hätte ich ein Zauberwort gesagt, mit dem sich die Mitglieder eines Geheimbundes erkennen. Ich finde, dass «Schokokuss» einfach nicht das gleiche ist, wie ein Negerkuss. Die Naivität, mit der wir damals das Wort «Neger» benutzt haben, hat etwas Unschuldiges. Diese Unschuld wurde jäh vernichtet, als man in den Achtzigern anfing, Jagd auf bestimmte Begriffe zu machen.

Dazu gehört auch das Spiel mit dem «schwarzen Mann». Keiner, den ich kenne und den ich dazu befragt habe, hat bei «schwarzer Mann» jemals an einen Afrikaner gedacht.

70/084, 2000-03-15, 08:34, Hanne Soya

Sehr wahr, sehr wahr, Milliways. Ich habe damit auch nie Personen assoziiert. Aber seit es die guten Hansematz-Negerkuesse nirgendwo mehr zu geben scheint, hat sich das Thema fuer mich sowieso erledigt. Sowas wie Dickmanns mag zwar dick sein, schmeckt aber wie Pappe mit Zucker.

70/084, 2000-03-15, 10:02, Firmian Maierhofer

In den 70er Jahren war das Wort «Neger» noch p.c. und wurde auch in der Tagesschau benutzt. («Der ermordete Negerführer Martin Luther King»).

70/084, 2000-03-16, 20:02, Milliways

Die Brötchen mit 'nem Negerkuss drin hießen bei uns (in HH) auch 1988 noch «Negerkussbrötchen»!

70/084, 2000-03-17, 13:09, Anja Schroeder
Schokokuss – heißt es jetzt, oder? Und aus den «Negerkussbrötchen» wurden bei uns klammheimlich die «Klatschbrötche» ...

70/084, 2000-03-18, 18:11, redselig
Im Schwabenland gab es früher ein köstliches Vanilleeis am Stiel, das einen hauchdünnen Schokoladenüberzug hatte (aber nicht ganz bis zur untersten, breitesten Stelle). Es hieß Mohrle.

70/084, 2000-03-21, 23:03, heute
Bei uns gab es Brötchen mit «Negerkuss» drin – die hießen QUATSCHMANN.

70/084, 2000-03-22, 03:45, Hanne Soya
Ich kenne nur «Negerkussbroetchen». Aber gerade faellt mir noch der fiese Heiner aus der Sesamstraße ein, der eine gaaaaanze Packung Negerkuesse aufaß, ohne den anderen Kindern etwas abzugeben: «So einer ist Heiner!!»

70/084, 2000-03-24, 22:44, calamity
Da gab es doch auch noch dieses Lied:
«C A F F E E
trink nicht zuviel Kaffee
nichts für Kinder ist der Türkentrank
schwächt die Nerven
macht dich blaß und krank
sei doch kein Muselmann
der das nicht lassen kann.»
Das darf man bestimmt auch nicht mehr singen, oder?

70/084, 2000-03-25, 13:05, Laila West

Also bei uns hießen die Negerküsse Negerküsse, aber die Negerkussbrötchen Fortunabrötchen, und so heißen sie auch heute noch. Mohrenköpfe gabs auch, aber das waren kleine runde Kuchen, die mit irgendeiner fiesen Creme gefüllt waren. Es gab mal eine Kampagne «Esst kein Obst aus Südafrika». Ich hab's nicht kapiert und dachte, dass man das nicht sollte, weil das Obst von «Negern» gepflückt wurde. Das hat mich als Kind ziemlich berührt und ich habe versucht, meine Mutter anzuweisen, Obst aus Südafrika zu kaufen. Peinlich, peinlich.

70/084, 2000-03-27, 09:40, Hanne Soya

Die Weißen heißen weiße Negerkuesse. Fuer mich jedenfalls, was wiederum zeigt, dass ich da nie irgendwelche Assoziationen in Richtung dunkelhaeutige Menschen erwogen habe.

Aus dem Schulunterricht habe ich mir gemerkt, dass der schoene Kanon «C-A-F-F-E-E» von Mozart ist (auch der Text?), aber das kann natuerlich gern auch falsch sein.

70/084, 2000-03-27, 09:47, Innozenz III

Der Text CAFFEE ist von Mozart!

70/084, 2000-03-28, 12:42, Harald Leinweber

«Muselmann» hießen in den Konzentrations- und Vernichtungs-Lagern der Nazis diejenigen Gefangenen, die gänzlich erschöpft und (auch dadurch) so gut wie tot waren. Auf dieses Wort würde ich wirklich lieber verzichten.

In den 70ern war es auch noch üblich, irgendetwas «bis zur Vergasung» zu tun. Auch wenn sich diese Redensart eigentlich auf den physikalischen Vorgang des Übergangs von flüssig in gasförmig beziehen sollte, scheint mir diese Redensart doch heutzutage völlig unangebracht.

70/084, 2000-03-28, 08:51, Hanne Soya

Den Gebrauch von «Muselmann» kannte ich noch nicht. Wohl auch besser so. «Muselmanen» kenne ich noch als angestaubte Form von Muslim oder Moslem.
Und «bis zur Vergasung» ist natuerlich ebenfalls voellig daneben. Aber gleichzeitig ist es, ebenso wie «Negerkuss», ein Beispiel fuer einen Ausdruck, den ich in einem fruehen Alter voellig unreflektiert und unwissend uebernommen habe. Erst spaet habe ich mir mal Gedanken gemacht, ob das wohl ein Nazispruch war. So oder so bemuehe ich mich, die Floskel zu meiden, denn die negativen Konnotationen sind natuerlich da.

70/084, 2000-03-28, 11:26, redselig

Lach – Hanne, da bist Du mir wieder zuvorgekommen, ich wollte Harald Leinweber auch auf die eigentliche Bedeutung des Muselmanen aufmerksam machen. Was sollte denn auch sonst wohl der «Türkentrank» in dem Lied? Gewundert habe ich mich übrigens als Kind nie über diese Bezeichnungen, wohl aber darüber, dass es offenbar Kinder gab, die Kaffee bekamen oder bekommen wollten (die Suchard-Express-Generation kannte solche Gelüste ja nicht mehr), und außerdem über das merkwürdig lange a in «blass», das ja über zwei Töne weg gesungen wird.

70/084, 2000-03-30, 08:46, Hanne Soya

Die kenne ich, die daenischen, die schmecken! Fast so gut wie die legendaeren Hansematz!!

70/084, 2000-03-30, 18:13, Harald Leinweber

Bei Aldi gab es eine Kaba-Konkurrenz namens «Tropengold» (gibt's vielleicht immer noch). Auf der Packung war lange Zeit ein Neger (für diese Zeichnung finde ich kein besseres Wort) abgebildet – heute bzw. später nur noch eine Palme …
Wie sangen wir früher:

«Kaba der Plantagentrank
macht gesunde Kinder krank»,

ANMERKUNG des Herausgebers: An anderer Stelle des Forums begann eine Debatte über Getränke, die ich hier einfügte, weil sie thematisch dazu paßt – die Autoren ignorierten also nicht das vorhergehende Thema zum politischen Aspekt von Süßigkeitennamen, sondern spannen ihr eigenes Thema fort – A. A.

70/24, 2000-02-11, 14:44, Silvia
Kennt jemand noch dieses Eis, das aussah wie ein Kegel und unten war ein Kaugummi, den man immer haben wollte, obwohl der steinhart war und total künstlich schmeckte? Wie hiess dieses Eis bloss?

70/26, 2000-02-11, 18:35, Katjes
Ich glaube, es hieß GUMBI! Kann das sein?!

70/026, 2000-02-16, 18:34, kassandra
Ich bin mir ziemlich sicher, dass es LolliPop hieß!!!

70/26, 2000-02-12, 16:20, claudia floether
und wer erinnert sich auch noch an mr. freeze, oder wie hieß dieses eis in diesem schrecklichen plastikschlauch???

23 Katjes

70/26, 2000-02-14, 23:01, Katjes
Klar, ich erinnere mich auch an dieses Eis, aber leider leider nicht mehr an den Namen. Ich weiß nur, dass wir stolz wie Oskar waren, wenn wir DM 0,50 geschenkt bekamen, die wir dann sofort in 5 solche Eis-«stangen» eingetauscht haben. Bei uns in der Nähe gab es einen kleinen

«Tante Emma Laden», in dem man auch diese kleinen roten Kirschlutscher für 3 Pfg. und Brausetabletten für 5 Pfg. bekam. Und das alles handmade verpackt, Wahnsinn!

70/024, 2000-02-24, 03:03, Hanne Soya

Mir sind noch einige leider-gottseidank nicht mehr produzierte Eise am Stiel eingefallen: Brauner Baer mit dem saemig-sappschigen Karamellkern (iiiih) und das recht aparte Snobby – ein Erdbeereis, dessen obere Haelfte mit leicht krokantiger Schokolade (na ja, eher der legendaeren «kakaohaltigen Fettglasur») ueberzogen war. Und dann gab es noch einen geradezu koestlichen Eisriegel namens «Coco» oder so, Kokosnusseis mit Schokolade (bzw. s. o.) ueberzogen. Alles von Langnese.

70/110, 2000-03-24, 00:05, Innozenz III

Dolomiti-Eis und Brauner Baer gibt es mittlerweile wieder, kommt mir aber jedoch maechtig kleiner vor als vor zwanzig Jahren.
Oder wie genial schmeckte dieser Caramac-aehnliche rosafarbene Paulchen-Panter-Riegel und last but not least war da ja noch Kaeptn Nuss – dagegen war Nutella nun wirklich Tapetenkleister.

70/110, 2000-03-24, 16:43, redselig

Dolomiti hat seinen einmaligen Wassereisgeschmack eingebüßt. Ich erinnere mich, dass wir sogenanntes «Wassereis» im Tante-Emma-Laden kauften: Eine rote Eismasse, wahlweise eher nach Kirsche oder nach Erdbeere schmeckend, die in einer Art durchsichtiger Bifi-Verpackung eingeschweißt und immer nur halb gefroren war. Und kennt jemand noch Mini Milk? Das kostete mal 25 Pfennig!

70/110, 2000-03-24, 16:52, Innozenz III

Klar, Mini Milk! Unter uns war eine Kneipe. Der Wirt schenkte uns manchmal ein Berry. Das war ein 20-Pfennig-Eis, in der Konstruktion dem

Mini Milk sehr aehnlich, das aber rot war und nach Erdbeere schmecken sollte!

70/110, 2000-03-29, 03:37, Raphael der Himmlische

Da gab's doch auch noch Gruenofant, Capt'n Spezi und Alpha! Zudem noch das Cola-Eis von mehreren Firmen! Und Ed von Schleck, das jedesmal aus dem Schieber zu fallen drohte.
Außer Eis gab's noch Caramac (das gibt's ja nun wieder!), Bonitos, Snickers im roten Papier.

70/110, 2000-03-29, 09:27, Hanne Soya

Das leckere, jedoch schwer zu genießende Ed von Schleck gibt's auch noch. Ach, diese grottenschlechten Sprueche von wegen «Ich schieb'mir einen Schlecker weg, bis einer mich am Schieber leckt», oder wie gingen die noch? Was hat man uns als unschuldigen Kindern da eigentlich alles untergeschoben?!
(Da zitiere ich doch lieber Frau Direktor Bartels, Erfinderin des Original Familienbenutzers: «Jeder halbwegs vernuenftige Mensch kann den Familienverwutzer bewenden, ohne ihn als Bewender verwutzen!»)

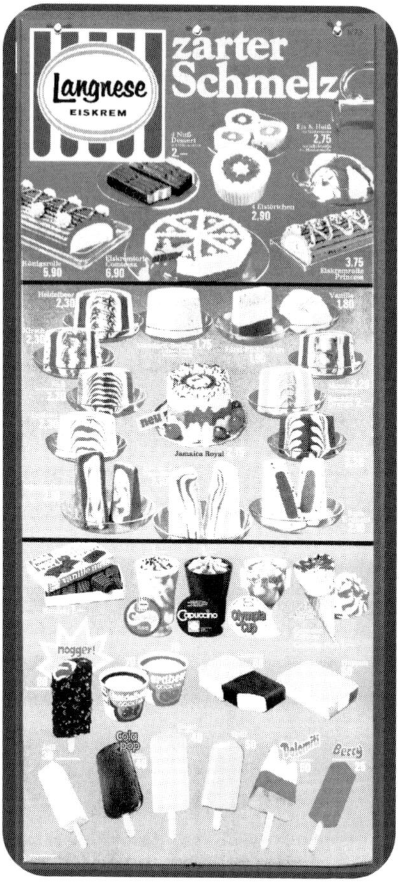

24

25

26

Die zentrale Botschaft dieser Fotos ist in der oberen Landschaftsaufnahme versteckt: Rechts neben der rechten Dame im Glockenhosenjeansrock schwebt das Logo von «Acryl». Ja, daraus haben sie bestanden, die 70er Jahre, aus Acryl. Der Rest der Kleidung aus dem Quelle Katalog Herbst/Winter 1976/77 ist state of the art: oben eng, unten weit, vorne gezackt bzw. mit Bändern bzw. mit Zipp. Wie das endete, zeigt die nächste Seite.

Historisch wertvolle, weil rare Aufnahme eines Sitzsackes (Foto Nr. 32); das stets als Sitzmöbel mißverstandene Liegemöbel machte sich besonders gut in Kombination mit Flokatis, abstrakten Postern mit Röhren drauf (ersatzweise Peace-Postern) und 4teiligen Jugendzimmern incl. 2türigen Schränken. Im Laufe der 70er Jahre lösten sich die Säcke in ihre Styroporkügelchen auf, weshalb sie als ausgestorben galten und heute nachgezüchtet werden müssen.

34

Diese und die folgende Seite: psychedelische Wohnlandschaft namens «Visiona», geschaffen im Auftrag der Bayer AG, die wohl zeigen wollte, was man aus Acryl bzw. Nylon so alles machen kann.

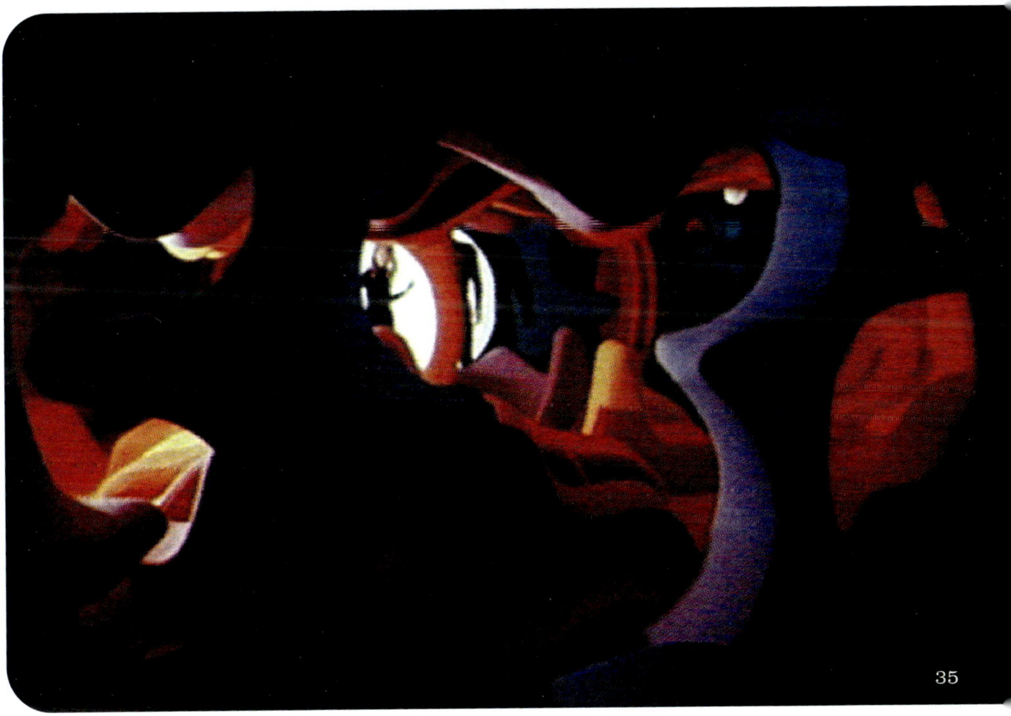

35

36 Psychedelische Wohnlandschaft der Bayer AG

Hüpfball alias «Space Hopper»
in farblich gelungener Kombination
mit der klammen, absolut nutzfreien
Kult-Substanz «Slime»
(auch Anti-Eltern-Substanz genannt).

39

40

Der Traum der 70er, das Bonanza-Fahrrad mit dem legendären Bananensattel und easy-rider-Lenker, leider ohne Fuchsschwanz. Die Looping-Hot-Wheels-Rennbahn hat hingegen alles, was wir begehrten, wenn auch die Firma Faller ebenfalls Todesloopingrennstrecken anbot.

70/110, 2000-03-29, 10:51, Konstantin Opel

die grottenschlechten Ed-von-Schleck-Sprüche (wie etwa: «Liegst Du im Dreck/Leck' Ed von Schleck) stammten großenteils aus einem Langnese-Preisausschreiben; sie entstanden damit wohl an Flötotto-Jugendschreibtischen in der ganzen Republik. Zu gewinnen gab es – schon bizarr, was man sich so alles merkt – Fünfgang-Sporträder der Marke «Winora» und Langnese-Nierentaschen aus Nylon, natürlich mit Ed-von-Schleck-Aufdruck. Da dieses Eis (Kaufpreis 1,– DM) damals zu den populären Renommier-Leckereien unter Orientierungsstufen-Schülern zählte, beteiligten sich in unserer Gegend ganze Schulklassen mit ihren Gaga-Sprüchen an diesem Wettbewerb. Ich, damals 11, ersann in einem tagelangen (!) kreativen Schöpfungsprozess (natürlich auch am Flötotto-Jugendschreibtisch) den nie zur Verwendung gekommenen Slogan «Ist die Fünf im Zeugnis weg/Leck' zur Belohnung Ed von Schleck.» Au, au, au.

41

Allerdings ist «Ed von Schleck» kein wirkliches Siebziger-Jahre-Produkt mehr: Wenn ich mich recht entsinne, kam es erst zur Saison 1980 auf den Markt (etwa zur gleichen Zeit, als der «Berry»-Preis auf 25 Pfennig angehoben wurde).

70/118, 2000-03-29, 21:58, Antje

Wir haben damals Unmengen dieser Plastik-Eisstiele (Langnese, oder?) gesammelt, die sich zusammenstecken ließen. An Flugzeugmodelle daraus kann ich mich z. B. erinnern.

70/118, 2000-04-07, 16:59, Konstantin Opel

Wir sechsjährigen Satansbraten fanden eines Tages heraus, dass die Stengel exakt ins Türschloß des Mercedes 200 D unseres Hausmeisters passten. Und dann knicken! Uns hat nie einer erwischt, aber eines Tages gab es nur noch Eis am Holzstiel.

70/118, 2000-04-07, 17:34, le_reptile

hat da die eiscreme-industrie auf die beschwerden eines ludwigshafener hausmeisters reagiert?

70/024, 2000-02-16, 16:16, Konstantin Opel

Wer erinnert sich noch an «Berry», das durchdringend rote Eis? 25 Pfennige, knallrote Lippen nach Genuß inbegriffen. Es war das Billigeis des damaligen Langnese-Programms. Wer damals nach der Schule am Bahnhofskiosk zu Schifferstadt (Rhld.-Pfalz) eine Mark in «Ed von Schleck» investierte, war der King.

70/024, 2000-02-17, 00:22, gerbaulet

Das Berry-Eis war wirklich toll, es gab auch ein passendes Milcheis dazu (mit Alu-Papier umwickelter Quader), das Düsenjäger-Eis mit der Schokoladenspitze, das Wassereis mit den 2 Stielen zum Auseinanderbrechen.

70/20, 2000-02-12, 19:44, stups

ich wette, ihr erinnert euch auch an das «esspapier», das wie löschpapier aussah. und dann noch dieses wassereis in nem kleinen plastikbeutel, bei uns hieß das zehnerles-eis, weil es wohl nur zehn pfennige kostete.

70/110, 2000-03-29, 18:37, Antje
Tritop fällt mir wieder ein. Eine Weile lang gab es da orangefarbene Plastik-Trinkbecher zu sammeln, zwölf verschiedene, mit jeweils einem anderen Verkehrszeichen drauf. Da wir genügend Becher hatten, um eine Kindergeburtstagsgesellschaft damit zu bewirten, müssen wohl so einige Flaschen gekauft worden sein.

70/110, 2000-04-06, 11:19, Konstantin Opel
PEZ fand ich als Kind schon deshalb kultig, weil in den Siebzigern zum Teil noch die wunderbaren Automaten aus den fünfzigern im Einsatz waren, mit abgerundeten Kanten und dem tollen (aber leider oft verblassten) Pin-up-Mädel der Frühzeit … Im übrigen gehört PEZ (zumindest Orange und Zitrone) zu den wenigen Süß-Sachen, deren Geschmack sich seitdem überhaupt nicht verändert hat.
Oder bilde ich mir das nur ein?

70/092, 2000-03-16, 09:41, Firmian Maierhofer
In den 70er Jahren fuhr unsere Familie oft nach Österreich in den Skiurlaub. Da trank ich immer «Almdudler», eine Kräuterlimonade mit einem Trachtenpärchen auf dem Etikett. Inzwischen hat mich der Zufall des Lebens nach Wien verschlagen, wo ich seit 1995 lebe. Und die Almdudler-Flaschen gibt's immer noch im völlig unveränderten Design. Für mich eine Erinnerung an die Skiurlaube in Obertauern. Noch heute ist Almdudler mein Lieblingsgetränk in der Kategorie «Limonaden»; eigentlich die einzige Limonade, die ich trinke.

70/092, 2000-03-16, 10:20, frida
almdudler gibts auch hin und wieder im norden, feinkostkarstadt, nee natürlich die ganz normale lebensmittelabtlg. in hamburg hat's, ein echtes kindheitsurlaubsfeeling, wobei in ö. natürlich auch die kleinen flaschen an wander- und hüttenrom. denken lassen.

70/092, 2000-03-16, 10:44, Phaidros
«Wann de kan Almdudler ham, geh i wieda ham!» Auch ich war mit meinen Eltern in Obertauern, auch ich hab immer Almdudler getrunken … und … auch meine Eltern wechselten beim dritten Kind vom Kaefer zum Passat.

70/092, 2000-03-16, 15:47, Christine
Ich muß mich hier leider als Almdudler-Hasserin outen! Nachdem ich in einem der Skiurlaube mal zuviel davon getrunken hatte, konnte ich ihn nicht mehr sehen und finde ihn bis heute ziemlich widerlich!
Und in Österreich gab's damals (heute immer noch? Firmian?) so eine orangefarbene Limonade, die sowas von künstlich schmeckte und aussah! Von der habe ich einmal Hautausschlag bekommen und sie danach nie wieder angerührt.
Aber von diesen Mißgeschicken abgesehen gehört der Skiurlaub in St. Jakob und später St. Anton zu meinen sehr schönen Kindheitserinnerungen!

70/092, 2000-03-16, 16:01, Firmian Maierhofer
Orangefarbene Limonade? Hm. Sogenannte «Kracherln». Trinke ich auch nicht. Aber ob's diese Marke noch gibt, ist schwer zu prüfen ohne nähere Angaben.

70/092, 2000-03-17, 10:40, Pallas
Diese eklige Limonade hieß – wenn ich mich an meine diversen Ö-Urlaube recht entsinne – Keli Orange. Gabs auch als Keli Zitrone. Und Almdudler habe ich immer gehasst. Da war irgendein komischer Geschmack nach … fällt mir im Moment nicht ein. Irgendein Gewürz, meine ich. Firmian, hilf mir mal weiter!

70/092, 2000-03-17, 18:55, redselig

Stimmt, der Almdudler schmeckte scheußlich. Aber wir Sechstklässler lebten irgendwie in dem Glauben, das sei ein ganz verbotenes Getränk, und außerdem wollte jeder die Blechdose mit dem tanzenden Pärchen mit nach Hause nehmen.

70/092, 2000-03-17, 19:01, anko

eine alternative zum almdudler war (und ist) in oesterreich immer die FRUCADE gewesen. ein orangensaft in einer flasche, die auch ein tolles design hat (aehnlich toll wie der besagte dudler): und zwar mit einem art gedrehten, verzwirbelten, gegrilltgerippten – praktisch nicht zu beschreibenden oberteil, waehrend der flaschenunterteil normal ist.
der talkmaster hermes phettberg hat die frucade in oesiland wieder bekannt gemacht. schade, dass das nicht mit der schartner-bombe passiert ist. aber wir veroesterreichern ja hier voellig.

70/092, 2000-03-20, 09:38, Firmian Maierhofer

FRUCADE! Das isses, was Christine mit «orangefarbene Limonade» meint! Ich hab's noch nie getrunken, obwohl ich jetzt schon über fünf Jahre in Österreich lebe; die Farbe und Konsistenz erinnert mich zu sehr an «Softlan»-Weichspüler.

70/092, 2000-03-20, 10:50, le_reptile

frucade ist eigentlich auch nichts anderes als fanta. nur dass fanta inzwischen einen vollkommen künstlichen karotin-orangeton hat, frucade noch einigermassen nach orangenlimo aussieht.
die kracherln gibts mit himbeer- (knallrot) oder zitronengeschmack. gerüchteweise auch in waldmeisterversion. die politische situation ist in österreich zwar «oasch». die limonadensituation aber «leiwand».

70/092, 2000-03-20, 11:01, Phaidros

FRUCADE ist vor allem deswegen mythisch, weil in den 70ern der glorreiche TSV Muenchen von 1860 in Trikots mit der Aufschrift FRUCADE spielte.

Alles Bonanza - Antwort auf Beitrag

Back Forward Home Search Reload File Hotlist Stop Print

URL: http://www.alles-bonanza.de/

Alles Bonanza

Forum: www.alles-bonanza.de
Ein Album der 70er

Name

Thema Popmusik und Glaubenskriege

Hören

Von der idealen Popband, dem Bodenwalzer, der Frage, was «Schweinemusik» sei und was uns von den damaligen Glaubenskriegen bis heute geblieben ist

70/13, 1999-07-06, 15:55, djchris

was für eine schwarze scheibe war für euch die platte der 70er? wir hatten damals so einen kampf zwischen kiss- und teens-fans (oder abba und ac/dc). für mich war «born to be alive» einfach die nr. des 70er discofeelings, oder grease der film der 70er.

70/13, 1999-07-13, 15:20, 007

Als absoluter Knaller der 70er kommt nur ein Stück in Frage:
Queen: Bohemian Rhapsody
Einfach genial! Etwas Vergleichbares hat es nie wieder gegeben.

70/13, 1999-07-14, 21:22, elsbeth

für mich war es Meat Loaf!
Hot summernight («You took the words right out of my mouth») unübertroffen immer noch!
Im nachhinein muß ich sagen, dass ich es ganz ganz tragisch finde, Queen nie live gesehen zu haben, ein Fehler, der nicht wiedergutzumachen ist, schnüff! (Peinlicherweise hab ich Meat Loaf auch noch nicht live gesehen, aber hier hab ich ja wohl noch eine Chance)

70/13, 1999-07-22, 18:43, Phaidros

Mit Bohemian Rhapsody habt ihr schon recht. Es wurde von mir allerdings erst in den 80ern rezipiert.
Mein Lied der 70er war Spanish Train von Chris de Burgh (aehem ...).

70/13, 1999-07-24, 12:17, Christoph BM

«Echoes» auf der Pink Floyd LP «Meddle» – und natürlich «The Lamb Lies Down On Broadway» von Genesis – zieht es euch rein, und dann mit dem Fahrrad auf die Autobahn, wie dunnemals, an den autofreien Sonntagen.

70/13, 1999-08-05, 08:05, jos fritz

Ballroom Blitz von The Sweet: die Synthese aus Glamour und Bubble Gum!
Und das Duo Chinn/Chapmann hat die Musik der 70er wirklich entscheidend geprägt

70/13, 1999-08-09, 09:14, Fritz
Nee, nee: «Never mind the bollocks» von einer Kapelle namens Sex Pistols hat doch den ganzen Queen-, Meat Loaf- und Baccarascheiß vernichtet. 1976, als Lyden noch Jonny Rotten hieß und Hosen mit Domestos gefärbt wurden. Und dann gab es The Damned, Stooges und Jam's «Going Underground». Hat das denn niemand gehört damals?

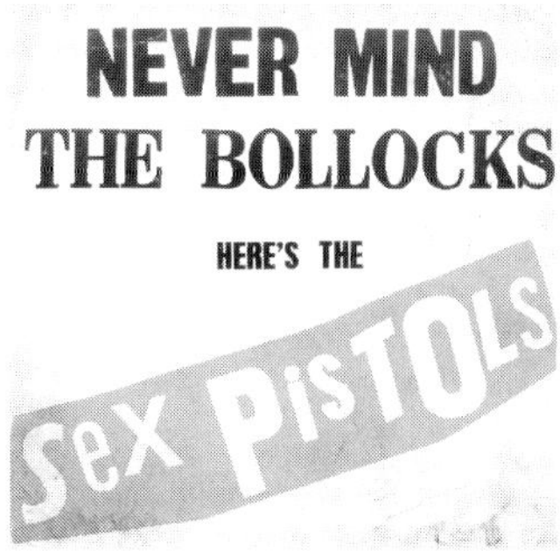

42

70/13, 1999-08-31, 15:18, Eulalia Clementine
Also meine Favorites aus den 70ern sind Genesis (besonders «The lamb lies down on Broadway» – auf dieser LP am liebsten «Hairless Heart») und natürlich Pink Floyd (ich liebe die LP «Meddle»).
Aber kennt Ihr die gute 70er Band «Nektar»? Einfach legendär!
Übrigens Amon Düül hat mein Vater in den 70ern immer aufgelegt, wenn er wollte, daß die Gäste endlich nach Hause gehen!

70/13, 1999-08-31, 23:06, Roger Bithacker
fuer mich war's keine der genannten. und festlegen wollen auf eine einzige wuerde ich mich auch nur hoechst ungern. definitiv ZU den Platten des Jahrzehnts gehoeren fuer mich allerdings:
Dr. John «In The Right Place» (1972)
ZZ Top «Tres Hombres» (1973)
und auf jeden Fall Stevie Wonder's «Song's In The Key Of Live»

70/13, 1999-09-11, 16:55, Fritz
The Clash waren nicht nur Punk, vielmehr zukunftsweisender POP. Die Mixtur aus kurzen Riffs und Reggae-Elementen nahm vieles vorweg, was anschließend nur noch kopiert, aber eben nicht mehr erreicht worden ist.

70/13, 1999-09-27, 23:17, Wolfgang Alt

Also das Stück der 70er war für mich DEEP PURPLE: CHILD IN TIME. Das Stück von Jon Lord & Co ist für mich die Hymne der Generation derjenigen, die zwischen 1957–1962 geboren worden sind.

In den 70ern habe ich selber fast nur BFBS aus Köln bzw. Hilversum 3 und holländische und belgische Piratensender gehört. Abgesehen von der Radiothek im WDR2 konnte ich mit dem deutschen Radio wenig anfangen.

In den holländischen oder belgischen Sendern gab es jährlich (meist 3–4 Tage zwischen Weihnachten und Neujahr) eine Hitparade «DIE TOP 1000 ALLER ZEITEN».

Nr. 1 war während der ganzen 70er immer CHILD IN TIME. Platz 2 und 3 teilten sich LED ZEPPELIN mit WHOLE LOTTA LOVE oder STAIRWAY TO HEAVEN und MOODY BLUES mit NIGHTS IN WHITE SATIN.

Vor ein paar Jahren wurde ein Film über die o.g. Generation gedreht mit dem Titel DIE ÜBERLEBENDEN. Es geht um eine Abiturklasse von 1979. Der Soundtrack im Hintergrund – natürlich CHILD IN TIME. Ich denke, daß das Stück das Lebensgefühl derjenigen ausdrückt, die die jüngeren Brüder der 68er waren – ohne 68 selber mitgemacht zu haben; aber zu alt waren, um Yuppie zu werden. Ein anderes Stück, das eine ähnliche Bedeutung hat, ist VERDAMP LANG HER von BAP. Aber das war etwas spät für die 70er.

Auf der anderen Seite sind für mich die 70er musikalisch keine Einheit. Ich sehe eigentlich mit dem Aufkommen des Disco-Sounds 1975 (Boney M. usw.) und des Punk (ab 1976) einen klaren Bruch.

Die Zeit der großen Kompositionen, die zumeist eine ganze LP-Seite einnahmen, war dann definitiv vorbei. Ich meine Stücke wie eben CHILD IN TIME, ECHOES von PINK FLOYD, IN THE COURT OF THE CRIMSON KING von KING CRIMSON, IN-A-GADDA-DA-VIDA von IRON BUTTERFLY.

Die Glamrock-Zeit von 1972 bis 1975 sehe ich eher als Übergang und eine

Fortentwicklung des Bubblegum-Sounds (Sweet in den Anfängen) mit Einflüssen von komerziellem Rock 'n' Roll (bei Mud, Suzi Quatro oder Slade).

70/15, 1999-10-11, 17:35, Henneberger Melanie
Zuerst muss ich vielleicht verraten, daß ich gerade einmal noch einen Tag in den siebziger Jahren gelebt habe, ich bin sozusagen ein richtig junger Hupfer. Trotzdem fühle ich mich nicht der Love-Parade-Generation angehörig, auf die man uns ja so oft festlegen will, sondern bevorzuge eine Mischung aus Ende sechziger, siebziger und neunziger Jahre Musik. Auf jeden Fall muß ich Dir zustimmen, daß in den siebziger Jahren großartige Hymnen wie z. B. Child in Time entstanden sind, jedoch gibt es auch in der neueren Musik jede Menge genialer Stücke, und zwar nicht nur im Bereich der traditionellen Rockmusik, sondern auch in der elektronischen Musik (z. B. Massive Attack). Dennoch finde ich es immer wieder faszinierend, um wieviel mehr die Musik der siebziger bei der jüngeren Generation überlebt hat, als die Musik der Achtziger, die genauso wie die Kleidung fast komplett aus der Mode gekommen ist.

70/088, 2000-03-21, 09:13, Laila West
Es gab auf Partys einen super Tanz: den sogenannten Flohtanz. Dazu musste man sich nach vorne beugen und wie wahnsinnig den Kopf zu der Musik schütteln und die Haare schwingen. Das war super. Wenn einem schwindelig wurde, dann hatte man auch die Möglichkeit, sich hinzuknien und dort unten weiter zu schwingen, das war immerhin noch besser als umzukippen und sich dadurch zu blamieren.

70/088, 2000-03-21, 23:35, heute
Diesen Tanz kenne ich auch noch gut. Wir nannten ihn aber «Bodenwalzer». Und besonders gut sah er natürlich mit langen Haaren aus. Deshalb taten mir die Jungen immer ein bißchen leid, wenn sie Bodenwalzer tanzten, weil es doch ohne herumwirbelnde Haare wenig Eindruck machte!

70/088, 2000-03-24, 16:34, Tete

oh my ... die ersten feten, was für erinnerungen. zunächst einmal die tatsache, daß sich irgendwann so gegen 8 uhr abends die eltern aller kinder einfanden, um ihre schützlinge abzuholen. die hatten aber nichts besseres zu tun, als plötzlich eine 1/2 stunde vorher festzustellen, daß engtanzen (bei uns: «schieber») klasse kommt, nachdem man den ganzen nachmittag nichts besseres wußte, als sich in zwei gruppen aufzuteilen (m/w) und sich nicht sonderlich, schon gar nicht tanzend, aufeinander zuzubewegen. so kam dann immer noch ein betteln von der einen seite («bitte bitte noch 'ne 1/2 stunde») und zweifelhafte blicke der eltern von der anderen seite («sollen wir nicht mal nachsehen, was da so alles passiert?»). so erzählte es mir jedenfalls später meine mutter, die i. ü. sich – wenn auch still für sich – köstlich darüber amüsierte, wie die einzelnen erwachsenen gute miene zum bösen spiel machten und verlegen-gelangweilt an dem ihnen schon vor 1 stunde angebotenen drink o. ä. nippten.

70/088, 2000-03-24, 17:58, Antje

Ja, ja, der Bodenwalzer. Dazu gab es natürlich noch ein Gerücht der Kategorie «Spinne in der Yucca-Palme», dass irgendjemand den Bodenwalzer zu exzessiv betrieben habe und dann in der folgenden Nacht das Gehirn immens angeschwollen sei, woran der/diejenige dann auch prompt verstorben sei. Das verlieh der Tätigkeit noch einen zusätzlichen Nervenkitzel ...

70/098, 2000-03-19, 20:54, Klaudia Kisters

Ich lag an einem Mittwochabend in meinem Knautschi (grün natürlich, knatschgrün. Der Kunststoffsack war gefüllt mit Styroporteilchen und man konnte sich herrlich reinfallen lassen. Diesen Knautschi hab ich geliebt – bis irgendwann immer mehr kleine graue Styroporteile vom Zimmerboden aufgesaugt werden mußten), als Mel «In The Ghetto» von Elvis spielte und damit dafür sorgte, dass mir zum ersten Mal Musik unter die Haut ging.

Lange war ich auch ein Juliane-Werding-Fan, obwohl ich erst zehn Jahre später kapiert habe, woran Connie Kramer eigentlich krepiert ist.

70/099, 2000-03-21, 12:22, Harald Leinweber

Da bleibt mir ja nur, den Vater (Colm Meaney) aus «The Commitments» zustimmend zu zitieren: «Elvis is God.» Von meinem Freund Bodo Schulz, dem Punk, habe ich mal eine Platte geschenkt bekommen: «Born to be Alive» von Patrick Hernandez. Klar, die ist durchaus in der Kategorie «So schlimm, dass sie schon wieder gut ist» – ein Meta-Vergnügen, sozusagen. Andererseits frage ich mich immer noch, ob Bodo mich damit nicht doch vors Schienbein getreten hat.

So ähnlich ist es mit der Nick Straker Band: etwa «A Walk in the Park». Da weiß ich auch nie: Soll das jetzt (gehobene?) Fahrstuhlmusik sein oder deren Persiflage? Vielleicht ist das ja dasselbe?

70/099, 2000-03-22, 03:34, Hanne Soya

Und dann gab es noch die Bay City Rollers oder kurz BCR. Erinnere mich an keines von ihren Liedern, Gott sei Dank. Und Smokie. Schauder! Ueberhaupt all diese Leute mit «Reibeisenstimme», der Saenger von Smokie (wie hiess der jetz' wieder?), Bonnie Tyler, Rod Stewart …

Ich ueberlege gerade, da ich alles oben genannte scheußlich fand, was ich denn zeitgleich gehoert habe. Ich glaube, das war so die Zeit kurz vor meiner Konfirmation, zu der ich die heißersehnte Stereoanlage bekam (warum sonst sollte man sich konfirmieren lassen, so schien es mir). Daher hielt ich mich mit dem Erwerben von Platten noch etwas zurueck. Ich erinnere mich aber, mir hier und da «witzige» Singles gekauft zu haben, wie «Die Wanne ist voll» von Didi Hallervorden und Helga Feddersen, «Fatima, heut' ist Ramadan» (Rueckseite «Didi Waikiki»), «Mein Gott Walter» oder aber auch «Bulldozer», das Titellied aus «Sie nannten ihn Muecke» mit Bud Spencer. Eine musikalische Durststrecke!

70/099, 2000-03-22, 08:06, Patty

Der Sänger von «Smokie» war Chris Norman. Es gab aber auch wesentlich «härtere» Bands wie z. B. «Kiss» oder «The Sweet»!
Mein Freund, eher ein Zeitgenosse der 60er, ist ja der Überzeugung, ich müßte einen unglaublich schlechten Musikgeschmack gehabt haben, da ich diesbezüglich über ein so detailliertes Erinnerungsvermögen verfüge …
Am besten feiern wir alle zusammen eine «Bad Taste»-Party, jeder bringt seine alten Singles und Kassetten mit, wir essen Flips, spielen Flaschendrehen und «Wahrheit oder Pflicht», Herr Wuttke ist für die Lichtorgel zuständig und Herr Leinweber macht den DJ. In echt.

70/099, 2000-03-22, 13:47, Klaudia Kisters

Wir schwammen doch in den 70ern (fast) alle auf der US-GB-Pop-Rock-Welle.
P.S.: Das mit der 70er-Party ist eine gute Idee. Mir kommt es so vor, als hätte ich in diesem Forum «meine Einheit» wiedergefunden. Ich würd euch gern alle kennen lernen – bei Flaschenbier und Lichtorgel.

70/099, 2000-03-23, 06:57, Hanne Soya

Die Idee ist wirklich gut, Patty!! Und ich nehme an, Du sorgst fuer Spucktueten und Erfrischungstuecher? Passt ja gut zusammen, das, nach all den Flips …

70/099, 2000-03-22, 08:46, frida

Was hier oder an anderem Ort noch fehlt ist für die späten 70er und frühen 80er das Thema «Liedermacher». Wo sind sie denn, die Leute, die begeistert Hannes Wader, Degenhardt, Wecker, H.v. Veen und für die Norddeutschen H. Debus und Co lauschten? Wird das etwa verdrängt? Ich habe sie noch, die alten Plattensammlungen mit Schätzen wie Schmetterlinge, Proletenpassion, Wader singt Arbeiterlieder usw. Wenn die Stimmungslage danach ist, hör ich das dann mal gerne wieder.

70/099, 2000-03-23, 16:16, BaerbelS
Vielleicht bin ich ja «unnormal», aber ich liebte John Denver. Er war der Einzige, für den ich in all den Jahren geschwärmt habe. (Leaving On A Jet Plane, Sunshine On My Shoulder, Take Me Home, Country Roads). In den späten 70ern berührte mich Kate Bush (Wuthering Heights). Ich finde, die Musik sowohl von Denver als auch von Bush sind zeitlos, sprechen gestern wie heute immer noch die Gefühle an.

70/099, 2000-04-15, 23:38, Hermann J
Sweet war natürlich nichts im Vergleich zu Deep Purple (bis zum Ausscheiden von Roger Glover), ELP, Led Zeppelin, Jethro Tull etc. Und richtig anspruchsvoll war man doch erst, wenn man auf das abfuhr, was Winfried Trenkler an Sphärischem präsentierte.

70/101, 2000-03-21, 13:26, Dreas
Jean-Michel Jarre – die Platte mit den blauen Augen von 1976, wie hieß die nochmal? Der Titel wurde ganz oft beim Tatort als Musikuntermalung gebracht.

70/101, 2000-03-21, 14:08, Jimmy Jazz
Meine Vorliebe galt so Gruppen wie Triumvirat und ihrem Konzeptalbum «Spartacus» oder CAN oder Amon Düül. Ganz besonders natürlich Ton Steine Scherben – aber wer mochte die nicht zu dieser Zeit. Eher prägend für meine weiteren musikalischen Vorlieben waren amerikanische Gruppen wie Allman Brothers, The Band, Neil Young und Konsorten, Little Feat usw. Diese Liste ließe sich endlos weiterschreiben, aber …
Interessant finde ich, dass ich seit etwa 3 Monaten die alten Sachen wieder verstärkt höre. Kaufte mir letzte Woche Allman Brothers «Eat A Peach» nach, weil meine Platte so abgenuddelt ist. Trotz meiner interessierten musikalischen Begleitung aller Stilrichtungen in den letzten Jahrzehnten, sei es Platten vom SST-Label aus Seattle oder Platten aus Hoboken, Musik

aus Detroit oder die Punkmusik aus England und Deutschland usw., finde ich immer wieder die Musik der siebziger am spannendsten. Das Alter?

70/101, 2000-03-21, 16:19, le_reptile

mir gehts ähnlich. nur sind's bei mir nicht die ollen rockdinosaurier, sondern die punkrock-bands der end-70er: sex pistols, the clash (jimmy jazz? kommt mir doch irgendwie ...), the damned (ganz gross!), 999, die ersten stranglers lps und noch einige obskurere wie die x-ray spex oder die rezillos. ramones natürlich.
anfangs war ich in den 70ern ja auch eher auf der prog-rock-seite, hörte yes und tangerine dream, kaufte räucherstäbchen und jesuslatschen, war der deutschen liedermacherkunst nicht abgeneigt und schwor auf die meditative kraft der musik.
und dann kam 1979 der schüleraustausch nach england. und nachdem man mir erklärt hatte, dass alles oben erwähnte unter dem etikett «boring old farts» anzusiedeln sei, lief ich mit fliegenden fahnen zum punkrock über.
zumal singles in england für 50 p zu haben waren und das durchschnittsalter der punkbands und natürlich der punks die identifikation einfacher machte, als dies bei so alten leuten der fall war, die sich weise und irgendwie höher stehend gerierten, nur weil sie glaubten, kapiert zu haben, um was es in «the dark side of the moon» ging und angesichts eines songs wie «shine on you crazy diamond» in ehrfurcht erstarrten.
plötzlich waren kurze haare geil und ich brauchte unbedingt eine schwarze lederjacke, in die ich die spitznieten hämmern konnte, die ich aus england mitgebracht hatte. ich saute die alten hemden meines vaters mit weisser farbe ein und schnitt sprühschablonen mit bandlogos.
für mich spielte sich der generationenkonflikt damals nicht zwischen eltern und kindern ab. viel schärfer empfand ich den bruch zwischen uns 15-jährigen und den 18-jährigen «freaks». jetzt, im alter *tatter*, kann ich mir zwar led zep schon mal wieder mit genuss anhören. und letztens habe

43 «Licht aus! – Spot an!»: Ilja Richter in seiner Musiksendung «Disco»

ich mir sogar ne steely dan gekauft. yes kommt mir immer noch schwülstig vor.

70/103, 2000-03-21, 22:40, wolfgang

ach, ist das schön, so zu schwelgen!
can: ich habe mir neulich die cd «ege bamyasi» gekauft. da ist «spoon», der durbridge-hit, und «vitamin c», bekannt aus tatort (tote taube in der beethovenstrasse – extrem guter und schraeger tatort!!) drauf.
was ist schweinemusik? alles nicht-teutsche bzw. englisch-amerikanische?

70/103, 2000-03-21, 23:17, walter

> Schweinemusik
Gottogott, was fuer ein schreckliches Missverstaendnis! Natuerlich nicht, eher im Gegenteil. Schweinemusik – na, ehrlich gesagt, war das definiert als die Musik, die mir und Leuten, die fuer mich wichtig waren, nicht gefiel. Das war Kraut-Rock, das ganz Emerson-Lake-und-Dingsda-Gedudel, das war der ganze Glitter-Scheiss, und natuerlich deutsche Schlager. Mit Dieter Thomas Heck haette man mich foltern koennen, ich haette alles moegliche zugegeben. Als die Schwulen dann Marianne Rosenberg wiederbelebten, hab ich die Welt nicht mehr verstanden. Intoleranz gehoert halt mit zu solchen enthusiastischen Bewegungen.

70/103, 2000-03-22, 15:20, Phaidros

Hallo Walter, den Hass auf alle «Schweine» (RAF-Jargon fuer «alle, die anders denken als wir») haben wir aber mittlerweile verarbeitet, oder?

70/103, 2000-03-22, 21:54, walter

Phaidros, mit der RAF hatte das nie was zu tun.

70/103, 2000-04-15, 22:53, Hermann J

Trotzdem bleibt die Begrenzung auf Ton Steine Scherben und der Rest ist Schweinemusik doch sehr zweifelhaft – und für mich auch nicht nachvollziehbar. Denn diese Schweinemusik war doch echt Klasse – und auch mir geht es immer wieder so, dass ich nach einem anstrengenden Tag die Kopfhörer aufsetze und irgendwas von damals wie z. B. Child in time von Deep Purple, Salisbury von Uriah Heep oder Going to my home town von Rory Gallagher in unerlaubter Lautstärke höre.
P. S. Kann mir jemand sagen, wie ich an Gamma Ray von Birth Control komme?

70/103, 2000-04-16, 18:05, walter

Hermann, das ist jetzt ein klassisches Mistverstaendnis. «Schweinemusik» hat absolut nix mit dem «Schweinesystem» zu tun, das kam auch chronologisch erst spaeter. Die Scherben habe ich dazu auch erst relativ spaet kennengelernt, so etwa 74, da wohnten die schon laengst irgendwo in den Pampas in einer Landkomune. Aber ich hab zu denen deshalb ein besonderes Verhaeltnis, weil ich spaeter mal in deren frueherer Wohnung gewohnt habe. (Eines Tages stand ein Kamerateam vom ZDF mit Rio Reiser vor der Tuer, sie wollten ein Interview machen. Er setzte sich dann auf das Hochbett in unserer Speisekammer und erzaehlte in die Kamera, dass das sein Bett gewesen sei und dass sie da, wo wir mit 5 Leuten wohnten, damals etwa zu 15 gehaust hatten. Wueste Zeiten.)
Aber natuerlich haben wir Anfang der 70er alles gehoert, den ganzen Mainstream. Ich weiß wohl, Deep Purple sind heute Klassiker, die Stones dagegen die Musik der Großeltern (oder der Eltern, was noch schlimmer ist), die Kinks kennt niemand mehr, die Allman Brothers sind nur noch ein Name aus dem Rocklexikon. So ist das. Aber mit Hard Rock und dann Heavy Metal konnte ich eben nie was anfangen, und natuerlich waren Geschmacksurteile damals absolut.
Da faellt mir ein: die ganz fruehen Slade, als die noch eine Skinhead-Grup-

pe waren («Get down and get with it, oder so aehnlich), dann haben sie sich die Haare wachsen lassen, Karnevalskostueme angezogen und Schweinemusik gemacht.
Die spaeten 70er sind dann wieder was anderes. Aber man sollte nicht vergessen, dass der Punk ja eine Antwort auf die Nice- und Emersonlake-Soße war, die Geschwaetzigkeit der elendlangen Gitarrensoli, den Schwachsinn vom «besten Gitarristen der Welt» (war das Erich Klaeppchen oder, wie hiess er?, der von Ten Years After?).
Ich lass es, sowas muesste man systematisch machen, ich will nur damit sagen: Die 70er waren Politik und Musik, von einer Beschraenkung auf die Scherben kann gar keine Rede sein.

70/20, 2000-02-11, 10:36, Christine

Ich kann mich noch an diese kleinen zweifarbigen (immer weiß mit z. B. Grün, Rot etc.) DIN-A5-Hefte erinnern, in denen immer die Texte der aktuellen Hits abgedruckt waren. Ich glaube, es gab auch deutsche Übersetzungen dazu.

70/129, 2000-04-04, 12:49, Emilia

Bei mir in der Schule gab es in den Pausen auf dem Schulhof eine lange Zeit ebenfalls nur ein Gesprächsthema: Wer ist Smokie-, wer Abba-, wer Sweet- und wer Bay City Rollers-Fan. Ich war Bay City Rollers-Fan, und alle anderen waren blöd (umgekehrt genau so). Einige (wenige) besonders Beneidete hatten sogar echte Bay City Rollers-Hosen oder Mützen mit Schottenkaros!
Derek Longmuir, der damalige Schlagzeuger der BCR, ist letztens wegen Besitz von kinderpornografischem Material zu einer Geldstrafe verurteilt worden.
Weiß jemand, was aus den übrigen BCR's geworden ist?
Aus Leslie, Woody, Patrick, Erik? Würd' mich doch jetzt wirklich mal interessieren! *rührseligwerd'*

70/129, 2000-04-04, 14:39, Joerg Puffaldt
Vor einigen Jahren ging ein Redakteur irgendeiner Musikzeitschrift derselben Frage nach. Anscheinend war das so, dass sich die BCR von ihrem Manager ziemlich übers Ohr hauen ließen. Sie hatten selbst keine Rechte an den Stücken, wurden sozusagen für 'nen Appel und 'n Ei abgespeist und waren bald, nachdem der Ruhm vergangen war, wieder LKW-Fahrer.
Ob an der Story wirklich was dran ist, weiß ich nicht, aber so stand's damals geschrieben ...

70/129, 2000-04-04, 15:39, Tete
Leslie hat, nicht allzu lange nach der auflösung, ein solo-comeback versucht, was allerdings gründlich in die (caro-)hose ging. die Teens starteten ja auch erst kürzlich einen comeback-versuch. wie jämmerlich, allein schon der anblick von olle Robbie. nicht jeder hat soviel charisma (und glück, zugegeben) wie Tom Jones.

70/129, 2000-04-13, 21:39, Emilia
Auf Klassenfeten hockten – vor allem die Status Quo-Fans – auf dem Boden, bewegten ihren Oberkörper vor und zurück und schleuderten dabei ihre Haare (die so lang waren, wie die Eltern es erlaubten) wild nach links und nach rechts.
Obwohl, nach einer gewissen Zeit, zappelten so auch wir BCR-Fans und die Abba-Fans ...
nachträglichgrins
Die BCR, Idole meiner Kindheit, heute als LKW-Fahrer und als Kinderschänder ... Ist es denn zu glauben?!

70/129, 2000-04-14, 13:28, Laila West
Wo bleiben denn Slade? Ich gehörte weder zu den BCR noch zu den Smokie Fans, aber Slade waren der totale Flash für mich. Endlich mal ein Weihnachtslied, das so richtig reinhaute, von dem Rest ganz zu schweigen.

Vor ein paar Jahren habe ich auf einem Oldie-Konzert dann doch mal die BCR live gesehen. Ob sie aber gleichzeitig die LKW's mit den Anlagen der anderen Gruppen gefahren haben, ist mir nicht bekannt.

70/129, 2000-04-14, 22:48, Emilia

Slade kannte ich damals überhaupt nicht. Die waren wohl nie in der bravo und poprocky? BCR auf'm Oldiekonzert. Mensch, Laila, du hast es gut!!!!

70/129, 2000-04-15, 22:33, Hermann J

Slade nicht kennen und dann noch schmachten, wenn angegraute Teeny-Stars in Schottenröckchen auftreten – das wirft die Gräben wieder auf, die vor 27 Jahren eine Jugend auseinanderbrachten. Slade nicht kennen? Unglaublich! Man müsste schreien können wie Noddy Holder.

70/129, 2000-04-15, 23:01, Emilia

Vor 20 Jahren, Hermann, vor 20!
Schade, dass du mir jetzt nichts von Slade vorsingen kannst!
Gibt's denn noch einen bekannten Titel von einem Song, bei dessen Nennung es bei mir klick machen könnte?

70/129, 2000-04-16, 12:04, Hermann J

Meine liebe Emilia,
machen wir uns nichts vor: es ist noch länger her – sagen wir 27 Jahre. Macht es klick bei: 'Coz I luv you; Mama, we are all crazy now, (And so it is) Merry Christmas; Come on, feel the noize; Far far away und und und. Noddy Holder war bekannt für sein schreiendes Organ. Er trug oft einen Zylinder-ähnlichen Hut und schrie mehr als er sang. Eigentlich unmöglich, dass dir Slade entgangen ist, wenn du aus der BCR-Zeit kommst. Beides überlappte sich zeitlich.

70/129, 2000-04-16, 12:26, Aurelia

Liebe Emilia, mach Dir nichts draus!
Wenn ich mich recht erinnere (und bei mir ist es auch nicht 27 Jahre her, höchstens 21!) waren Slade eher was für Jungs, weil sie einfach zu dämlich aussahen! (Die BCR fand ich persönlich allerdings auch wenig ansprechend.)
Trotzdem hab ich Slade mal live gesehen, als Vorgruppe von Whitesnake, und fand sie sehr witzig. Der Rest des Publikums – 90 % männlich – war wohl der Ansicht, dass Rock eine ernstzunehmende Sache ist und bewarf sie mit allem, was sich nicht wehrte. Ich fand David Coverdales Gepose mit dem Mikroständer allerdings noch viel peinlicher als Noddy's beknackten Pony!

70/129, 2000-04-16, 14:38, Laila West

Gerade dieser beknackte Pony hatte es mir angetan. Vielleicht nicht gerade optisch, aber ich finde, es ist eine stramme Leistung, 2 cm lange Stoppel auch noch rundgefönt zu bekommen!!! Der Zylinder war auch super, insbesondere super hoch. Hat mir gefallen.

Alles Bonanza - Antwort auf Beitrag

Back Forward Home Search Reload File Hotlist Stop Print

URL: http://www.alles-bonanza.de/

Alles Bonanza

Forum: www.alles-bonanza.de
Ein Album der 70er

Name

Thema Smörebröd, Kli-Kla-Klawitter und Bonanza!

Sehen

Über die magische Uhrzeit 18.20, die Nationalität des Kochs Smörebröd, den Bus namens Kli-Kla-Klawitter und die alles entscheidende Frage, ob die Melodie der Westernserie wirklich mit «da dadada dadada dadada BONANZA!» begann

70/01, 1999–04–14, 21:43, anko

seit jahrzehnten faellt mir immer wieder «lance link, the secret chimp» ein. das war eine tv-serie, in der nur schimpansen mitspielten, die wie menschen angezogen waren (70er-style mit hippiehueten, schlaghosen und blumenblusen), und denen man schnurrbärte angeklebt hatte und die kaugummi kauten (sah aus, als spraechen sie). die affen lieferten sich verfolgungsjagden auf

carts, verschwanden durch geheimausgänge im esstisch und hießen «mata hari» (die gute = freundin von lance) und «ali assasin» (der chef der boesen = der name war wohl eine anspielung auf das arabische wort fuer mörder).
ich habe die serie nur ein paarmal im tv gesehen, war fasziniert und sah sie danach nie mehr wieder; vermute daher, dass ich mir alles eingebildet habe (fiebertraum?).

70/01, 1999-05-26, 15:56, Helene
anko, du hattest keinen fiebertraum! lance link ist verbuergt! am besten war der affe, der sich am ende der sendung um sich selber gedreht und dabei «evolution, revolution, uhuhuh!» geschrien hat. und dann gab es da die popband mit lauter affen, denen man langhaarperuecken aufgesetzt und gitarren umgehaengt hat. ach ja, 70er durchunddurch.

70/01, 1999-04-27, 22:01, Harald Leinweber
Wer erinnert sich noch an Karl-Michael Vogler als «Alpha Alpha» und Art Brauss als sein Partner? Deutsche Science-Fiction-Serie, auch ein Akte-X-Vorläufer, sozusagen.

70/01, 1999-12-13, 10:28, Pallas
Iiich! Aber ich meine mich zu erinnern, dass damals schon – wie fortschrittlich – auch eine Frau mitspielte – so als Assistentin für Vogler. Und ich habe so schön das griechische Alphabet gelernt.
Unvergesslich die Folge, in der sie Herbert Fleischmann der Gedankenlesekunst überführten – ein schlagender Beweis! (Zitat: «Eine hervorragende Theorie. Aber ist sie auch beweisbar?»)

70/01, 2000-01-07, 03:53, Harald Leinweber
Pallas will uns hier auf die Folter spannen, aber nicht mit mir: Fleischmann wurde von Vogler in eine Presse eingesperrt. Er konnte die Presse

stoppen, ehe sie ihn zerquetschte – aber dazu musste er Voglers Gedanken lesen, da nur der die dazu notwendige Zahlenkombination kannte. Interessant daran: Wenn er Voglers Gedanken also las – musste er doch eigentlich auch lesen, dass Vogler doch nicht bloß um eines Beweises willen einen Menschen zerquetschen würde – oder etwa doch?

70/01, 2000-01-12, 00:47, Pallas

Harald, dir kann man nichts vormachen: Klasse! Aber ich habe mir damals die Theorie zurechtgelegt, dass Fleischmann zwar Gedanken, nicht jedoch unterschwellige Kombinationen, Gefühle und Ideen lesen konnte. Diese Theorie gefällt mir bis heute.

70/01, 1999-12-30, 10:30, Emilia

Samstag abends um halb acht durfte ich die Hitparade anschauen. Unglaublich toll fand ich BATA ILLIC. Aber auch Lieder von Cindy und Bert, Jürgen Marcus, Christian Anders, Nana Mouskouri, Costa Cordalis, Bernd Clüver usw. kann ich immer noch mitsingen. Damals trugen die Damen noch lange Kleider beim Singen. Es war ein Skandal (jedenfalls bei uns zu Hause), als sie das sein ließen und stattdessen in Hosen oder kurzen Röcken auf die Bühne kamen. Aber dann kam ja auch die Disco. «Licht aus! – Spot an!» Haben wir natürlich vor dem Fernseher immer mitgebrüllt. Unvergesslich: Suzie Quatro.

70/03, 1999-05-25, 15:05, christoph

Sesamstraße!

Wahrscheinlich reicht die Nennung des Wortes, mehr müsste man im Dienste einer phantasieweckenden Sprache überhaupt nicht sagen. Aber doch: Es geht natürlich um die synchronisierte amerikanische Sesamstraße, die bis gegen Mitte der 70er die einzige Sesamstraße überhaupt war. Und es auch bis heute ist. Wenn ich Anekdoten aus der Sesamstraße aufzählen wollte, schriebe ich bis übermorgen. Auf Parties: Wenn einer mit

Ernie anfängt, wird – nach gegenseitiger Zusicherung der Grundwahrheit («als Kind verstand man ja gar nicht, welch genialer Humor dahinterstand») – der Abend lang und feucht vor Lachtränen.
Mein Lieblingsscherz? Ernie auf der Suche nach sich selbst! Bert kommt nach Hause, trifft unerwartet Ernie. Bert: «Hey Ernie, ich dachte, du wärst nicht hier, sondern im Zoo!» Ernie: «Ja, aber vielleicht bin ich ja auch gar nicht hier. Und im Zoo bin ich auch nicht. Vielleicht bin ich ja VERLORENGEGANGEN!! Buhuuu!» Schnappt sich einen Feldstecher und sucht sich auf der Sesamstraße. Bert fällt um, unsereiner macht sich noch heute so seine Gedanken über die Selbstfindung.

70/03, 1999-05-28, 17:17, Harald Leinweber

«Synchronisierte Sesamstraße» – bleeaaccchhh, yucchhie, said the Little Princess! Ich hatte noch Das Einzig Wahre Vergnügen der Original-Sesamstrasse: 1 Stunde lang, amerikanisch, inklusive des dummen deutschen Soldaten, der kaum zählen kann, und voll der wundervollen Stimmen: Bert (Gerd Duwner war wundervoll, aber Berts Stimme war nun mal unnachahmlich), Grover («Hi there, Froggiebaby» – schwing, patsch!) und und und.

70/057, 2000-03-17, 19:03, redselig

Ernies Lachen – «Chchchchchchrrrr» – ging mir immer ziemlich auf die Nerven. Wenn Bert nicht immer der Verlierer und außerdem so humorlos gewesen wäre, hätte ich vielleicht eher mit ihm sympathisiert. Und er hatte noch einen weiteren Nachteil: Während Ernie bewegliche Finger hatte, wurden Berts Arme wohl durch Fäden oder Stäbe bewegt. Das war auch das Handicap einer Bert-Handpuppe, die ich mal zu Weihnachten bekam. Man konnte den Gummikopf kaum, die Arme gar nicht dirigieren. Übrigens, sind Ernie und Bert eigentlich miteinander

44 redselig

70/057, 2000-02-26, 18:28, Harald Leinweber

Was heißt denn überhaupt Samson – schon Big Bird war eine Zumutung! Herr von Bödefeld – das ist ein Name für eine Katze.
Muppets, die was auf sich halten, haben einen Körper, der über eine Mauer oder dergleichen hinausragt, und einen langen Schlenker-Arm und ein bewegliches Gesicht, je nachdem mit abnehmbarer Nase. Das sind Muppets. Alles andere ist nur Ersatz.

70/057, 2000-03-12, 00:41, redselig

Samson und Tiffy waren wirklich doof, aber Lilos Lachen habe ich in bleibender Erinnerung. Erst gab's ja Lilo und Henning, dann Ute und Horst (o diese Namen!) ...
Schrecklich fand ich immer Grobis langatmige Versuche, uns Begriffe wie «größer» und «kleiner» oder «darüber» und «darunter» nahezubringen.

70/057, 2000-03-14, 09:32, Milliways

Viele der «Lehrstunden» in der Sesamstraße sind mir tierisch auf den Senkel gegangen. Gaaanz einfache Sachen wurden da immer stundenlang ausgebreitet. Und dann das Gesinge! Das gilt auch noch für heutige Kindersendungen: Eine repraesentative Umfrage unter Freunden von mir (drei Befragte) ergab, dass das Gesinge in Kindersendungen, angefangen bei der Sesamstraße und weitergetragen bis zu «Hallo Spencer», uns immer schon genervt hat.
An die Macher von Kindersendungen: Besonders schlimm wird es, wenn englische Lieder mehr schlecht als recht ins Deutsche übersetzt werden! Obwohl: Die deutschen Versionen der Beatles-Songs «In einem grün-gelben U-Boot leben wir» und «In des Oktopusses Garten» (Ich glaube in einer neueren Version hieß es dann «Im Garten eines Kraken») sind aber schon wieder Meisterleistungen!

70/057, 2000-03-17, 04:29, Harald Leinweber
Tatsächlich sind die Muppets hier zu Lande ein waschechtes Seventies-Phänomen: Es gab eine Zeit, da jede Wohngemeinschaft im Lande vor dem Bildschirm saß und die Muppet-Show anguckte. Und es dauerte eine ganze Weile, bis es möglich war, das auch zuzugeben. Die Muppets als solche sind, soweit ich weiß, bereits in den 50er Jahren entstanden.

70/104, 2000-03-21, 20:40, fabchief
Gibt es jemanden hier, der nicht mit Wehmut an Miss Piggy, Kermit, Schweine im Weltall und durchdrehende Köche («Smörebröd, smörebröd, römpömpömpöm!») zurückdenkt?

70/104, 2000-03-22, 03:05, Hanne Soya
Wie sagt Miss Piggy so schoen: «Mich deucht, Ihr protestieret allzu laut – SHAKESPEARE!»
Darauf Kermit: «Klang mir eher nach SPECK SCHIER von einem fetten Schinken!!»

70/104, 2000-03-22, 14:28, Didi
Spitze war Sam, der Adler. Kennt ihr die Folge mit Rudolf Nurejew, in der sich Sam freut, dass endlich Kultur einzieht in diese Show? Und dann tanzt Nurejew «Schweinesee» mit einer fetten Schweinepuppe. Sams Kommentar: «Es geht alles vor die Hunde!» Perfekt!

70/104, 2000-03-22, 17:50, Kathrin
Was ist mit den wenig beachteten Personen (!) im Hintergrund? Ich finde, es geht nichts über singendes Gemüse!!!!!

70/104, 2000-03-23, 11:15, Daisy

Mir hat am besten der Koch gefallen: «Smörebröd». Hat ein bissi was von der Unbeschwertheit und Unfähigkeit eines immer freundlichen Ikea-Mitarbeiters.

70/104, 2000-03-23, 11:52, mimimi

Hallo Daisy! Wenn Du magst, schick ich Dir das Lied vom belgischen Koch!

70/104, 2000-03-24, 15:58, Daisy

Also, was jetzt! War der Koch belgisch, dänisch oder schwedisch?

70/104, 2000-03-24, 16:13, thing

Der Koch war dänisch, denn «Smörebröd» ist nicht schwedisch – das muß ich ja wissen!

70/104, 2000-03-24, 16:21, Harald Leinweber

Das Rätsel des multinationalen (skandinavischen?) Kochs: Er ist im Original «the swedish chef». In der deutschen Synchron-Fassung wurde er zum «dänischen Koch». So ist das.

Der Koch: «Und dann nehmen wir die Kohlkopfen und werfen die Kopfen in die Luft und ...» (zieht einen Vorderlader, durchschießt den Kohlkopf).

46 Teresa

Es gab eine Folge, in der eine Hexe in der Show nach und nach alle Mitglieder von Stab und Ensemble in Dänen verwandelte – der Frosch war einer der letzten, der plötzlich mit diese starke skandinaviske Akzent gesproken hat ...

70/104, 2000-03-23, 14:34, Teresa

Als Kind fand ich die blonde Saxophonistin (oder Klarinettistin?), die ab und zu auch als OP-Schwester fungierte, richtig sexy. Genervt haben mich immer nur die prominenten Menschen.

70/104, 2000-03-23, 17:03, Helene

Gut fand ich diesen Typen, dem beim Tanzen im Ballsaal immer der Kopf explodierte.
Wie heisst bloß der Assistent von Prof. Honigtau-Bunsenbrenner?

70/104, 2000-03-27, 09:57, Hanne Soya

Die Szenen im Ballsaal hatte ich ganz vergessen – sofort habe ich den Walzer im Kopf. Es wird mir nachher wieder schwerfallen, beim montaeglichen Yoga an nichts zu denken :-)

70/104, 2000-03-27, 10:01, sonni

der assistent heißt «beeker» sprich «bieker» und hat den verführerischsten unterbiß, den ich kenne!

70/104, 2000-04-03, 20:36, Helene

Wir sollten hier die nächsten Verwandten der Muppets, die Fraggles, nicht vergessen!

70/104, 2000-04-04, 12:45, Harald Leinweber

Die Fraggles konnten meines Erachtens gegen ihre berühmten Verwandten nie anstinken und sind völlig zu Recht weitgehend vergessen. Lückenfüller.

70/05, 1999-06-06, 00:26, angelika

ach, was für ein herrliches forum. hab seit langem nicht mehr soviel gelacht. ich glaube, wer mit den fernsehserien der 70er aufgewachsen ist, ist für sein leben geprägt. und ganz ehrlich, welches mädchen war nicht in percy stuart verliebt mmmh? :-)
jetzt hab ich aber mal eine andere frage, mein freund (und ausschließlich

er) behauptet immer, er hätte in den 70ern (ca. 1972) eine fernsehserie gesehen mit dem namen «Lancer». darin ritt ein johnny lancer im wilden westen rum und außerdem konnte der ganz toll schießen. nur leider leider: kein mensch kennt diese serie, jedenfalls nicht in bayern (wo wir wohnen – und ich auch geboren bin).
könnte es sein, dass es sich um ein hirngespinst eines in niedersachsen aufgewachsenen kindes handelt?

70/05, 1999-06-06, 17:09, Harald Leinweber

Stand by your man, Angelika – er ist kein Träumer. Lancer (US-TV 68–71) mit James Stacy als Johnny Madrid Lancer, Wayne Maunder als Scott Lancer und Andrew Duggan als Murdoch Lancer.
1870 wollen die Bösen dem kalifornischen Landbesitzer Murdoch L. sein Land wegnehmen. Weil Murdoch zu alt ist und der Job auch nicht ganz das Rechte für seine Nichte Theresa, kommen zwei Söhne aus zwei Ehen zu Hilfe: Johnny und Scott eben. Johnny war ein Tunichtgut, Scott war wohlerzogen.
Ich muss aber zugeben – das habe ich nicht gewusst, das habe ich nachgelesen: The Complete Directory of Prime Time Network TV Shows 1946–1987.

70/06, 1999-06-08, 15:52, Karl Arsch

Ich finde, die Geschichte der 70er Jahre kann nicht erzählt werden, ohne die unglaublich wichtigen Kinofilme «Schulmädchenreport Teil 1–13» gebührend zu berücksichtigen. Zum Glück besaß irgendein privater TV-Sender unlängst den guten Geschmack, sämtliche Filme dieser Reihe im Abendprogramm auszustrahlen. Vollkommen zu Recht, wie ich meine. Denn immerhin handelt es sich hier um quasi-archäologisches Material, das wichtige Rückschlüsse über Mode und Verhaltensweisen in den 70ern zuläßt. Deshalb bin ich auch dafür, daß das in den Schulen zum Pflichtprogramm erhoben wird,was den weiteren Vorteil hätte, daß olle Kamellen wie

«Die Brücke» endgültig ausrangiert werden könnten.

70/07, 1999-06-10, 09:13, Gisela

Im dritten Programm lief damals eine englische Krimiserie names «Task Force Police». Die Fälle waren selten spektakulär, es ging mehr um die Menschen, P. C. Snow mit seinem Hund, einen Chef namens Barlow, Inspector Hopkins usw. Heute wird jeder Mist wiederholt, aber diese schöne Serie habe ich nie wiedergesehen.

47 Schulmädchen-Report, 3. Teil

70/07, 1999-06-13, 22:31, Migu

Endlich mal jemand, der sich auch daran erinnert. Aber lief die Serie wirklich in den 70ern? Jedenfalls habe ich heftig für P. C. Snow geschwärmt.

70/07, 1999-06-13, 22:58, Harald Leinweber

Ich muss gestehen: britische Krimi-Serien sind für mich meist eher langweilig oder öde-brutal gewesen – von wenigen Ausnahmen abgesehen («Heisser Verdacht» oder die Anna Lee-Filme oder oder oder). Die Brits haben eine andere Vorstellung von Polizisten als Amerikaner, was mal interessant zum Herausarbeiten wäre – britische Polizisten sind Beamte, die um 5 Feierabend machen und nach Hause gehen, während Ami-Cops bedrohliche Sonnenbrillenträger mit ebenso gewaltigen wie flinken Knarren sind.
Nun denn, genug abgeschwiffen. Also: Einmal gab es in «Task Force Police» eine Folge, in der die Baddies mit Plastiksprengstoff kreisrunde Löcher in gepanzerte Geldtransporter sprengten. Das war aufregend! Woran mal

wieder sichtbar wird: Kleine Jungs fragen nicht lange nach Handlung oder Gefühlen oder Logik oder Dramaturgie – wenn's nur hin und wieder laut genug knallt, bleiben sie dran.
Noch was: Wer kennt noch «Slim John»? Das war eine Serie aus dem Schulfernsehen. Slim John war ein Roboter mit Selbstbewußtsein, der wohl irgendwie von der Fahne gegangen war und wieder eingefangen werden sollte. Wenn er in Bedrängnis kam, stellte er an seinem Armband was ein – und hastdunichtgesehen war er starrrrk! Und sowas im Schulfernsehen!

70/09, 1999-06-20, 18:17, angelika
Wer hat «SRI und die unheimlichen Fälle» gesehen – die Mutter aller X-Akten? Mann, was hatte ich Angst bei dieser Serie, aber ich mußte einfach hinsehen. Wundere mich nur, dass meine Eltern nix dagegen hatten? Kann mich nur an einzelne Szenen erinnern, an Zombie-Samurais, die in einem nebeligen Wald herumritten oder an einen Tümpel mit einer langsam versinkenden Hand in der Mitte und an einen Geisterzug, in dem ein Schaffner immer ausrief: «Nächster Halt Laramie» oder so ähnlich.
Ich hab auch alles in Schwarzweiß im Gedächtnis, oder liegt es daran, dass wir damals nur einen SW-Fernseher hatten? Genauso wie der Vietnamkrieg für mich schwarzweiß im Gedächtnis ist.

70/09, 1999-06-20, 22:45, Harald Leinweber
Ich kann mich an einige Fälle aus «SRI» erinnern:
- Jemand legt Hochspannungsstrom an Telefon-Leitungen an – und Menschen und Gegenstände gehen bei Anruf in Flammen auf!
- Mit einem Laserstrahl wird ein holografisches Bild auf die Windschutzscheibe eines fahrenden Autos projiziert, dessen Fahrer daraufhin bei einer Kurve glaubt, die Straße ginge geradeaus weiter – und das Auto stürzt in den Abgrund!
- Das Bildnis einer Jägerin (Diana?) wird lebendig und erschießt mit Pfeil und Bogen Betrachter!

– Ein Mann stirbt beim Abstieg in einen Vulkankrater und verwandelt sich unter dem Einfluß der Gase in – äh, «etwas», das in der Gegend herumflitzt und Ungemach bereitet – extrem unheimlich! Ich glaube auch, dass ich «SRI» in s / w gesehen habe.

Noch eines – von wegen Gruseln und so: Wer erinnert sich denn an die Serie, die meine Generation traumatisierte und jahrelang vom Besuch des Kellers abhielt? Eine französische Serie aus Paris in 13 Teilen, mit Magie und Zauberei, einer (für uns Kinder damals todlangweiligen) Liebesgeschichte um einen arroganten jungen Mann zwischen der Tochter des Kommissars und einer geheimnisvollen älteren Frau, mit geheimen unterirdischen Gängen und einem verborgenen Lift im Louvre?
Belphegor – Das Phantom des Louvre! Das war der pure Horror! Wer da (im zarten Alter von sagen wir mal unter 10 Jahren) keine Angst hatte, war tot. (Ja, ich gebe zu: Das gehört jetzt eigentlich in die sechziger.)

70/11, 1999-06-23, 22:46, Migu

Als ich als Erwachsene die Vorstadtkrokodile mal wieder sah, fiel mir auf, daß in dem Film Marie-Luise Marjan mit Wolfgang Grönebaum verheiratet war, alias die Eltern von einem Vorstadtkrokodil, die sich später ja pikanterweise in der Lindenstraße wiederbegegneten, diesmal aber als Nachbarn.

70/11, 1999-10-30, 20:44, hash

Der Titel bei Vorstadtkrokodile war wirklich was Italienisches, ich meine Amore mio mio mio oder so. Von nanana ist mir nichts im Gedächtnis.

70/061, 2000-02-20, 23:51, Marc Lorenz

Vorstadtkrokodile war noch gutes Sozi-Fernsehen. Wenn ich mich recht entsinne, spielte die jüngliche Hauptrolle ein Mädchen.

70/061, 2000-02-21, 11:23, frankthelen
Jawoll. Ich habe mal eine Sendung darüber gesehen, wie die Hauptdarstellerin in einer Pinkelszene gedoubelt (?!) wurde.
Und zum Thema Sozi-Fernsehen: «Die große Flatter» und «Nordsee ist Mordsee» sind unübertroffen.

70/061, 2000-03-12, 20:54, redselig
Ich hab den Film vor ein paar Monaten wiedergesehen und war entsetzt über die schlechte Qualität; ich meine jetzt weniger die Darsteller (das Mädchen, das den Kurt spielte, war super) als vielmehr Bild und Ton. So ungefähr zehn Jahre später wurde ein Dokumentarfilm über die jungen Schauspieler gedreht – sind hauptsächlich ungelernte Dachdecker u. ä. geworden, ganz milieugerecht.

70/14, 1999-07-21, 18:08, Alexander
Kann sich irgendjemand an die Zeichentrickserie «Es war einmal der Mensch» erinnern? Ich weiß nur, daß die Titelmusik Mr. Udo Jürgens gesungen hat (so wie bei meiner absoluten Lieblingsserie «Tom & Jerry»).

70/14, 1999-07-22, 19:35, Harald Leinweber
«Es war einmal der Mensch» tourte durch sämtliche Dritten Programme und lief m. W. auch im KinderKanal, und zwar noch vor wenigen Jahren.

70/14, 1999-07-23, 01:23, Sam
Das Intro war eine Zeichentrickanimation, irgendetwas/irgendwer flog durch das All und um die Welt (oder?).
Und dann gab es noch eine Serie, die mich als Kind schwer beeindruckt hat (oder war es dieselbe?): Sie lief Samstag nachmittags. Da wurden die Irrfahrten des Odysseus als Zeichentrickfilm gezeigt. Das war ziemlich abgefahren, denn die Animation war relativ reduziert, die Figuren konnten nur die Augen rollen und die Münder bewegen, das aber auf groteske Weise.

Zwischendurch kam dann ein Erwachsener und zeigte (sozusagen in echt) auf alte Steine, die mich weniger interessierten.

70/14, 1999-07-23, 10:35, Phaidros

Den Mann in echt (es war auch eine Frau dabei, glaub' ich) fand ich auch doof. Die Sendung hieß schlicht «Unterwegs mit Odysseus», soweit ich mich entsinne.
War «Es war einmal der Mensch» die Serie, in der ein baertiger Alter wie Ahasver durch die Weltgeschichte geisterte und einem erklaerte, was los war? Rechts oben auf dem Bildschirm erschien eine Art Zaehler (mit Augen?), der die Jahreszahl anzeigte, oder?
Etwas enttaeuscht hat mich seinerzeit die Folge ueber die Franzoesische Revolution, auf die ich mich mit infantiler Grausamkeit besonders freute. Anstatt Menschen wurden da mit der Guillotine aber nur Zigarren geköpft.

70/14, 1999-07-23, 19:53, Alexander

Stimmt! Bei «Es war einmal der Mensch» war ein bärtiges «Irgendwas». Bis heute weiß ich nicht, was dieser Typ eigentlich war. Soweit ich mich erinnern kann, hat er nicht einmal etwas angehabt. Sein gesamter Körper wurde von seinem elend langen Bart bedeckt. Ich bilde mir sogar ein, dass er zwei «Antennen» oder «Fühler» am Kopf hatte. Damals nahm ich es gelassen hin. Heute zerbrech ich mir darüber den Kopf und will es wissen.

70/14, 1999-09-24, 11:35, Chrisy

Jaaaaa!!! «Es war einmal der Mensch» gab's auch als Comicsheft. Ich weiß noch genau, wie ich immer schon ganz nervös auf die nächste Ausgabe gewartet habe. Und als ich alle beisammen hatte (ich hab noch immer alle beisammen), ließ ich daraus ein Buch binden.

48 Alles Bonanza!

70/16, 1999-10-05, 22:17, Ines Kloss
Wer kann sich noch an Bonanza erinnern? Wie hießen die Brüder von Hoss und wie viele hatte er?

70/16, 1999-10-06, 17:15, Karl Arsch
Gar keine. Wie ich aus zuverlässiger Quelle erfuhr, waren das gar keine Brüder, sondern die Liebhaber des reichen homosexuellen Grundbesitzers Ben Cartwright, die er, da die harten Gesetze des Westens Homosexualität nicht duldeten, als seine Söhne ausgab.

70/16, 1999-10-06, 20:26, Harald Leinweber

Ben Cartwright (Lorne Greene, synchronisiert von Friedrich Schütter) hatte drei Söhne: Der älteste war Adam (Pernell Roberts); ein smarter, gutaussehender, zurückhaltender Typ, der sich später ein Haus baute und auf diese Weise aus der Serie geschrieben wurde. Noch später wurde er dann Arzt, nahm als Militärarzt am Korea-Krieg teil und nahm dann einen Job in einem Krankenhaus an, dessen Name mir entfallen ist.

Der mittlere Sohn war Hoss (Dan Blocker); ein wohlbeleibter, gutmütiger und etwas naiver Mensch.

Der jüngste war Little Joe (Mike Landon); ein ziemlich leidenschaftlicher, leicht aufbrausender junger Mann. Der hatte später auch ein Haus, und zwar ein kleines auf der Prärie.

Allen dreien versuchte der Vater beizubringen, wie man sich benimmt, um den Mitmenschen nicht mehr auf den Sa-, äh, Geist zu gehen, als den Umständen nach unvermeidbar. Das ist doch was! Diese Serie war tatsächlich eine der erfolgreichsten Fernseh-Serien in den USA.

Dabei fällt mir noch der Begriff ein, den mein Bruder geprägt hat: «Der Bonanza-Effekt – Du weißt genau, wie das ausgeht, aber Du willst es doch sehen!»

Und zum Schluss die Lieblingsbeschäftigung für den Sonntagnachmittag (nicht meine, dafür war ich damals viel zu klein):

«BbBk – Bumsen bis Bonanza kommt».

70/16, 1999-10-09, 23:52, Hans Miesner

Bonanza kam, wenn ich mich recht entsinne, um 18:05 oder 18:10. Die Karte ging in Flammen auf, und die Ponderosa war der Mittelpunkt der Welt. Und danach war das Wochenende praktisch gelaufen. Raus aus der braunen Cordhose und dem orangen Hemd, morgen wieder die Jeans mit den rot-weiß karierten und viel zu weiten Umschlaegen.

70/16, 1999-10-30, 20:56, hash
Erinnert ihr euch auch noch an die Melodie und den Song? Bei uns hieß der Text umgedichtet dann: «Die Oma singt, der Käse stinkt – Bonanza!» Dabei wurden auch Oma und Käse mal scherzeshalber ausgetauscht.

70/16, 1999-11-15, 13:01, Milliways
Ich bin sicher, der Text zu dem Bonanza-Song ging in Wirklichkeit so:
«da dadada dadada dadada BONANZA!
da dadada dadada dadada dada dadadadada!»
So haben wir ihn jedenfalls immer gesungen, damals, auf den Schulhöfen der siebziger – authentisch!

70/16, 1999-11-26, 20:43, almigurt
Das ist faktisch falsch! Der Song ging:
«Da dadada dadada dadada BONANZA!
Da dadada dadada dadada-dadaaaa»
und er ging noch weiter:
«dodido dodido dodidodidoo
dodido dodido dodidodido» (refrain)
Ich wüßte noch gern, ob es bei Bonanza eigentlich auch Indianer gab – soweit ich mich erinnere, hatte immer mal so eine Alibi-Rothaut mitgespielt, die aber schon sehr in Richtung guter Häuptling mutiert war.

70/17, 1999-10-14, 21:42, Harald Leinweber
Bei uns in Westdeutschland lief Ende der 60er oder Anfang der 70er die Serie «Westlich von Santa Fe» (The Rifleman) mit Chuck Connors.
In dieser Western-Serie (25 Minuten pro Folge, Vorabendprogramm des ZDF) spielte Chuck Connors einen verwitweten «Krautfarmer» mit einem ca. 12-jährigen Sohn.
Der Mann war eine Art von Pazifist: Er tat niemand was, außer es war – wegen der Schlechtigkeit der Welt, der Bösewichte etc. oder aber letztlich

der Gewohnheit der DrehbuchautorInnen, täglich zu essen, die Miete zu zahlen etc. – unumgänglich. Dann aber benutzte er sein Gewehr, das er stets mit sich trug: Dessen vergrößerter Repetierbügel ermöglichte es ihm, es in einer spektakulären Rotation blitzschnell nachzuladen und den entscheidenden zweiten (oder dritten) Schuss anzubringen.
Einmal kam ein langhaariger indianischer Marshall in die Stadt geritten, und die rückständigeren Teile der örtlichen Jugend überboten sich in reaktionären und rassistischen Scherzen, Drohungen und Sprüchen – so auch zunächst der Sohn des o. e. Krautfarmers, welcher ihm dann einiges über Respekt und Menschenwürde beibrachte – das Wort Rassismus war womöglich noch gar nicht erfunden.
Nun, whatever – wie hieß der Sohn? Eine deutliche und überzeugende Antwort könnte eine familiäre Differenz (Stärke ca. 0,1 auf der Richter-Skala) klären helfen.

70/17, 1999-10-30, 21:20, Harald Leinweber
Lasst mich nicht im Stich, Leute. Das war eine ernsthafte und einfache Frage. Nun aber!

70/17, 1999-11-27, 21:34, Harald Leinweber
Das kann doch nicht sein. Irgendwer muss das doch wissen. Bitte!

70/17, 1999-11-28, 18:11, Joerg Puffaldt
Mark McCain, gespielt von Johnny Crawford
siehe http:////members.tripod.com/~northfork/photos.html

70/17, 1999-12-09, 14:23, Harald Leinweber
Danke, danke, vielen Dank! Ihr seid zu gut zu mir. Noch hat die fette Lady nicht gesungen – es ist noch nicht zu Ende. Hieß Mark auch in der deutschen Synchronfassung so?

70/017, 2000-04-08, 17:48, Chefin

Der Hauptdarsteller hieß in der deutschen Synchron-Fassung «John McLean» und sein Sohn hieß «Fred». Die «Winchester» hatte er selber gebaut. So war das, wenn ich mich nicht irre.

70/20, 2000-01-04, 21:17, krissi

Kann sich denn noch jemand an die halbstündigen Serien wie «Immer, wenn er Pillen nahm» erinnern? Der verwandelte sich zu so einer Art Supermann. Am Anfang kam immer ein Mehrzeiler mit Trickfilm – aber mehr weiß ich auch nicht mehr.

70/20, 2000-01-05, 12:51, Harald Leinweber

Mit Stanley Beamish verhielt es sich wie folgt: Der amerikanische Geheimdienst hatte eine Pille entwickelt, um Menschen in Supermenschen zu verwandeln. Leider funktionierte die Pille nicht – bei den meisten Leuten jedenfalls («Menschen jedoch schienen nicht empfänglich – die Pille machte sie eher kränklich»).

Also schalten die Geheimdienstler ihre Mega-Super-Riesen-Computer ein und finden – den mickrigen Tankwart Stanley Beamish, der sich nun einmal pro Woche mittels dreier Pillen in einen fliegenden, superstarken Helden verwandeln kann. Einmal für eine Stunde, je einmal für 10 bzw. 5 Minuten. Ähnlichkeiten mit Popeye, dem Seemann, sind durchaus nicht zufällig.

Interessanterweise gab es eine direkte Konkurrenzserie, die hierzulande aber wohl erst in den 90er Jahren auf Pro 7 lief: «Das Geheimnis der blauen Tropfen» lief damals in den USA auf dem Konkurrenz-Network.

70/20, 2000-01-06, 13:49, frida

klasse war sonntags «bonanza»: man hopste auf die garnitur, dazu gabs kekse und hagebuttentee. außerdem gabs: «tammy, das mädchen vom hausboot», schön kitschig, und natürlich «flipper», «lassie» (kann

49 «Immer wenn er Pillen nahm» mit Stanley Beamish

50 Skandalszene aus «Wünsch dir was» (Transparentbluse!), 1971

aber auch ende der 60er gewesen sein, und das dann noch in schwarz/weiss).
der höhepunkt des fernsehlebens war aber für mich «wünsch dir was» mit vivi bach und dietmar schönherr!

70/20, 2000-01-14, 13:00, Pallas

Und zu «Immer, wenn er Pillen nahm» gehört natürlich auch «Renn, Buddy, renn!». Wer kann sich noch an das Kennwort «Klein-Hühnchen» erinnern?!

70/20, 2000-01-14, 18:42, Harald Leinweber

Der arme Buddy hatte rein zufällig und ohne Absicht ein Gespräch von Gangstern gehört, in dem diese irgendetwas Wichtiges (neue Verbrechen?) geplant haben. Das geheime Stichwort war eben «Klein-Hühnchen». Obwohl er keine Ahnung hatte, was es damit auf sich hatte, musste Buddy nun eine lange, lange Flucht vor den Gangstern antreten – eine Art Parodie auf «Auf der Flucht» im Vorabendprogramm, immer 25 Minuten lang.

70/20, 2000-01-17, 19:22, Helene

Kleines Quiz gefällig? Ja? Überredet!
Stichwort «Rauchende Colts»: Wie hieß das Maultier, das in der Westernserie keine unwesentliche Rolle spielte?
Und dann noch Petrocelli, ohne den dieses Forum nicht sein kann. Preisfrage: Wie hieß seine Frau, mit der er Ziegelstein für Ziegelstein an seinem Haus baute und über die Grundmauern nicht hinauskam?

70/20, 2000-01-18, 01:31, Harald Leinweber

Barry Newman spielte Petrocelli das erste Mal im Film «The Lawyer» 1970. Seine Frau Maggie wurde gespielt von Susan Howard. Petrocelli hatte einen Mann namens Pete Ritter, einen Cowboy, als Ermittler. In der Serie gab es

auch oft Flashbacks, die jeweils die Version eines der Involvierten wiedergaben – besonders subjektive Kamera, sozusagen.
Ich habe einmal behauptet, dass es eine strukturelle Ähnlichkeit zwischen der Titelmusik von «Die Strassen von San Francisco» und «Die Sendung mit der Maus» gibt. Da, jetzt behaupte ich es schon wieder! Will mich denn keinEr aufhalten? Oder wenigstens belegen, dass es so ist? Oder aber auch nicht so ist, aber dass ich nicht völlig benappt bin, das zu meinen? Hilfe!
Im übrigen hält die Titelmusik von «Mission Impossible» oder «Peter Gunn» jedem Vergleich stand.

70/20, 2000-01-18, 10:25, Pallas

> Will mich denn keinEr aufhalten?

Doch. Ich. Die Titelmusik von den SvSF war so was von banal (bestand eigentlich nur aus zwei Zeilen, die permanent wiederholt wurden). Hah, das mag vielleicht eine Ähnlichkeit zu der SmdM sein.
Und zur Maultier-Preisfrage: In der US-Variante von «Rauchende Colts» hieß das Maultier «Ruth». Für die deutsche Übersetzung habe ich folgende Namen gefunden: Mal hieß das Maultier «Grete»; mal hieß es «Klaus-Dieter». Welcher Name gilt denn nun als richtig??

70/20, 2000-02-12, 22:55, uweS

Die 70er Jahre! Those were the days. Ich bin Jahrgang 67. Meine spontanen Erinnerungen: Das WM-Endspiel München '74 im Wohnzimmer: die ganze Familie vor dem neuen Nordmende-Farb-TV; Mittwoch abends immer Mal Sondocks Hitparade im WDR-Radio – die Wetten mit meiner Schwester, welches Lied wohl auf Platz eins liegen wuerde; der übliche Samstagabend-Streit um Sportschau (Vater, HSV- & Uwe Seeler-Fan, der immer zu meiner Mutter gesagt hat: «Das wird ein Junge und der heißt Uwe!») und Kung Fu mit David Carradine (wir!); Alexander Zwo und Fantomas im TV;

70/024, 2000-02-18, 12:04, Pitjantjatjara
An alle Mal Sondock-Fans: Ich hatte das Vergnügen mal live – eine herbe Enttäuschung: kein blonder Jüngling mit gepflegtem Äußeren …

70/024, 2000-02-24, 09:33, f r a n k
Jeden Mittwochabend habe ich vor dem Radio gesessen und schicke Lieder aufgenommen. Zunächst mit Tonbandgerät(!) und später sehr stolz mit einem neuen Philips-Kassettenrecorder. Einmal habe ich Mal Sondock «in echt» gesehen und war auch super enttäuscht, wie komisch der aussah: Jeanshemd und ebensolche Ballonmütze und entgegen allen Erwartungen ganz schön dick.

70/024, 2000-02-25, 19:57, Harald Leinweber
In der langen Reihe trauriger Kapitel in der Geschichte des WDR ist die Radiothek eines zum Stichwort «Einknicken». Die Radiothek war eine progressive Jugendsendung – es kamen auch gesellschaftlich relevante Themen, die junge Menschen interessierten, zur Sprache; der WDR verstand sich nicht in erster Linie als Abspielstation der Musikindustrie. Eines schönen Tages erdreistete sich jemand beim WDR, der Radiothek die Ausstrahlung eines Sketches der «Drei Tornados» zu erlauben. Darin kam – es ging um die Schwierigkeiten von Josef und Maria, heutigentags ein Obdach zu finden – der Vers vor: «Hätt' Maria abgetrieben, wär' Jesus uns erspart geblieben.» Diese ebenso drastisch formulierte wie unmittelbar einleuchtende Spekulation rief wütendste Proteste von HörerInnen hervor, deren religiöse Gefühle verletzt worden waren. Die Hörer-Reaktionen brachen letztendlich der Radiothek mangels ausreichenden Willens der politischen Führung des WDR, sie zu verteidigen, das Genick. Soviel zum Thema Programm-Reform.

51 Sonnyboy Percy Stewart; 1969–1972

70/20, 2000-02-13, 23:56, H. S.

ich bin gespannt, ob Herr Leinweber auch zu folgenden Stichworten Auskünfte geben kann:

- Schlupp vom grünen Stern,
- Mein Onkel vom Mars,
- Drehscheibe (mit Helge Phillip),
- das Sandmännchen

70/20, 2000-02-14, 12:09, oma_lacht

Hier der Sandmännchenliedtext:
«Kommt ein Wölkchen angeflogen
schwebt herbei ganz sacht.
Und der Mond am Himmel droben
hält derweil schon Wacht.

Abend will es wieder werden,
alles geht zur Ruh.
Und die Kinder auf der Erden
machen bald die Äuglein zu.
Doch zuvor von fern und nah ruft's:
‹Das Sandmännchen ist da›.»

70/20, 2000-02-14, 12:54, steiny

Als Kenner (Jahrgang 60) der Drehscheibe, kann ich mich erinnern, dass die sich drehende Scheibe eines schönen Tages nicht mehr aus der Wand heraus gedreht kam, sondern nur noch an einer Stange befestigt sich drehte – wobei, sehr modern, die Antriebsmechanik mit dem schwarzen Gummi offengelegt war. War das «D» auf der Scheibe jetzt ein kleines «d» geworden?

70/20, 2000-02-14, 11:11, Harald Leinweber

H. S. schreibt aus dem schönen Köln: «Guten Abend, ich bin gespannt, ob Herr Leinweber auch zu folgenden Stichworten Auskünfte geben kann». «Gentlemen – ich werde mein Bestes tun.»

70/20, 2000-02-14, 13:17, Pallas

> Gentlemen – ich werde mein Bestes tun
Percy Stuart (mit Reginald Prewster)!
Ha! Da stehts: www.brix.de/bibliothek/liederbuch/percystuart.html
«Wer die Welt und jeden Kontinent
und die sieben weiten Meere kennt
ist ein Mann mit tausend Träumen
den man Percy Stuart nennt
Wenn des Nachts der Mond am Himmel steht
und der Wind um dunkle Ecken weht
lauert wie das immer so war

im schönsten Moment
die größte Gefahr
und in neunundneunzig Prozent
gibt es doch für mich ein Happy End.
Percy Stuart, das ist unser Mann.
Ein Mann, ein Mann, ein Mann, der alles kann.»

70/020, 2000-02-17, 13:33, Laila West

Eine Sendung habe ich besonders gerne gesehen, und trotzdem hapert es da mit der Erinnerung. Sie hieß «Die Kinder von Krempoli» – da gab es den Opa Krempel mit seinem Traktor; der hat damit die Kinder auf eine Art Schrottplatz gekarrt, auf dem sie spielen durften. Und bei den gefährlichen Streichen ist halt immer irgendetwas Gefährliches passiert. Klar!

70/020, 2000-02-17, 14:40, Axel

Zu den besonderen Fernseherinnerungen muß ich auch noch einen für mich, Baujahr '70, wichtigen Beitrag leisten: Daktari mit dem schielenden Löwen, Mork vom Ork mit Robin Williams in der Hauptrolle, und meine Favoriten: Michel in der Suppenschüssel und Die Brüder Löwenherz! An den Großen Preis und Am laufenden Band habe ich beste Erinnerungen – als die Bilder laufen lernten!

70/020, 2000-02-17, 21:35, Jochen Christe

Kann sein, dass ich mich jetzt in die 60er Jahre verirre, aber kann sich noch jemand an die Serie «Hiram Holiday» oder so ähnlich erinnern? Das muss so eine Art Professor gewesen sein, der außerordentlich gut mit seinem Schirm fechten konnte.
Und außerdem: «Sprung aus den Wolken» und «Abenteuer unter Wasser», «Gefährliche Experimente» und natürlich «Bezaubernde Jeannie». Die besten Sachen waren aber wohl immer noch «Männerwirtschaft» und «Minimax», oder?

70/020, 2000-02-23, 15:31, wilfried

So manchmal stehe ich vor unvollendeten Werken (z. B. einem Holzhaufen, der klein zu hacken und zu stapeln ist) und denke: Jetzt müsste man «Bezaubernde Jeannie» spielen können. Der Film war eigentlich ziemlich blöde und vielleicht waren es auch die 60er Jahre (ich bin Jg. 58), aber so geht das nun mal: Nach vielen Dingen muss ich kramen, aber die bezaubernde Jeannie fällt immer wieder selbst aus dem Kopf.

70/020, 2000-02-17, 22:09, calamity

Zum Fernsehen der 70er gehört aber ganz bestimmt auch Herr Rossi, der bestimmt immer noch auf der Suche nach dem Glück ist. Und die unsäglichen Plagen aus der Rappelkiste mit ihren schrillen Stimmen: «Du Rüüüüüüübeeeääää».

70/32, 2000-02-14, 21:22, Peter Wuttke

Allein die Musik – es hieß da: «Herr Rossi sucht das Glück, denn es fehlt ein Stück vom Glück.» Meine Damen und Herren – das ist wahre Poesie gewesen.

70/032, 2000-02-17, 14:09, Franka

Herr Rossi, das war doch das Männlein, das zwischendurch immer ganz fürchterlich auf Drogen war:
Der Bildschirm wurde immer ganz bunt, drehte sich dann spiralförmig und der arme Herr Rossi wirbelte mitten drin rum. Oder waren das meine Drogen? ;-)

70/24, 2000-02-11, 17:55, Silvia

Was ich auch nie vergessen werde, war die Titelmelodie vom 7. Sinn, dieser Verkehrserziehungs-Sendung.

70/24, 2000-02-11, 19:22, JochenV
Ich erinnere mich noch an das feuerrote Spielmobil mit dem hohen Dach. Das habe ich lange nicht mehr gesehen. Andere 70er-Kindersendungen wie Robbi, Tobbi und das Fliewatüüt oder Wickie und die starken Maenner, laufen ja auch heute noch ab und zu.

70/24, 2000-02-11, 19:28, gerbaulet
Beim Spielmobil gab es eine eingaengige Titelmelodie. Leider erinnere ich mich nicht mehr daran, aber auf unserer Abi-Reise 1985 (!) haben wir die noch im Bus gepfiffen. Damals schon ein Oldie.
Wer kennt noch «Der Spatz vom Wallrafplatz»?

70/24, 2000-02-11, 21:22, Peter Wuttke
«Der Spatz vom Wallrafplatz»: War da nicht eine Figur, die immer sagte «na und?!». Das fand mein Vater gar nicht komisch, denn dieses «na und!?» muß so eine Art Erziehung zur Kritik gewesen sein. Kam sicher vom subversiven WDR.

70/24, 2000-02-12, 00:31, Pallas
Und dann fehlt natürlich noch:
«Arpad, der Zigeuner»
«Hase Cäsar»
«Plumpaquatsch»
und, als ausländisches Spitzenprodukt:
«Time Tunnel»

70/24, 2000-02-12, 17:24, Harald Leinweber
Der Wallrafplatz in Köln befindet sich in direkter Nachbarschaft der Hauptgebäude des WDR, der in Köln auch einer der größten Arbeitgeber ist. (Der Namen gebende Herr Wallraf hat mit dem investigativen Schriftsteller aus Köln nichts zu tun.)

Der Spatz war eine Wollkugel mit frechem Schnabel, der zu so manchem seinen Senf dazu gab. Gesprochen hat ihn meines Wissens Karlheinz Schroth, der als der Theo in «Alle Hunde lieben Theobald» eine gewisse Berühmtheit in der BRD erlangt hatte. (Jener Theo pflegte nicht selten zu äußern: «Beschäftigung, welche in Arbeit ausartet, ist nichts für Theobald.» Zukunftweisend!)

«Time Tunnel» steckt voller Wunder. 800 Stockwerke voller Menschen und Gerät, tief unter der Wüste – aber wir sehen immer nur dieselbe Zentrale mit denselben 5 Leuten. Immer wissen sie, dass es Probleme geben wird,

52 The Time Tunnel

nie können sie was dran tun. Immer tragen unsere Helden dieselben Klamotten – einen Anzug bzw. einen grünen Pullover von unvorteilhafter Enge –, obwohl sie im Zuge der Handlung durchaus schon mal umgekleidet werden. Erst im Vergleich mit Serien wie «Time Tunnel» oder «Lost in Space» ist zu ahnen, was für ein seltenes Glück «Star Trek» war.

70/24, 2000-02-13, 18:49, BaerbelS

Die 70er waren TVmäßig gesehen: Indianer und Ritterfilme! Mit meiner besten Freundin saß ich nach den Hausaufgaben draußen auf irgendwelchen Hauseingangstreppen: Mit Chips und Eis versorgt quasselten wir über dies und das. Je älter wir wurden, umso wichtiger wurde samstags der Gang in die Disco.

70/24, 2000-02-14, 21:44, steiny

Achtung, mir fällt was ein!
«Nehmen Sie gefälligst die Vorderpfoten von der Dame, sonst können Sie Ihr Frühstück aus der Schnabeltasse schlürfen» (Tony Curtis in «DIE ZWEI») – muß ganz schnell gesprochen werden um dem O-tone nahezukommen!

70/024, 2000-02-16, 09:59, mr41

kann sich jemand noch an die eurovisions-fernsehübertragungen erinnern, zum beispiel die olympischen spiele 1976? da stand als erstes pompös so etwas wie «es folgt eine eurovision-übertragung», und es folgte irgend so ein unförmiger kranz oder etwas ähnliches (sollte wohl die damaligen eg-staaten symbolisieren), begleitet von einer sehr trompetenhaften melodie, die einem sehr schnell als ohrwurm im kopf blieb. ich glaube, es war eine händel-ouvertüre.
eurovisions-übertragungen waren immer ein großes ereignis, das lange zuvor angekündigt wurde. gehört jedenfalls zu meinen ersten fernseherinnerungen (in s/w natürlich!).

70/098, 2000-03-19, 20:54, Klaudia Kisters
Die Eurovisionssendungen waren meistens samstagabends. Pünktlich zur Erkennungsmelodie saßen wir andächtig im Wohnzimmer, ich bekam immer eine Gänsehaut. Nach dem Klang der Fanfaren wurde z. B. «Am laufenden Band» oder «Spiel ohne Grenzen» ausgestrahlt, wo international um die Wette gelaufen wurde. Das jährliche Fernsehhighlight aber war der Grand Prix d'Eurovision de la Chanson.

70/024, 2000-02-16, 16:16, Konstantin Opel
Gestern zum ersten Mal auf diesen Seiten gelandet. Komplette Kindheit im Zeitraffer nacherlebt. 1000 vergessene Sequenzen, Details und Produkte: Das war doch erst vorgestern …?
… Kli-Kla-Klawitter-Bus: Die Titelmelodien dieser Serie und dem Feuerroten Spielmobil waren wohl ganz ähnlich, aber nicht gleich. Die «Kli-Kla-Klawitter»-Melodie enthielt folgenden Text:
«Fahr mit/
im Kli-Kla-Klawitter-Bus/
Wir haben sehr viel Platz/
für Hund und Katze, Spatz»
Oder so ähnlich.
… Feuerrotes Spielmobil: Da kam dagegen ein Text vor, der «Spaß und Spiel» auf «Spielmobil» reimte.
Viel inniger geliebt habe ich aber die «Rappelkiste» mit den zwei Kinderpuppen-Helden «Ratz und Rübe».
Und in welcher Kindersendung kamen Peter Kraus und Tina Yorck vor, die mit auf und ab hüpfenden Kindern das Abc in melodischer Form intonierten? Ich weiß noch, wie leidenschaftlich unsere Eltern damals (so etwa 1973) über den didaktischen Wert dieser TV-Revolution diskutieren konnten. Es herrschte ja noch die verbreitete Meinung, eine Tracht Prügel habe noch nie geschadet.
Es war aber auch die Zeit, als «Schweinchen Dick» aus dem Vorabend-Sen-

deplatz verbannt wurde, weil es Kinder angeblich zur Brutalität anstiftete. Die graumelierten Intendanten von damals konnten ja nicht ahnen, was 20 Jahre später so alles über das kindliche Fernsehvolk kommen würde … Ein Eurovisions-Ereignis, an das ich mich gut entsinne, war 1976 die Trauung des schwedischen Königspaares, an einem Nachmittag im Fernsehen zu sehen.

70/024, 2000-02-23, 22:57, Luca

Im französischen Fernsehen läuft im Sommer immer noch «Spiel ohne Grenzen»! Ich kann mich noch erinnern, daß die deutschen Vorentscheidungen am Samstagnachmittag liefen mit Camillo Felgen und später Erhard Keller als Moderatoren. Die internationalen Runden waren irgendwann unter der Woche, ab 21.05 Uhr. Das war damals für mich unheimlich spät, so daß ich oft eingeschlafen bin. Wahrscheinlich lief die Sendung deshalb so spät, weil wir noch keine Sommerzeit hatten, im Gegensatz zu Italien, z. B.
Damals bewunderte ich die Schiedsrichter, die «alle» Sprachen konnten und unheimlich toll klingende italienische Namen hatten: Guido … Wahrscheinlich waren es Schweizer aus dem Tessin.

70/024, 2000-02-25, 15:11, ulub

Eine der besten Serien war wohl «Nummer Sechs»: Der Held landet auf unerklärliche Weise auf einer Insel, wo alle Menschen mit Nummern versehen waren. Er suchte dann die ganze Serie lang nach der Nummer 1 – die Drehbuchautoren waren wohl große LSD-Freunde. Die Anfangssequenz kommt auch auf Iron Maidens «Number of the Beast» vor, ihr wißt schon: «I'm not a number I'm a free man!!!»

70/024, 2000-02-25, 19:57, Harald Leinweber

Nummer Sechs (The Prisoner) war eine 17teilige britische Fernsehserie von 1967/68, die bei uns um 1970 herum spätabends (samstags?) im ZDF

lief. Sie war von ihrem Hauptdarsteller Patrick McGoohan entwickelt worden. McGoohan, der hierzulande als Geheimagent John Drake relativ bekannt geworden war, schrieb und produzierte sie auch – zumindest zeitweilig bzw. teilweise – und führte mehrfach Regie. Die Serie kann formal als die Mutter aller Miniserien angesehen werden.
Worum geht es? Ein – vermutlich britischer – Geheimagent quittiert den Dienst. Er wird von Unbekannten betäubt und findet sich in einer kleinen südenglischen Küstenstadt mit Kur- oder Urlaubs-Feeling wieder, wo alle Leute Nummern haben und offenbar (?) entweder Gefangene, wohl frühere GeheimagentInnen, oder aber Personal dieser seltsamen Anstalt sind. Wer wer bzw. was ist, ist nicht immer, wenn je, klar und eindeutig.
Ein fester Bestandteil der Serie ist der Umstand, dass fast jede Folge eine neue Nummer Zwei hat – offenbar der Geschäftsführer, dessen Hauptaufgabe anscheinend ist, Nummer Sechs zu knacken: Herauszufinden, warum er den Dienst quittiert hat, und was er weiß. Scheitert die Nummer Zwei, wird sie auf Geheiß von Nummer Eins, mit welcher immer nur telefoniert wird, durch die neue Nummer Zwei ersetzt.
Nebenbei erfahren wir allerlei über die Gepflogenheiten in «The Village»: Grüsse, Radio, Namen, Abzeichen mit einem Hochrad, seltsame Beobachtungsposten auf einer Schaukel, Bewusstseinstausch-Maschinen, merkwürdige springende Ballons, Schachspiele mit lebenden (jedenfalls am Anfang) Figuren, raffinierte Täuschungen und subtile Illusionen. The Prisoner steckt voller Rätsel und Andeutungen – ein Fest für Semiotiker.
Im Vorspann heisst es:
«Where am I?»
«In the Village»
«What do you want?»
«Information»
«Whose side are you on?»
«That would be telling. We want information … information … information»

«You won't get it»
«By hook or by crook we will»
«Who are you?»
«The new number 2»
«Who is number 1?»
«You are number 6»
«I am not a number. I am a free man!»
Demnächst wird es einen Kino-Film geben, der diese wahrhaftige Kult-Serie auszuschlachten versucht. (Kult, weil es tatsächlich eine Kult-Gemeinde gibt, die einmal im Jahr sich am Drehort versammelt und die heiligen Rituale zelebriert «... wir sehen uns!»)

70/024, 2000-03-13, 23:06, gerbaulet

Jacques Cousteau auf der Calypso war schon toll, aber «Im Reich der wilden Tiere» mit diesem Sprecher mit der sonoren Baßstimme war unglaublich. Diese Sendungen laufen derzeit irgendwo im Abendprogramm, und ich habe neulich mal reingezappt – da hat es mir wirklich einen wohligen Erinnerungsschauer versetzt. Damals habe ich ja nicht nur Tiersendungen gesehen, sondern eben auch am folgenden Montag eine Mathearbeit vor mir gehabt. Und dieses Kribbeln kommt bei solchen Erinnerungen wieder. Es ist herrlich – die Zeit verklärt alles so wunderbar.

70/25, 2000-02-11, 13:46, Spangie

Meine größten TV-Erlebnisse hatte ich mit Michael Katzengreis und Plumpaquatsch mit Hanni Vanheiden. Irgendwie kann sich in meinem Bekanntenkreis keiner mehr erinnern. Es kann doch nicht sein, daß ich die einzige bin, oder? Ansonsten: Freitags frisch gebadet (Badedas) auf dem Sofa mit den «Vätern der Klamotte».

70/25, 2000-02-11, 14:07, Didi
Plumpaquatsch war meiner Erinnerung nach nicht mit Hanni Vanheiden, sondern mit jemand anderem (Susanne Uhlen?).

70/25, 2000-02-11, 15:33, Harald Leinweber
Ich bin auch ziemlich sicher, dass das Hanni Vanheiden war, die «Plumpaquatsch» neben dem titelnden Wassermann moderierte. («Biddeschööööön» war der Hase Cäsar.)
«Väter der Klamotte» war schon stark – lauter alte Filmkomiker wie Mack Sennett und die Keystone Kops und Charlie Chaplin und Harry Langdon und und und. Soweit ich mich erinnere, gab es vorher noch sonntags am frühen Nachmittag «Kintopp» – gleiches Konzept, gleiche Komiker, ca. 25 Minuten.

70/25, 2000-02-14, 18:57, claudius
Nach einer repräsentativen Umfrage in meinem Bekanntenkreis war das Gegenüber vom Plumpaquatsch tatsächlich Susanne Uhlen. Hallo, Susanne, falls du das liest, melde dich! Erinnert sich eigentlich niemand an Mork vom Ork? Ich glaube, das war der erste Auftritt von Robin Williams im deutschen TV als quasi Vorgänger der Teletubbies.

70/056, 2000-02-17, 15:15, justus
Im Vorspann von Väter der Klamotte kullert zum Schluß ein Kerl im Smoking aus einem Kamin. Anschließend sieht man einen fetten Kerl, das Gesicht voller Spaghetti. Während er sich die aus dem Gesicht wischt, sagt er «Schöööööön!». Dieses «Schööööön» sorgt in meinem Freundeskreis noch heute für Gelächter, weil alle wissen, woher das Zitat stammt. Übrigens sprach Hanns Dieter Hüsch die Texte bei den «Vätern der Klamotte».

53 Plumpaquatsch und Susanne Beck – wer es nicht glaubt, der lese in den Bildnachweisen nach

70/056, 2000-02-17, 20:13, Harald Leinweber

Im Vorspann von «Väter der Klamotte» wurde dreist getrickst. Mittels Induktionseffekt wurden wir zu der Annahme gebracht, der da mit den Spaghetti im Gesicht (das war übrigens Oliver Hardy) sei derjenige, der unmittelbar vorher aus dem Kamin gekullert war. Dem war aber mitnichten so.

Das «Schöön» kam entweder auch von Hanns Dieter Hüsch, oder ich weiß es nicht.

70/056, 2000-03-09, 10:19, Bluejack

Hanns Dieter Hüsch hatte eine – fast – unnachahmliche Art, durch plötzliches Ausstoßen von Luft durch zusammengepresste Lippen das Bremsgeräusch von Autoreifen zu imitieren.

Da sie eben nur fast unnachahmlich war, konnte ich mit meinen eigenen Versuchen auf langweiligen Autofahrten interessante Ergebnisse erziehlen. Pffffüüüüüüeiiiiiiiiiiiiiiii!!!

70/056, 2000-03-06, 09:15, Hanne Soya

... und warum werden diese schoenen (eben!) Sachen nie wiederholt?! «Maenner ohne Nerven» waren doch auch Klasse, und sogar «Western von gestern» habe ich mir noch gefallen lassen. «Die kleinen Strolche» werden, glaube ich zumindest, wenigstens ab und an noch gezeigt, oder?
Leider wieder nur ein paar Erinnerungsfetzen, aber ich weiß noch: Die Texte von Hanns Dieter Huesch fand ich wunderbar. Allein ueber die Namen der Leute konnte ich mich beoelen, Herrn Schlotterhose oder James Finlayson, der so herrlich beleidigt «oooohhh» schnauben konnte. Das war doch wiederum derselbe Schauspieler, der im Vorspann von «Western von gestern» den Colt auf die Kamera richtet, was wiederum eigentlich die letzte Szene des Stummfilm-Klassikers «The Great Train Robbery» war ...
... und je mehr ich darueber nachdenke, scheint es mir, als waere es eher der Vorspann zu «Maenner ohne Nerven» gewesen, in dem das «schoen!» vorkam und u. a. auch der Schwarze auf dem Motorrad, dem der Fahrtwind zu einem geisterhaften «uhuhuhuuuu» in der Musik das weiße Hemd zuweht. «Vaeter der Klamotte» hatte, meiner Ansicht nach, reine Klaviermusik ohne Kommentare/Sounds im Vorspann, an die Bilder kann ich mich nicht erinnern.
Bin ich eine Hanne ohne Gedaechtnis ...?!

70/056, 2000-03-06, 18:51, Harald Leinweber

James Finlayson war der Partner von Laurel und Hardy, der meist den Polizisten, den Vermieter und andere fiese Kerle spielen musste. Der Mann kommt offensichtlich aus der Stummfilm-Ära: Allein sein glubschäugiges, wutschnaubendes In-die-Kamera-Sehen ist Gold wert!

70/056, 2000-03-07, 11:20, Dreas
Nein, Hanne, Du hast sogar ein sehr gutes Gedächtnis!! Großes Lob, Du hast gerade so viele Erinnerungen bei mir wachgerüttelt, danke! Wir waren zu dritt: Vorher ging es immer in die Badewanne, dann um 18.20 gings los …

70/056, 2000-03-07, 00:10, Phaidros
18.20 ist fuer mich immer noch eine magische Uhrzeit!

70/056, 2000-03-08, 07:19, Hanne Soya
Gut, dass Ihr die magische Uhrzeit 18.20 erwaehnt: Um die habe ich damals mein Leben herumorganisiert. Damals hatte das Fernsehprogramm eben noch Charakter – nicht nur an den Sendern selbst, sondern auch an den Uhrzeiten konnte man bereits erkennen, ob eine Sendung fuer einen von Interesse war. Ebenso die Frage, welchen Spielfilm es um 20.15 gibt. Donnerstags gab es im Dritten immer «amerikanische Spielfilme». Ich unterhielt mich mit 11 oder so mal intensiv mit einer Freundin darueber, was fuer Filme wir am liebsten moegen. Die Antwort war klar: «Amerikanische Spielfilme»!

70/056, 2000-03-08, 10:16, Teresa
Donnerstag 17.10 Uhr war auch so eine magische Uhrzeit: Wickie-Zeit! Ebenso Sonntag 13.50 (Rappelkiste) oder später dann 14.10 Heidi. Und dann natürlich 16.30 oder so Unsere kleine Farm. Dafür bin ich früher selbst im Hochsommer in die Wohnung gegangen und habe bei runtergelassenen Rolläden mitgeschmachtet. Das zweite Mal habe ich die Serie übrigens komplett bei ProSieben (oder war's schon Kabel 1?) durchgemacht, als ich an meiner Magisterarbeit saß und für jede Abwechslung dankbar war. Ist doch herrlich, wenn man jetzt über Melissa Gilbert in grottenschlechten amerikanischen TV-Dramen stolpert und jeden Moment befürchtet, sie ruft wieder nach ihrem Pa!

Ob uns die nachfolgende Generation einmal glauben wird, dass damals vor 16 Uhr kein Programm geboten wurde? Ich weiß noch, wie ich in einem Alter, in dem ich noch keine digitale Uhrzeit kannte, meine Mutter mit der Fernsehzeitung in der Hand fragte: «Mama, wann muss ich den Fernseher anmachen, wenn in der Zeitung eine 16 und eine 50 stehen?» Ach ja, schön war's …

70/056, 2000-03-09, 09:18, Hanne Soya

Ja, genau, donnerstags 17.10, das war immer die Fernsehsendung, bevor es zum Schwimmtraining ging. «Wicki und die starken Maenner», «Die Biene Maja», «Pinocchio» mit seiner bloeden Ente Gina, den ich doof fand, mir aber trotzdem angeguckt habe. Gab ja auch nicht sooo viel Auswahl.
Und ich meine, sonntagabends war noch so eine Zeit, 18.30? Da gab es dann u. a. «Die Waltons».
«Gute Nacht, Tomate!» und am naechsten Tag dann wieder Schule.

70/056, 2000-03-09, 09:42, Teresa

Und dienstags um 18.20 Uhr kam «Kimba, der weiße Löwe». Mein Gott, ewig diese japanischen Einheits-Zeichentrickfilme. Allein Heidi, deren Gesichtsausdruck maximal drei Varianten umfasste. Und damit musste dann von Trauer über Entsetzen, Freude und Seitenstechen alles gesagt werden. Aber als Kind fand man's toll!
Stimmt übrigens, die Ente Gina hatte diesen entsetzlich quäkenden Tonfall (was bei einer Ente ja Sinn macht, aber trotzdem nur schwer zu ertragen war).

70/056, 2000-03-23, 07:08, Hanne Soya

Es gab da doch noch diese Zeichentricksendung «Spaß an der Freud'» – ich tippe auf dienstags, 18.20. Leider erinnere ich mich nur noch vage an den Vorspann und an die Musik (ich nu' wieder). U.a. war da ein Huhn

54 «Yps», das Heft mit den «Gimmicks» (Urzeitkrebse, Pupsmaschinen, Katapulte ...).

55

56

Links die Langnese-Eistafel von 1970, rechts die von 1975.

57

Oben links der Klassiker «Happen» und rechts die Langnese-Eistafel von 1979;
unten der «Nogger» mit Schokokern und dem eingängigen Werbeslogan «Nogger dir einen!».

59

58

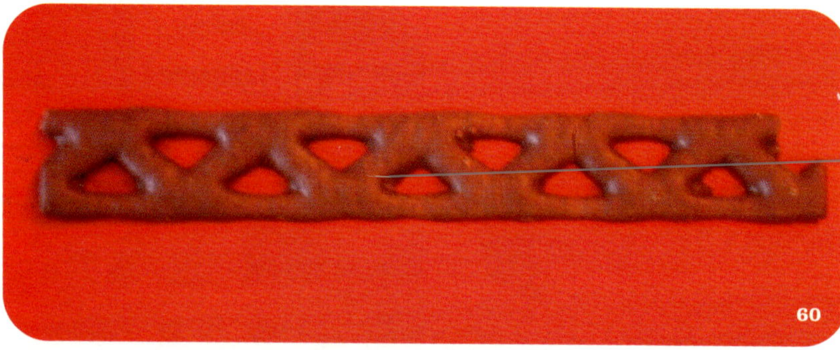

Das zähe Karamelschwert bzw. den Karamelzopf gab es unter den Namen «Leckerschmecker» und «Die drei Musketiere». Bazooka wiederum enthielt winzige Comics mit Bazooka-Joe und Sammelgutschein und befähigte uns zu den eindrucksvollsten Kaugummiblasen dieses an leuchtenden Ereignissen nicht armen Jahrzehnts

62 Unten: Treets

63 Oben: bonitos

afri
cola
afri

65

Szenen aus der berühmten Afri-Cola-Werbekampagne (Nonnen!), noch späte 60er Jahre, die aber wie 70er wirken. Kreiert von der Werbeberatung Charles Wilp aus Düsseldorf. Und wie hieß doch gleich der Werbeslogan?
«... flower power ...»

66

Slade (oben) und Suzie Quatro – man beachte die ovalen TV-Monitore (oben) und die scharfe Tapete, während Frau Quatro durchs heftige Rocken verwischte.

67

damit befasst, unter großer Anstrengung einen widerborstigen Wurm aus der Erde zu ziehen, was musikalisch unterstrichen wurde. Kann sein, dass ueberhaupt der ganze Vorspann von einem Huhn bestritten wurde, denn ich meine, mich auch an Eierlegereien erinnern zu koennen.

70/26, 2000-02-11, 18:55, Harriet

Ich habe gestern zusammen mit meinem Mann den wunderbaren Artikel im ZEIT LEBEN (im Anhang dieses Buches unter dem Titel «Weißt du noch?» abgedruckt. Er stammt von Mia Edlhuber; Anm. A. A.) über die 70er Jahre gelesen und danach konnte ich nicht mehr einschlafen. Mir ging die Melodie von Kimba, dem weißen Löwen, durch den Kopf: «Kimbaah, kleiner weißer Löwe, wir sind stolz auf dich, stolz auf dich und gespannt, wie wird es weitergehen» – war toll! Auch das Sommerferienprogramm mit der Anfangsmelodie: «... alle machen blau, von Flensburg bis zum Oberammergau ...»; und Anke Engelkes war damals auch schon dabei.

Zum Fernsehen ist uns auch noch Peter von Zahn eingefallen, mit seiner gruseligen Stimme, die die ganzen furchtbaren Dinge noch viel schlimmer gemacht hat: den Absturz der Hindenburg z. B. oder die Sturmflut in HH. Freitags gab es außerdem Derrick oder den Alten und mein Vater hat mir die Augen zugehalten, wenn es ganz schlimm wurde. Es war, ist! auch toll, sich an diese ganzen wunderbaren Klamotten zu erinnern, schließlich war ja nicht nur die Tapete braun orange ...

70/30, 2000-02-13, 11:06, gerbaulet

In dumpfer Erinnerung habe ich noch das «Fußballballett» in der Sportschau, auf das ich mich immer gefreut habe. Das waren mit rhythmischer Musik unterlegte, stakkatoartig aneinandergeclippte und wiederholte Fußballszenen. Besser kann ich es leider nicht beschreiben.

70/30, 2000-02-13, 13:13, Harald Leinweber

Fußballett war viel mehr:

– Aus aktuellen Spielen wurden brauchbare Sequenzen entnommen, vor- und zurückgespult, wiederholt und insgesamt auf eine Musik geschnitten.
– Fußball konnte plötzlich selbst für Leute, die mit Fußball nichts am Hut hatten – wie Unterfertigender etwa –, richtig komisch sein!
– Fußballspielende Männer, Männer in der Blüte ihrer Jahre, die Elite ihres Geschlechtes, die samstäglichen Schwerstarbeiter vor Millionen Augen, diese Männer konnten plötzlich belacht werden.
– Eine neue Technik der Bildbearbeitung wurde breitenwirksam eingeführt und bahnte dem Stakkatoschnitt der Video-Clips einen Weg.

Ich würde so weit gehen, zu behaupten: FußBallett war eine der Quellen und ein Vorschein des Neuen Männer-Bildes der 80er und 90er Jahre. Was heißt ich würde? Ich tu's einfach.

70/32, 2000-02-13, 19:48, astrid

die unglaublichste erzählerstimme des universums und dann auch noch in reim-form: paulchen panther (ich glaube donnerstagabends). warum wird das nicht mal wiederholt? versucht mal die blaue elise nachzumachen (nase zuhalten und «hüürr rüücht es doch nach ameisen ...»)

70/032, 2000-03-03, 18:39, Throatwobbler

Die unglaublichste Erzählerstimme des Universums war die von Gerd Günther Hoffmann, der auch Sean Connery und vielen anderen seine Stimme lieh. Die Reime wurden von Eberhard Storeck erdacht, der Synchronregie-Legende, der selbst meistens als affige Quäkestimme auftrat, z. B. als Willy in der «Biene Maja». Im amerikanischen Original gibt es diese Erzähltexte übrigens nicht, da agiert Paulchen völlig stumm, was wirklich viel schlechter ist. Meine Lieblingsfolge ist die, in der Paulchen ein Fitnessstudio unsicher macht und in der er von einer Waage verfolgt wird.

70/32, 2000-02-14, 21:22, Peter Wuttke

War es nicht so, dass nur der erste Beitrag von Paulchen Panther unserem Paulchen Verse flocht? Die Sendung lief immer am Dienstag im Vorabendprogramm. Sie kollidierte mit dem Fußballtraining. Schon früh wurde einem so die Härte des Lebens deutlich: immer diese schicksalsschweren Entscheidungen …

70/032, 2000-02-17, 00:50, Harald Leinweber

Bal – Balthasar! Wer kann sich noch an Professor Balthasar erinnern? Das waren recht kurze Zeichentrickfilme, die im Vorabend-Programm der ARD liefen. Meist ging es um irgendein absurdes Problem, das die Leute in der Stadt, in der Professor Balthasar lebte, nicht gebacken kriegten, und deshalb kamen sie dann also zum Professor, der ein sehr kleiner, freundlicher älterer Mann war. Und Balthasar überlegte und überlegte und überlegte – und dann hatte er es!

Und er warf seine riesige Balthasar-Maschine an, die sich gewaltig anstrengte und drehte und pumpte und sich verbog – und am Ende konnte er aus einem Hahn einen Tropfen in einer Flasche auffangen.

Das brachte er dann zu den Leuten mit dem Problem, goss die Flasche aus, und es passierten wundervolle Dinge. Also, jedenfalls das Problem war gelöst – irgendwie.

70/38, 2000-02-14, 21:04, Kathrin

Kürzlich auf einer Party kam wieder diese wunderbare Wir-erinnern-uns-Stimmung auf. Alle hatten eine Ahnung von folgender Sendung, wussten aber weder den genauen Namen noch Genaueres über die Aufmachung und Sendezeit.

Haupt«personen» sind zwei seltsame Figuren, die eigentlich nur aus einer Mütze und zwei Füßen bestehen. Der eine ist wohl orange, der andere grün. Beide sind aus einer Art Wollstoff gestrickt, wie etwas konservative Socken. Das ganze spielt sich in einer Bibliothek ab. Zwischendrin wird

von einem der beiden immer wieder ein uraltes Grammophon angeschmissen, und es laufen Filme, die in meiner Erinnerung Schwarzes Theater zeigen. Konkret kann ich mich an zwei Mäuse auf einem Hochseil erinnern.
Wer kann uns (viele quälen sich in alten Erinnerungen) erlösen und ein bißchen mehr über diese Sendung erzählen ... ????

70/38, 2000-02-14, 21:34, steiny
lemmi und die schmöker! Ich habe die Sendung geliebt!!!

68 Steiny und Mitschüler

70/038, 2000-02-15, 13:33, Anja Schroeder
War das die Sendung, wo dieses Teil immer in so einer Transportschale rumgefahren ist?

70/038, 2000-02-15, 14:16, Didi
Das war einer der größten Momente meines Studiums, als sie in unserer Uni-Bibliothek so ein Transportsystem mit diesen Lemmi-Wägelchen eingebaut haben (das war aber in den 90ern).

70/038, 2000-02-16, 22:45, Harald Leinweber
In «Lemmi und die Schmöker» wurde ich zum ersten Mal mit Momo und den Grauen Herren bekannt gemacht. Es spielte in einer Bücherei, in der es eine Art Container-Bahn gab. Mit der wurde immer ein Tuch hereingefahren, das dann entfaltet und mittels Blue Screen zur «Leinwand» des eingespielten Buch-Videos wurde. Es ist doch zu seltsam, dass es bis heute kaum ein spannenderes Konzept gab, um Kinder- und Jugend-Literatur zu präsentieren – oder irre ich mich?

70/038, 2000-02-17, 15:10, justus
Diese Figuren gab es auch ohne Lemmi. Die Titelmusik war ein lustiges, schnelles Stück, ich glaube es heißt «Black Box». Die Figuren waren Fingerpuppen und das Ganze funktionierte wie Schwarzes Theater. Moderiert wurde das Ganze von einem «Professor», auch einer Handpuppe.

70/038, 2000-03-18, 00:25, Jeanny
Nach der Sendung ging ich in die Bücherei, um die Bücher zu holen. Die Sendung hat mich sehr zum Lesen angeregt.

70/038, 2000-03-18, 17:54, redselig
Ja, so kam ich zum Beispiel auf «Was für eine verrückte Familie» von Jan Prochazka und auf «Als Hitler das rosa Kaninchen stahl» von Judith Kerr.

70/25, 2000-02-11, 14:21, Spangie
Bei «Lemmi» wurde eines meiner liebsten Bücher vorgestellt: W. Judson, In den Wäldern am kalten Fluß. Fand ich damals super-gut.

70/059, 2000-02-20, 22:05, frankthelen
Seit langem suche ich schon nach dem Namen einer amerikanischen Vorabendserie. Hauptdarsteller sind zwei Detectives, wovon einer eine Art Roboter in Menschengestalt ist. Hinter seinem Hemd verbergen sich Tausende von Kabeln etc. Er kann Bücher innerhalb von Sekunden komplett lesen und kann von jeder Situation, die er sieht, ein Polaroid machen, indem er sich auf die Nasenspitze drückt.

70/059, 2000-02-20, 23:11, Harald Leinweber
Ich gehe dem gerne nach, aber vorher noch eine Frage: Ist es sicher, dass es sich nicht um einige Folgen von «Geheimagent Maxwell Smart» – «Mini-Max» handelt? Da gab es nämlich zumindest einige Male einen robotischen Partner …

70/060, 2000-02-20, 23:41, Marc Lorenz
Ich suche dringend Infos über zwei Fernsehserien: «Bezaubernde Jeannie» und «Die lustigen Unternehmungen des Herrn Hans». Antworten machen mein Leben leichter.
Ansonsten möchte ich noch auf ein mir besonders liebes Detail von «Dalli-Dalli» eingehen – auf jenen Maximalbetroffenheitsmoment nämlich, als Rosenthal, Assistentinnen und prominente Quizmenschen die Spendenadresse für das erätselte und erspielte und von Mady Riehl oder Rahl in Schilling (mal sieben) umgerechnete Geld bekannt gaben. Ein schlimmeres Schicksal als das der jeweils 14-köpfigen und elternlosen Familien gab es nie mehr. Ausserdem gab es da nie Verlierer, sondern allenfalls «vierte Sieger».
Darauf ein «Himbi spezial» von Schöller – oder auch ein paar der Brausestangen namens «Sadex-Stäbchen», die zunächst zehn Pfennig für vier, dann für drei und dann für zwei kosteten.

70/060, 2000-02-22, 16:12, Konstantin Opel
Wenn ich mich recht entsinne, hieß es nur «Die Unternehmungen des Herrn Hans». Die Hauptrolle spielte der damals relativ populäre Christian Wolf. Es ging um die alltäglichen Skurrilitäten eines Junggesellen-Lebens, auch um die Verwirrungen der Partnersuche; Herr Hans stellte sich auf subtile Weise hilflos an ... Es war ein für damalige Begriffe wohl eher intellektueller Humor. Es gab da häufiger peinliche Begegnungen mit potentiellen Schwiegereltern im Spießer-Milieu; und seltsamerweise weiß ich noch genau, daß Herr Hans einen senffarbenen Autobianchi A 112 fuhr, bei dem sich immer mit Schwung die Heckklappe öffnete, wenn er die Fahrertür zuwarf. Sendezeitraum müßte so um 1975/76 gewesen sein.

70/060, 2000-02-21, 23:54, Harald Leinweber
Bezaubernde Jeannie (I Dream Of Jeannie) mit Larry Hagman und Barbara Eden drehte sich um einen NASA-Astronauten, der während einer

Übung auf einer Insel eine Flasche findet. Darin wohnt eine Dschinni, ein weiblicher Flaschengeist, welcher sich alsbald in Tony Nelson verliebt und ihm in sein Heim nach Cocoa Beach folgt. Dort versteckte sie sich vor Gott und der Welt und hegte die stille Hoffung, eines Tages ihren Meister ehelichen zu können. Nur Tonys Freund Roger Healey weiß von Jeannie, und der NASA-Psychiater Dokor Bellows hielt Tony für – sagen wir – seltsam, weil er oft seltsame Dinge zu tun schien. Natürlich steckte meistens Jeannie dahinter. Unvergesslich ihre Mimik, wenn sie ihrem Meister einen Wunsch erfüllt: Übereinanderschlagen der Arme, Kopfbewegung, Augenkniepen, «Meister ...?» und ZACK ist Harun al Raschid da, oder Tony in Bagdad, oder auf dem Mond, oder Jeannie winzig klein oder oder oder.

70/060, 2000-03-15, 21:35, krissi
Es gab da mal einen Mehrteiler in den 70ern, eine Art Kinderkrimi, der in der Pariser Oper in einer Ballettklasse spielte. Ich fand den ganz toll, zumal ich keinerlei der beschriebenen Qualitäten der dort auftretenden Mädels hatte, eher war ich so von gegenteiliger Statur. Kann sich da jemand dran erinnern??

70/060, 2000-03-17, 11:19, Eyck
Der Ballett-Mehrteiler in der Pariser Oper hieß «Die verbotene Tür», und in Erinnerung geblieben sind mir hauptsächlich Odile und Delphine, der «obskuren» Namen wegen. Wer heißt schon wie ein Meeressäuger?!
Aber gab es tatsächlich einen «kriminellen Hintergrund»? – Soweit ich mich erinnere, verstießen die Ballett-Elevinnen gegen die Hausregeln, weil sie dort umherliefen, wo sie sich nicht hätten aufhalten dürfen. Und jede Menge Ränke und Intrigen gab's unter den Mädels: Wer darf die Hauptrolle tanzen?

70/064, 2000-02-24, 09:37, frank
Wer kann sich noch an den Mehrteiler «Das Ding» erinnern? Lief im Fernsehen und Uwe Ochsenknecht spielte mit. Es ging darum, daß mehrere LKW gefüllt mit frischen 5-Mark-Stücken direkt von der Münzerei (?!) entführt wurden. Der Film hat mich nachhaltig beeindruckt.

70/064, 2000-02-24, 10:29, Pallas
Er kam Ende der siebziger (1978, Regie: Uli Edel)

70/064, 2000-02-24, 16:23, Harald Leinweber
Meines Wissens ist diese Geschichte (ich habe den Mehrteiler nicht gesehen) im Kern wahr. Kurz nach dem Krieg wurde ein Geldtransport von einer Bande überfallen und ausgeraubt. Die Gangster erbeuteten 240 Millionen Mark – in 5-DM-Stücken. In der Tat wurden flugs neue Münzen gepägt, und die Täter blieben auf ihrer Beute sitzen.

70/064, 2000-03-03, 00:41, Teresa
Ich bin eben beinahe vom Stuhl gehüpft, als ich das Stichwort «Das Ding» gelesen habe. Seit Jahren (!) warte ich darauf, dass dieser Zweiteiler einmal vom ZDF (?) wiederholt wird. Sonst kommt doch auch alles doppelt und dreifach im Fernsehen. Warum nicht dieser Film, der mich damals (ich war zehn) nachhaltig beeindruckt hat. Ich habe sogar noch das gleichnamige Buch (Roman von F. J. Wagner). Und Uwe Ochsenknecht («Engelchen») war damals noch ein absoluter no-name …

70/067, 2000-02-29, 21:50, TZ
Ich fahnde schon seit längerem nach einer TV-Serie aus den frühen 70ern. Ich meine, sie lief so um 1973/74, nachmittags. Es war eine Robinsonade, bei der Kinder durch einen Schiffbruch auf eine unbekannte bewohnte Insel verschlagen wurden und von einem bösen Herrscher unterdrückt wurden. Dieser trug ein mönchartiges Gewand mit einer großen Kapuze,

so dass man nie sein Gesicht sah (so ähnlich, wie der Imperator bei «Star Wars»). Ich meine, dass er «Der grosse Q» genannt wurde und dass auch so die Serie hieß.
Wenn sich jemand mit mir erinnert, bitte mir Bescheid geben und den betreffenden Sender waschkorbweise mit Wiederholungsbitten überhäufen. Diese Serie war nämlich extrem spannend (o. k. ich war damals 3–4 Jahre ...) und ist nie mehr gezeigt worden.

70/067, 2000-02-29, 22:34, Harald Leinweber
Im Mehrteiler (4?) «Zwei Jahre Ferien» wird eine Schulklasse bei einem Schiffbruch auf eine Insel verschlagen und muss sich zwei Jahre lang gegen allerlei Gefahren aus der Natur und Menschenwelt behaupten. Von einem Kapuzenmann weiß ich allerdings nichts. Die Vorlage zum Mehrteiler (der möglichwerweise auch anders hieß) stammt von Jules Verne und heißt so. Kann es sein, dass das gemeint ist?

70/070, 2000-03-08, 00:35, Dreas
Wem läuft heute noch ein Gruseln über den Rücken, bei der Erinnerung an das Skelett des toten Schiffbrüchigen auf der einsamen Insel, das unsere Helden finden mußten? In der Programmzeitung damals (wir hatten die Funk Uhr für 50 Pf.) war es schon angekündigt, und ich hab mich sehr gefürchtet. Warum kann das ZDF diese tollen Vierteiler nicht mal wiederholen? Da gab es noch mehr, jedes Jahr zwischen Weihnachten und Neujahr in den 70ern: z. B. «20 000 Meilen unter dem Meer».

70/070, 2000-03-08, 00:50, Laila West
«Zwei Jahre Ferien» war super. Der lief, glaube ich, 1974. Der Seewolf gehörte auch zu diesen Weihnachtsfilmen.

70/070, 2000-03-29, 21:13, Sina Tomas
«Zwei Jahre Ferien» war einfach super! Die Titelmelodie kann ich immer noch pfeifen. Das Schlimme ist nur, dass ich den letzten Teil verpasst habe, weil wir zu Weihnachten bei Verwandten eingeladen waren, die den Fernseher einfach ausschalteten, als alle nur noch «2 Jahre Ferien» geglotzt haben. Ich werde wohl nie erfahren, wie's ausgegangen ist …

70/070, 2000-03-09, 09:01, Hanne Soya
Bei «Zwei Jahre Ferien» schwaermte ich fuer einen der Schueler, der so eine Art Anfuehrer war (Joshua Pike, gar?). Er hatte, wie es damals modern und ganz schoen provokant war, halblanges blondes Haar. Das Skelett am Strand war enorm gruselig, aber so eines gab es auf jeden Fall auch bei den «Strandpiraten», meine ich. Die habe ich mich dann nicht mehr getraut anzuschauen – hatte eine Nacht lang Albtraeume von Skeletten und Totenkoepfen, die so vor meinem geistigen Auge entlangzogen.
Und dann noch David Balfour. Kaum noetig zu erwaehnen, dass auch da die Titelmusik bei mir den bleibendsten Eindruck hinterlassen hat, so eine irische Floetenmusik. Gehoert zu den Titelmelodien, die ich auf meinen alleraeltesten Kassetten noch irgendwo habe: Ich baute dann meinen ollen Kassettenrecorder mit einem Klappstuhl vor dem Fernseher auf, und alle mussten schoen leise sein, wenn die Musik anfing. Im nachhinein hingegen freue ich mich besonders ueber die Stimmen, Lacher, Nieser und Miaus, die auf diesen Aufnahmen eingefangen sind.

70/081, 2000-03-23, 11:44, Opa Piepenbrink
Ich durfte/mußte die «Strandpiraten» immer am Sonntag sehen, damit es ruhig im Haus war und Opa schlafen konnte.

70/070, 2000-03-10, 04:29, Harald Leinweber
Erwähnenswerte Vierteiler wären noch:

- Tom Sawyer und Huckleberry Finn

- Der Seewolf (mit Raimund «Sie nannten ihn Kartoffelpresse» Harmstorf), recht frei nach Erzählungen von Jack London
- Robinson Crusoe (mit Robert Hofmann, noch in s/w).
- «Die geheimnisvolle Insel» (6 Teile, mit Omar Sharif als Nemo) wurde übrigens auf Lanzarote gedreht, wo ich mal einen schönen Urlaub verbracht habe. Ich war also sozusagen auf der geheimnisvollen Insel.

70/070, 2000-03-10, 08:30, Laila West

Mir ist noch «Lederstrumpf» eingefallen und «Die Schatzinsel». Aber ich glaube, die sind bereits in den 60er Jahren produziert worden. Was aber eigentlich egal ist.

70/070, 2000-04-07, 01:04, heute

Ich kann mich noch an einen Mehrteiler erinnern – ich glaube der lief auch zwischen Weihnachten und Neujahr – der «SILAS» hieß: eine abenteuerliche Geschichte mit einem kleinen Jungen als Hauptperson!
«Silas» war der Name des Jungen.

70/070, 2000-04-07, 17:10, Jo

Da fallen mir auch noch 2 4-Teiler ein:
– Der Winter, der ein Sommer war
– Die Abenteuer des Freiherrn von der Trenck (oder so ähnlich)

70/070, 2000-04-07, 18:23, Eyck

«Der Winter, der ein Sommer war» wurde nach einem Roman von Sandra Paretti gedreht. Christian Quadflieg und Sigmar Solbach spielten zwei verfeindete Halbbrüder, die während des amerikanischen Unabhängigkeitskriegs im selben hessischen (und vom Landgrafen von Hessen-Kassel nach Amerika verkauften) Regiment auf Seiten der Engländer kämpfen.

70/070, 2000-04-09, 17:01, Bengt
Ja, ja, die tollen Vierteiler im ZDF! Unvergessen «Michael Strogoff – Kurier des Zaren». In dieser Geschichte faszinierte mich v.a. Strogoffs Gegenspieler Iwan Ogareff, der Anführer der sibirischen Rebellen. In unseren «Fernseh-Nachspiel-Nachmittagen» gelang es mir (als Ogareff) mehrmals, Sibirien vom Joch des Zarentums zu befreien (schönen Gruß an Michel Wiegand und Christian Graumann, die Strogoff und seinen Freund spielten).

70/070, 2000-04-10, 00:10, patgie
In diesem Zusammenhang fällt mir ein anderer Mehrteiler mit Raimund Harmstorf ein: «Wolfsblut», die Geschichte um einen Jungen und einen Hund irgendwo in Alaska! Story is glaub ich von Jack London. Und wenn wir schon über den großen Teich gehen, dann sollten wir MATT & JENNY nicht aus den Augen verlieren. Die beiden Kids, die auf der Suche nach ihren Eltern waren.

70/072, 2000-04-04, 14:01, Thomas Krause
«Catweazle», war das eine wunderbare Sendung. Ich erinnere mich heute noch an meinen Lieblingsspruch aus dieser Serie:
«Rein ins Wasser, raus aus dem Wasser, knochentrocken!»

70/072, 2000-04-04, 19:40, oma_lacht
Meine Enkelin wird im internen Gebrauch auch manchmal Kröte genannt, und hin und wieder rufen wir sie auch Kühlwalda. Unvergleichlich auch das immerwährende Hadern Catweazles mit dem «Elektrik-Trick».

70/072, 2000-04-05, 17:11, Baum
Leute, Ihr habt mich eben völlig aus der Fassung gebracht.
CATWEAZLE gabs auch als TV-Serie? Ich kannte nur die Bücher, die ich heiß & innig liebte und von denen es mindestens 2 (wenn nicht 3) gab.

70/072, 2000-04-18, 19:17, pinkas
«salmei dalmei adomei»? Das muß ja wohl Hebräisch sein! Ich mochte besonders den gezeichneten Vorspann, wo Catweazle vertikal durch die Zeit purzelte, an irgendwelchen Oldtimern vorbei.

70/073, 2000-04-08, 17:56, Chefin
Themenwechsel und neues Stichwort: Quiz! Die erste Show mit Wim Thoelke hieß «3x9». Walter Spahrbier war schon in Peter Frankenfelds «Vergißmeinnicht» mit dabei.

70/073, 2000-04-08, 23:12, edda b
Na, jetzt aber! Größtes Highlight der original deutschen Quizes und bis heute absolut unübertroffen war ja wohl «Kennen Sie Kino?» mit Hellmuth Lange. Das war wirklich intelligent und schwierig. Ging quer durch alle Genres, war spannend und hatte auch visuell einen hohen Unterhaltungswert, weil Filmausschnitte. Ich will «Kennen Sie Kino?» wieder!!!! Und was ich nicht in einer Neuauflage sehen will, aber dafür die Wiederholungen ist «Erkennen Sie die Melodie?» mit Ernst Stankovski, dem alten Schlawiner. Gastauftritte der unvergleichlichen Anneliese Rothenberger = deutsches Fernsehen!!! Pur!

70/073, 2000-04-11, 19:36, Chefin
«Wer dreimal lügt» moderiert von Harald oder Helmut Schneider oder Scherer?! Ich habe es vergessen. Später übernahm Wolfgang Spier diese Sendung. Letzter war auch Sprecher in dem japanischen Mehrteiler «Die Rebellen vom Liang Shan Po».

70/073, 2000-04-12, 15:30, Teresa
Na, nun vergesst aber doch bitte nicht «Am laufenden Band». Frisch gebadet durfte ich samstags ab und zu aufbleiben, bis Rudi darauf wartete, dass seine Kandidaten sich an das Fragezeichen auf dem Förderband erinnern.

Und diese peinlichen, gespielten Sketche oder was auch immer das sein sollte.

70/074, 2000-03-10, 11:25, blume2000

Wer erinnert sich noch an die Shadoks. Die liefen Anfang der 70er bei uns im BR. Und die guckten wir immer mit unserem Vater. Eine seltsame Zeichentrickreihe aus Frankreich. Nach langer Suche nach Filmen bin ich bei den Franzosen fündig geworden. Bei Canal+. Dort gibt es gerade eine große Retrospektive. Hier die Website dazu:
www.cplus.fr/html/courts/shadok/

70/074, 2000-03-10, 23:57, Harald Leinweber

Die Shadoks: 60er Jahre, Frankreich. Die Shadoks sind eine Art große dreieckige Vögel, hässlich, gemein und mit bösen Absichten. Ihre Gegenspieler sind die Gibis, klein, rund und mit Hüten, welche ihnen so eine Art Zauberkraft verleihen. Die Shadoks wollen den Gibis ihre Hüte wegnehmen. Irgendwer, ich glaube, die Shadoks, muss pumpen. Hört das Pumpen auf, gibt es ein Unglück. Die Gibis wohnen oben, über einer Linie, die Shadoks darunter. Also können die einen den anderen nichts tun. Zunächst … «Die Shadoks» dauerten mal nur ganz kurz, mal waren sie fast lang. Sie liefen im 3. Programm des WDR, also wahrscheinlich auf anderen 3. Programmen auch. Sie waren mit das Schärfste und Gewagteste für lange Zeit.

70/098, 2000-03-19, 20:54, Klaudia Kisters

Lassie forever! «Pan Tau» war meine absolute Lieblingssendung der 70er. So charmant zaubern wie er konnte damals keiner. Da machte es auch nichts, dass er stumm blieb wie ein Fisch. Am Hochzeitszylinder meines Vaters hab ich nach jeder Sendung geübt (die Handbewegung hab ich heute noch drauf), aber es war eben keine Melone. Also, «Pan Tau» kam noch vor «Bezaubernde Jeannie».
Die Ursendungen der 70er aber waren «Tarzan» und die Karl-May-Verfil-

mungen. Wir Mädels wollten doch alle Nscho-tschi sein und von Pierre Brice als «Winnetou» auf Händen getragen werden.
Noch heute ist für mich jeder Delphin ein Flipper und jeder Collie eine Wiedergeburt von Lassie.

70/119, 2000-03-30, 12:00, Harald Leinweber

«Man ruft nur ‹Flipper! Flipper!›»
gleich wird er kommen
jeder kennt ihn
den klugen Delphin …»
bzw.
«wer schwimmt dort draußen in der Bucht?
Wer hindert Gangster an der Flucht?»
(Witthüser & Westrup)

70/098, 2000-03-29, 11:43, Tete

noch nie habe ich gleichaltrige gefunden, die die tv-serie «Arpad, der Zigeuner» (lief in den 70ern) kennen. bin daher zum schluß gekommen, daß sie im ddr-fernsehen gelaufen sein muß, was man ja nur in west-berlin oder im «zonenrandgebiet» (…) der brd empfangen konnte. stimmt's?!

70/098, 2000-03-29, 11:56, le_reptile

stimmt nicht! ich kann mich noch daran erinnern. und ich sah damals weder im zonen- noch im randgebiet fern.

70/119, 2000-03-29, 18:52, Skippy

Skippy, das Buschkänguruh: Nett wäre, während der Vorlesung auf der Uni mal dieses zischende Erkennungsgeräusch (titttitt) loszulassen – dann hätte man die Menschen seiner Altersstufe eingekreist!!!

70/119, 2000–03–29, 23:13, Sina Tomas

Kennt jemand noch die Serie «Tommy Tulpe»? Lief im Nachmittagsprogramm zu Anfang der siebziger Jahre. Ich erinnere mich noch an die Szene, in der Tommy auf der Jagd nach Verbrechern in einer Garage mit zigtausend Schlangen eingesperrt wurde. Zum Glück konnte er sich aber noch retten; trotzdem lief die Serie nicht lange.
Auch ein Klassiker für mich: «Der ganz normale Wahnsinn» von Helmut Dietl – mit Towje Kleiner und Mo Schwarz!

70/119, 2000–04–11, 09:59, Hanne Soya

Eine Serie, samstag- oder sonntagnachmittags (13:25 oder 14:30?), ist mir noch in den Sinn gekommen, von der ich wieder einmal nur die Titelmelodie weiß:
«Der Gockel Konstantin …» fing es an, und der Refrain lautete dann:
«Au weia, au weia, der Hahn legt keine Eier!»

70/119, 2000–04–11, 10:46, le_reptile

das war «neues aus uhlenbusch» mit briefträger heini!
«für gockel konstantin
macht fliegen keinen sinn
er muss am boden bleiben
und uns die zeit vertreiben
auweia, auweia, der hahn legt keine eier …»
das ließ in der tat gehörig raum für verballhornungen.

70/119, 2000–04–11, 15:34, Kati

Kann sich noch jemand an den BASTIAN erinnern? Die Serie fand ich total schön und war absolut begeistert. Und dann gab es da noch eine mit Jutta Speidel, Thomas Fritsch und noch einem. Die beiden Herren haben sich immer um die Jutta gezankt. So nach dem Motto: Zwei sind einer zu viel. Kann sich noch jemand daran erinnern? Wäre wirklich toll!!!

70/119, 2000-04-11, 17:37, Konstantin Opel

«Der Bastian» und «Drei sind einer zuviel» stammten aus der Feder von Barbara Noack, die in den sechzigern und frühen Siebzigern auch zahlreiche Zeitschriften-Kolumnen schrieb – so eine Art Vorzeit-Elke-Heidenreich. Interessant wäre zu erfahren, was aus Barbara Noack wurde. Sie müßte heute über 70 sein. Lebt sie noch? Gibt es eventuell ein wenig bekanntes Alterswerk?
Ich rufe Barbara Noack, bitte melden!

70/119, 2000-04-11, 19:50, krissi

Wenn B. Noack sich nicht selber meldet ... natürlich gibt es ein «Alterswerk». Gerade im letzten Jahr «Jenny, eine Geschichte dieses Jahrhunderts» und dann u. a. auch vor ein paar Jahren «Ein Stück vom Leben» und «Eine Handvoll Glück», die Geschichte einer Mädchenfreundschaft (das ist übrigens ein ganz tolles Buch!).

70/119, 2000-04-14, 04:41, Hanne Soya

Ich, ich kann mich auch an Bastian erinnern! Womit wir wieder beim heimlichen Schwarm waeren, dem Dingens, na, wie heißt der Schauspieler, dem Bastian eben. Den fand ich total toll (momentan faellt mir nur «Gunter Gabriel» ein, was definitiv in keiner Weise hinhaut). Dass der die spießige olle Karin Anselm gut finden sollte, wollte mir nicht in den Sinn (und warum faellt mir dann ihr Name wie aus heiterem Himmel ein?! – ich fuerchte, ich hab' doch Alzheimer ...).

\> mit Jutta Speidel, Thomas Fritsch und noch einem.

Ich meine, der noch eine war Herbert Hermann. Auf jeden Fall fand ich einen davon «knorke» (ein Ausdruck, der Wiederbelebungsversuche verdient) und den anderen nicht. Letzteres trifft auf Thomas Fritsch zu ...

70/119, 2000-04-14, 10:45, Patty

Der «Bastian» wurde von Horst Janson gespielt.

70/127, 2000-04-03, 11:37, enomi

auf eine wiederholung vom kli-kla-klawitterbus warte ich vergeblich. *das intro der sendung vor mich hinsumm* tja, und das war wohl mehr oder weniger alles und ein paar gaaaaanz dunkle erinnerungen, dass es darüber auch noch ein spiel gab …

es wäre mir ein inneres freudenfest, wenn mir jemand noch irgendwelche inputs darüber geben könnte …

69 Bluejack mit Pa und Bruder

70/127, 2000-04-05, 21:22, Bluejack

Foorchtbar, während der ganzen Woche geht mir die Eröffnungsmelodie des Kli-Kla-Klawitterbusses nicht mehr aus dem Kopf:

«Fahr mit – im Kli-Kla-Klawitterbus,
Wir haben sehr viel Platz
Für Hund und Katz' und Spatz»

Es war grausam. Immerhin meine ich mich an einen roten Bus zu erinnern, der inmitten eines Gartens in einem Studio stand und von irgendwelchen Puppen bewohnt war.

70/127, 2000-04-06, 10:06, enomi

bluejack, wieso soll's dir anders gehen als mir *breitgrins*

manchmal frage ich mich, aus welchem grund mir diese sendung irgendwie so lange und, was das kuriose dabei ist, so unvollständig und bruchstückhaft im langzeitspeicher blieb. vielleicht isses ja auch ein batchprozess, der als endlosschleife dahindümpelt und auf weitere infos wartet.

hach … war da nicht irgend so ein niedliches blaues etwas, was mich immer sehr beeindruckt hatte …? *synapsen aktivier*

70/127, 2000-04-06, 13:55, Bluejack

Oder stehen wir hier vor dem eigentlichen Geheimnis der 70er? *verschwoerung-ahn*
«Bei uns passt jeder rein
ob groß, ob klein»

70/127, 2000-04-07, 04:32, Hanne Soya

Ich meine, da gab es so einen blauen Hund. Mit Hut? Und evtl. auch Mantel? Jedenfalls glaube ich, dass der es war, der den von mir damals als umwerfend komisch empfundenen Spruch «Der Jaeger jagt im Januar den Jaguar» gebracht hat. Und dabei bin ich doch so tierlieb.
Da waren aber auch so Handpuppen bzw. befingerhandschuhte Haende, die irgendwelche Maeuse oder so darstellten. Sicher auch in Blau. Falls das die Sendung war. Huch, ich fuerchte, meine Synapsen sind wieder zugeschnappt. Alles schwarz.

70/127, 2000-04-07, 08:36, sonni

der kli-kla-klawitter-bus ist in meinem hirn leider auch nur noch bruchstückhaft vorhanden, es gab auf jeden fall einen hasen, der war orange und hieß klicker, immer etwas krakeelig und öfters auch mal krank. ich habe da noch einen satz im ohr: «klicker hat haaaalsschmeeerzen ...» eine elvira war auch dabei, ich meine, sie war eine schildkröte und hatte einen dutt und eine brille. der hund ist mir nicht mehr so in erinnerung, aber es war einer da mit blauem hausmeisterkittel und so einer art flachem topf auf dem kopf. könnte ein hund gewesen sein ... übrigens waren das marionetten. es gab auch zwei knetfiguren – ein junge und ein mädchen, die sind regelmäßig aufgetaucht. die waren mir aber zu sportlich und außerdem haben die immer gesungen.

70/127, 2000-04-07, 10:01, enomi

langsam wird mein brachliegendes langzeitgedächtnis wieder aktiviert ... die schildkröte mit dem dutt hat wohl eine tür geöffnet ...:-) sonni, ich danke dir.
auch nur aus diesem grund hab ich mir fest vorgenommen, ich werde mich zwingen, auf den speicher zu gehen (kreisch, meine stauballergie) und dort die angestaubten kinderspiele durchzukramen, ob vielleicht doch nicht noch das oben angesprochene spiel zutage tritt.

70/127, 2000-04-07, 16:01, Jo

Ich glaube, da gab es zwei Puppen, die hießen Ratz und Rübe. Oder kommen die woanders her?

70/127, 2000-04-07, 17:42, le_reptile

ratz & rübe waren die helden der rappelkiste. überhaupt war rappelkiste um einiges besser als der kli-kla-klawitterbus. schon wegen der titelmelodie:
«willste übern rasen laufen
musste dir 'n grundstück kaufen»
das kam einfach besser als:
«fahr mit (boing!)
im kli-kla-klawitterbus»

70/127, 2000-04-08, 02:05, edda b

Aber da war auch ein Mensch im Klawitterbus, oder mehrere, aber den Typen fand ich immer total schrecklich, eklig, fies, bäh!
Klawitterbus war für mich immer die spießige Variante der Rappelkiste.

70/127, 2000-04-08, 19:01, le_reptile

na ja, vielleicht war der kli-kla-klawitterbus mehr was für mädchen. bei rappelkiste erinnere ich mich an folgende geniale sequenz: ratz und rübe

im kinderzimmer. ratz lässt einen fahren. rübe tut in ihrer unnachahmlichen vorlauten, direkten art missfallen kund. die mutter kommt mit einem raumspray und wolkt damit das ganze zimmer ein. alles noch viel schlimmer! beide halten sich die nase zu, reißen das fenster auf – nur um mit straßenlärm und abgas-gestank konfrontiert zu werden.
das ganze endete mit einem song, dessen refrain in der frage «schenief, schenief, wo waaaar denn jetzt der grösste mief?» gipfelte, mit zugehaltener nase gesungen von ratz, rübe und der mutter.
das war genial, witzig, aus dem leben gegriffen! gesellschaftskritik! zum umwerfen komisch! und natürlich wesentlich näher an der realität, als eine oma-schildkröte mit brille und dutt.

70/127, 2000-04-08, 20:42, Bluejack

Um die Sache vollends zu verkomplizieren: Beim gemeinsamen Erinnern mit meinem Bruder kamen zwar keine wesentlich neuen Erkenntnisse über den Kli-Kla-Klawitterbus zustande, dafür aber stieg in uns die Erinnerung an eine zart besaitete Maus namens Violetta hoch, die einen Plattenfresser traf. Dieser Typ spielte – wenn uns die Erinnerung nicht trog – die Vinylscheiben ab, indem er sie in seine große, kreisrund nach vorn gewölbte Schnauze steckte. Das war allerdings ein jeweils einmaliger Vorgang. Ein anderes Mal wanderte Violetta durch Holland, der Sprache nicht mächtig, und war auf der Suche nach Herrn «Kannitverstaan».

70/127, 2000-04-09, 11:56, enomi

mit rot aufgequollenen augen dem staubigen speicher entkommen, halte ich meinen schatz in beiden händen ... und um euch ihn nicht vorzuenthalten, hier isser, voilà:
Klicker, der Hase
Elvira Klawitter, die Schildkröte
Klamotte, der Bastler, der unermüdlich sammelt und selbsterfundene Verbesserungen ausprobiert.

langsam werden auch erinnerungen an knetfiguren wach, 4 knubbelige typen – blau, gelb, grün und orange.

70/127, 2000-04-09, 20:55, sonni

jetzt weiß ich auch endlich wieder, wer klamotte war! die geschirrtrockenmaschine ist mir auch noch ein begriff.
die knet-typen hießen übrigens teddy und freddy – zumindest die beiden, die aussahen wie ein junge und ein mädchen. die haben mal ein lied gesungen von einer ananas im fass, die total nass war. hauptsache, es reimt sich.
mal sehen, ob ich meine alte platte davon noch finde …

70/127, 2000-04-10, 14:50, Bluejack

1. Haus
Der Hase Klicker kann den entsetzlichen Baulärm beim besten Willen nicht mehr ertragen und hält sich kurzentschlossen mit zwei großen Mohrrüben seine beiden Löffel zu. Ob das wohl hilft? Über diese großartige Idee der individuellen «Lärmbekämpfung» staunt selbst der erfindungsreiche Bastler Klamotte.
(ZWISCHENBEMERKUNG DES HERAUSGEBERS: lieber bluejack, deine lueckenlose dokumentation aller 52 kli-kla-klawitter-bus-folgen war vorbildlich, leider aber zu lang fuer dieses buch. sorry! wer sie nachlesen will, findet sie unter www.alles-bonanza.de – danke fuer das verstaendnis, A.A.)
52 Geschichten vom Lachen und Spaßhaben
Ein Mann fällt hin und verstreut dabei seine Papiere. Kinder, die es sehen, lachen voller Schadenfreude. Sicherlich nicht gerade die schönste Form des Lachens. Was es sonst noch ausdrücken kann, erklärt heute Kli-Kla-Klawitter den kleinen Zuschauern: wahre Freude, störrische Skepsis, verlegene Unsicherheit.
Noch irgendwelche Fragen?
Öbrüstet sich Bluejack

70/127, 2000-04-11, 01:39, Harald Leinweber

Captain Bluejack, Sir – wenn ich frei sprechen darf?
Sir, Sie haben da etwas vergessen, Sir:
«Fahr mit im Kli-Kla-Klawitter-Bus
Wir haben sehr viel Platz für Hund und Katz und Spatz
Fahr mit im Kli-Kla-Klawitter-Bus
Bei uns paßt jeder rein, ob groß ob klein
Wir wollen lachen, lernen, lesen, schreiben, rechnen fast bis 10
Wir wollen Straßen, Städte, Länder, Menschen ganz genau beseh'n
Fahr mit im Kli-Kla-Klawitter-Bus
Wir haben sehr viel Platz für Hund und Katz und Spatz
Fahr mit im Kli-Kla-Klawitter-Bus
Bei uns paßt jeder rein, ob groß ob klein
Ja, ob das drinnen, draußen, oben, unten – alles lernt man hier
Wir hör'n von Namen, Worten, Zahlen, Zeichen und von Mensch und Tier
Fahr mit im Kli-Kla-Klawitter-Bus
Wir haben sehr viel Platz für Hund und Katz und Spatz
Fahr mit im Kli-Kla-Klawitter-Bus
bei uns paßt jeder rein, ob groß ob klein
Wir wollen lachen, lernen, lesen, schreiben, rechnen fast bis 10
Wir wollen Straßen, Städte, Länder, Menschen ganz genau beseh'n
Fahr mit im Kli-Kla-Klawitter-Bus
bei uns paßt jeder rein, ob groß ob klein»
(Text: Andrea Wagner)

70/127, 2000-04-11, 08:02, enomi

hach ... das ist ja fast schon zuviel input ... *auf bluejacks posting schiel* aber niemand soll mich jammern hören, im gegenteil, es freut mich außerordentlich.

Alles Bonanza - Antwort auf Beitrag

Back Forward Home Search Reload File Hotlist Stop Print

URL: http://www.alles-bonanza.de/

Forum: www.alles-bonanza.de
Ein Album der 70er

Name

Thema RAF, Demos, Politik

Denken & meinen

Über die Plakate mit den ausgestrichenen RAF-Gesichtern, unsere ersten Demonstrationen und das neue rätselhafte Wort «klammheimlich»

70/20, 2000-02-04, 18:32, Jens Albers

Wenn man Eure Postings so liest, frage ich mich: Habt Ihr in den 70ern nur vor dem Fernseher gesessen? Ich, 58 geboren, habe diese Zeit etwas anders erlebt. Die 70er Jahre sind und bleiben nach wie vor für mich:

– eine tolle Jugend in meiner Heimatstadt Bremerhaven
– Nato-Jacken, die ersten selbst gekauften Jeans und Wildleder-Boots mit Fransen dran

- Helmut Schmidt
- Politik verstehen lernen
- das Durchlaufen mehrerer politischer Meinungen, von leicht rechts (böser Fehler) nach extrem links und dann die Landung bei den Grünen
- Träumen von den 68ern mit dem festen Willen, alles noch besser und revolutionärer zu machen
- die Teilnahme an den ersten Demonstrationen
- der verzweifelte Einzelkampf gegen die Wirtschaftspolitik der damaligen EWG
- der Niedergang der Fischwirtschaft und der Werften und damit
- der Beginn der großen Arbeitslosigkeit in der Gesellschaft
- die nüchterne Erkenntnis, als Verkäuferlehrling im Kaufhaus zu landen
- AFN im Radio
- die erste Liebe
- das Ende der einzig wahren Rockmusik (jede Süße fuhr auf Saturday Night-Fever ab), leider!
- mein erstes Motorrad
- starke Touren mit dem Kajak
- die Feststellung am Ende der 70er, viel bewegt zu haben, fast überall dabeigewesen zu sein und doch nicht alles erreicht zu haben, was ich mir vorgenommen hatte, und trotzdem frage ich mich: Wo soll ich da noch Zeit gehabt haben für Fernsehserien?

Verpasst habe ich nichts, denn jetzt wird ja alles wiederholt (würg).
Es war eine starke Zeit, ich bin froh, daß ich sie erlebt habe, denn: nach den 70ern kamen die für mich nicht weniger turbulenten 80er …
Und Ihr? Wirklich nur Fernsehen? Glaub ich nicht, äußert Euch!

70/21, 1999-12-09, 14:21, Harald Leinweber

Das Schlimmste, was dem Land in den 70ern hätte passieren können: Dass die Linke an die Macht gekommen wäre.

«Wenn wir den Krieg gewonnen hätten –
zum Glück gewannen wir ihn nicht.»
(Erich Kästner)
Von den Drei Tornados gibt es dazu eine bzw. zwei schöne Nummern: Sozialismus Modell A – Unter Führung der Partei; und Sozialismus Modell B – unter Führung (Führung?!) der Spontis. Sehr komisch – sehr treffend. Allerdings: Was die Esoterik betrifft, so werden damit heute ja wohl Umsätze erzielt, die die damaligen Pyramidenspinner (ich habe mal mit einem zusammen gewohnt – grauenvoll!) als unanständig hoch drei angesehen hätten.
Und: Sind nicht die Talkshows die legitimen Erben des «Betroffenheits-Jargons»? Und ist nicht die Team-Arbeit längst überall wenigstens angeblich normal und allgemein für sinnvoll erachtet?

70/024, 2000-03-15, 21:09, krissi
Um mal was anderes als Fernsehen zu erwähnen: Ganz erstaunlich fand ich dann die Zeit, als in der Mitte der 70er in unserer Provinzstadt plötzlich als Gastspiel das neue deutsche Kindertheater auftauchte, in diesem Fall war es das Gripstheater mit dem Stück «Mannomann», für die bürgerlichen Einwohner unseres Städtchens damals ein ziemlich fortschrittliches Stück. Wir saßen da und staunten. Später – allerdings schon Ende der 70er, sah ich dann in München mit meiner Klasse das Theater «Rote Grütze», das trieb selbst den schon etwas abgebrühteren unter uns die Schamesröte der Provinzler ins Gesicht.
So.

70/062, 2000-02-21, 20:01, goom
Aus der tieferen Versenkung melden sich Prägungen, denen ich damals überhaupt keine Bedeutung beimessen konnte, heute aber umso mehr:

- Große Ausstellung (Caspar David Friedrich in Hamburg 1974, Tendenzen der Moderne in Berlin 1977) und eher abwegige Live-Konzerte (Klaus Schulze 1976, Ougenweide 1977).
- Hochhaussiedlungen, die damals für mich und meine Freunde die großartigsten Orte der Welt waren, zum Spielen (auch zum Kämpfen) und Wohnen. Wie viel negativer doch heute die Bewertung dieser letzten Ausläufer der Beton-Moderne ausfällt.

Auch ich bin inzwischen ein «renovierter Altbau-Spießer» geworden, dessen Jeans schwarz gefärbt sind.

70/062, 2000-02-22, 18:02, Konstantin Opel

Meine Eltern kauften sich 1970 eine Eigentumswohnung im 11. OG eines Hochhauses, damals zum Gegenwert eines kleinen Reihenhauses und mit großem Stolz darauf, eine moderne und zukunftssichere Wohnform gewählt zu haben. Im Verhältnis zur heutigen Klein-Klein-Neubau-Architektur waren solche Wohnungen immerhin hell und meist vernünftig geschnitten, in der Regel auch mit großzügigen Kinderzimmern um 20 qm. Es gab für Kids auch keine Probleme, schnell Anschluss zu finden, aber schon gegen Ende der 70er Jahre ein enormes soziales Gefälle. Niemals war dagegen zu spüren, was Architektur-Theoretiker damals warnend als Anonymität umschrieben. Im Gegenteil: Die Strukturen im Hochhaus waren und sind der traditionellen Dorfgemeinschaft nicht unähnlich. Deshalb trifft meine Hochhaus-Kindheit auch kein Blick zurück im Zorn, ganz im Gegenteil: Wir hatten den spannendsten Abenteuer-Spielplatz weit und breit.

Interessant finde ich heute den krassen Kontrast aus sachlicher Außen- und bewusst gemütlicher Innen-Architektur, den meine Eltern und viele ihrer Nachbarn in den siebziger Jahren pflegten: Die Hochhaus-Wohnungen wurden konsequent im Landhaus-Stil eingerichtet, bei uns zu Hause mit spanisch inspirierten Möbeln und einer bäuerlich angehauchten Sitzgruppe, zu der auch ein nachträglich in den Raum installierter Fachwerk-

verstanden gar nicht, wieso deswegen der baden-württembergische Justizminister zurücktrat.

70/095, 2000-03-16, 14:54, Milliways
Es muss ungefähr 1974 gewesen sein, als bei uns im Kindergarten plötzlich lauter wild aussehende Männer mit Maschinengewehren über die Zäune stiegen und über den Spielplatz schlichen. Ein Hubschrauber kreiste über dem Viertel. Wir durften das Gebäude nicht mehr verlassen und unsere Eltern mussten uns, zwei Stunden später als normal, alle persönlich abholen. Viel später habe ich erfahren, dass in einem der damals unmittelbar an den Spielplatz grenzenden Häuser einer von der «Baader-Meinhof-Bande» gesucht, aber ich glaube, nicht gefunden wurde.

70/095, 2000-03-16, 15:04, Laila West
Meine Geschwister und ich waren noch recht jung damals. Aber die «Baader-Meinhof-Bande» fanden wir insgeheim toll. Wir hatten nämlich auch eine Bande. In jedem Fall waren wir beeindruckt und verwirrt zur gleichen Zeit, weil wir nicht so recht wussten, was los war und es wohl in Bezug auf unser Alter nicht verstehen konnten. Stattdessen haben wir «Terroristen-Spiele» erfunden. Z. B. wurde ein Matchbox-Auto mit einem langen Faden an einen Wecker mit Drehmechanismus gebunden und dann auf eine Mauer gestellt. Der Wecker wurde aufgezogen und auf den Boden gestellt. Wenn er dann anfing zu schellen, drehte sich der Faden auf, das Auto rollte langsam bis an das Ende der Mauer, fiel dann hinunter, wir johlten, unsere Zeitbombe hatte funktioniert. Das ist wohl auch eine Art, mit seiner Verwirrung fertig zu werden.

70/095, 2000-03-22, 10:33, Firmian Maierhofer
Also, ich hatte im Jahr 1977 schon als Zehnjähriger keinerlei Verständnis dafür, aus welch hehren Motiven auch immer, Menschen umzubringen. Weder Arbeitgeberpräsidenten noch zufällig im Flugzeug sitzende Touris

70 Demo gegen § 218 in Berlin, 25. 2. 1975

und Geschäftsleute (ok, die wurden nicht ermordet, wären aber vermutlich ohne Eingreifen der GSG-9 ermordet worden.), 23 Jahre später hat sich an meiner Auffassung diesbezüglich nichts geändert.

70/095, 2000-03-22, 11:14, walter

Nun sind da vorher waehrend der 70er Jahre noch einige andere Sachen passiert: Georg von Rauch, Tommy Weisbecker, Holger Meins u. a. – ich hatte mit der RAF nichts am Hut, aber ich weiß noch, dass es eine Menge Leute gab, die die BRD in einer Traditionslinie mit dem 3. Reich sahen. Uebrigens war der Deutsche Herbst mit seinem freiwilligen Presse-Schweigen der konkrete Anlass fuer die Gruendung der taz.

70/095, 2000-03-31, 14:02, Teresa
Also ich kann mich ebenfalls daran erinnern, dass ich die RAF in den 70ern als große, wenn auch nicht persönliche Bedrohung wahrgenommen habe. Bei uns hing das mehrfach genannte Fahndungsplakat im Klo und nie wieder habe ich mir Gesichter so gut eingeprägt wie diese. Ich werde auch nie vergessen, wie für die Nachricht von Schleyers Ermordung ein Fernsehfilm unterbrochen wurde (habe so etwas danach nie mehr erlebt). Ich war mit meiner Schwester allein zu Hause und regelrecht geschockt über diese Nachricht. Als meine Eltern spätabends heimkamen, bin ich ihnen entgegengelaufen mit den Worten «Jetzt haben diese Schweine ihn doch umgebracht!» Entsprach sonst nicht meinem Vokabular als Neunjährige!

70/095, 2000-04-09, 12:08, edda b
Das ist schon interessant, wie sehr das Elternhaus die kindliche Perspektive prägt. Meine Eltern, linksgerichtete Intellektuelle, sympathisierten sogar recht offen mit der RAF. Oder sagen wir mal so, es gehörte in ihren Kreisen zum guten Ton, konspirative Andeutungen darüber zu machen, dass man doch um einiges mehr wusste, als die Nachrichten allgemein verrieten. Ich (4–6) fand das richtig spannend. Ich (32) find das jetzt richtig peinlich. Ich will ja nicht behaupten, dass in unserm trauten Heim gejubelt wurde, als Schleyer, gar nicht weit von unserer Wohnung entfernt, entführt wurde. Aber der Ausdruck «Schwein» wurde bei uns auf ihn angewendet. Polemik, also, auf beiden Seiten. Es wurde eben überhaupt sehr viel polemisiert in dieser politisch ach so aktiven Zeit.

70/095, 2000-04-18, 19:35, pinkas
Als Erstklässler wurden wir 1977 vor «verdächtigen Langhaarigen mit Plastiktüten» gewarnt, wahrscheinlich weil Roman Herzog im Ort wohnte, damals bereits Repräsentant des (Schweine-)Staates. Er hauste hinter halbgeschlossenen Jalousien in einem festungsartigen Haus mit Kameraüber-

wachung, um das die Polizei ständig Streife fuhr. Seine arme Frau mußte wohl den halben Tag da drin zubringen; das hat wohl ihre heute medienbekannte dragonerhafte Art noch befördert. Während meine Mutter Briefmarken kaufte, prägte ich mir die Namen und Gesichter auf dem berüchtigten Aushang ein («Vorsicht Schußwaffen»).

Warum nur, warum?

oder

Eine Zwischenfrage zum Thema, warum es so viel Spaß macht, sich gemeinsam an klebrige Süßigkeiten und TV-Serien von vor 30 Jahren zu erinnern

Warum schwelgen wir in der Vergangenheit? Warum erzählen wir einander öffentlich, welche Fernsehserien wir – und gerne! – gesehen haben? Wofür ist es wichtig, ob wir uns noch an Spielzeuge erinnern, die vor Jahrzehnten im Müll gelandet sind? Wer braucht Einzelheiten über klebrige Süßigkeiten, die es vor 30 Jahren für ein paar Groschen am Kiosk gab? Worin besteht der Reiz, sich an unsägliche Kleidungsstücke, alberne Werbesprüche, ulkige Autos oder absonderliche Frisuren zu erinnern, mit denen wir uns vor undenklichen Zeiten bedenkenlos erwischen ließen? Wie kommt es, dass Parties, Kneipenabende und andere Treffen von Menschen um die 35 ± 10 sich häufig, gerne und schwelgerisch mit solchen – nur scheinbar? – banalen Themen befassen: «Weißt Du noch …?» Woran liegt es, dass CD-Alben wie «Golden 70ies» sich wie die sprichwörtlichen warmen Semmeln verkaufen? Dass Verlage Bücher zum Jahrzehnt herausbringen?

In Phil Alden Robinsons «Feld der Träume» bemüht sich ein Farmer mit einer Vision um die Hilfe eines Schriftstellers mit einer Vergangenheit. Der aber hat schon genug Ärger und will von nichts hören. Doch als der Farmer (Kevin Costner) allen Mut der Verzweiflung zusammennimmt und an sein Herz appelliert, da schaut der Schriftsteller ihn entgeistert – wie ein Wesen aus einer anderen Welt – an und ruft: «Sie kommen aus den Sechzigern!»

Die Vergangenheit ist ein weites Land, und sie ist noch kaum erforscht. Natürlich wissen wir Bescheid über Ägypter und Alexander, über Cäsar und die Steinzeit, die Völkerwanderung und die Französische Revolution. Es gibt allerdings eine Zeit, über die Informationen schwerer als über andere zu beschaffen sind: die Zeit, die unserer Geburt unmittelbar vorangeht, ungefähr das Jahrzehnt davor. Diese Epoche schafft es bis zu unserer Schulzeit nicht bis in die Schul- und Geschichtsbücher – aber vielleicht gilt dies in einer Zeit der drastisch beschleunigten Informationsverarbeitung und des Internet auch nicht mehr lange. Bisher jedenfalls ist dies ein weitgehend blinder Fleck der Geschichts-Wissenschaft: über unsere individuellen geschichtlichen Wurzeln, unsere Alltagsgegenstände, die das Gesicht unserer umgebenden Lebenswelt in starkem Maße prägen, sagt sie uns nichts.

So geht es also unseren Kuscheltieren, Comics-Heften, Werbespielzeugen, Starschnitten, Klebebilder-Sammelalben, Gruselstickern, Tic-Toc-Kugeln, Spirographen, Slime-Tonnen, Bonanza-Rädern, Yps-Gimmicks – sie gehen den Weg alles Irdischen. Manche von uns unternehmen den ebenso heroischen wie aussichtslosen Versuch, sich der Urgewalt der Entropie entgegenzustemmen – sie tüten ihre Comics ein, hüllen ihre Taschenbücher in Kunststofffolie und lagern sie in temperierten Räumen, archivieren ihre Videofilme und zeichnen ihre Lieblingssendungen auf Longplaykassetten auf. Sie sammeln Langspielplatten und Shell-Münzen, Hosen mit Schlag oder sämtliche Ausgaben der Bravo. Ihre Ängste gelten säurehaltigem Papier, Luftverschmutzung und aggressiven Klebstoffen; ihre schlimmsten Alpträume sind Zimmerbrände, Wasserrohrbrüche und Zwangsversteigerungen.

Die meisten von uns aber gehen mit der Zeit um, als ob sie uns nie knapp werden könnte. Wir kommen nicht auf den Gedanken, unsere Kinobesuche für historische Daten zu halten, Comics über Jahrzehnte aufzuheben oder vergleichende Untersuchungen über die Titelbilder von Taschenbüchern anzustellen. Das mag damit zu tun haben, dass die meisten von uns mit der Bewältigung des wirklichen, des individuellen Lebens ausreichend beschäftigt sind.

In Ridley Scotts «Blade Runner» erzählt der Replikantenjäger Rick Deckard der Replikantin Rachel Tyrell, wie sie als Kind eines Tages eine Spinne vor ihrem Fenster bemerkt hat, die Hunderte kleiner Babyspinnen ausgebrütet hatte. Da Rachel niemandem je diese Erinnerung anvertraut hatte, kann er ihr so beweisen, dass ihre «Erinnerungen» ein Implantat, eine Fälschung sind. Es sind nicht ihre Erinnerungen. Was aber sind wir anderes als die Summe unserer Erinnerungen?

Bei den Erinnerungen, in denen die Teilnehmer des ZEIT-Forums am ausgiebigsten schwelgen, spielen Massenprodukte eine zentrale Rolle: Es geht meist um Fernsehserien, Lebensmittel, Werbespots und andere industriell gefertigte Gegenstände. Wer im fraglichen Kulturraum gelebt hatte, hat eine sehr gute Chance, die Gegenstände wiederzuerkennen. (Das ist ein Grund, warum sich Menschen aus dem Beitrittsgebiet bei solchen Schwelgeforen ausgeschlossen fühlen mögen – ihre Marken kommen hier nicht vor, da sie auf dem hiesigen Markt nicht zu haben waren.)

In den nostalgischen Schwelgereien geht es nicht um individuelle Selbstvergewisserung, nicht um den einen, einzigartigen Lebensweg, den eben nur Einzelne haben, sondern um Kollektive, um eine Generation – deshalb bestimmen sich die SchwelgerInnen vor allem über ihre Verhältnisse zu den Massenprodukten, die möglichst allen bekannt sind. Es geht um Zugehörigkeit zu einem Kollektiv, dessen Geschichte gerade geschrieben wird. Und wer dabei war, kann daran mitschreiben. Indem festgestellt wird, an welche Produkte sich jemand noch erinnern kann, wird einerseits die Generationszugehörigkeit bestimmt, andererseits die Option eröffnet, selbst mit Erinnerungen zum Spiel beizutragen und an der Geschichte der eigenen Generation mit zu schreiben.

«Noch der trivialste Film vermittelt mir Wahrhaftiges. Ich bin das Wahrhaftige darin.» (Walter Adler, Rechtfertigung einer gewissen Traurigkeit)

Dass es Zusammenhänge von Massenprodukten und individuellen Biographien geben mag, deutet sich zum Beispiel an, wenn erwähnt wird, dass Bronski Beat die erste offen schwule Band war, deren Song «Smalltown Boy» die Situation so manches Zuhörers sehr genau traf. Oder wenn sich (Ex-)-Zivildienstleistende wegen ihrer Vorliebe für Kriegsfilme entschuldigen. Oder der Besuch von Fastfood-Restaurants umständlich begleitet von allerlei Entschuldigungen gebeichtet wird.

Es behauptet aber niemand (ex post facto) eine Zwangsläufigkeit, Notwendigkeit oder auch nur schicksalhafte Prägung oder dergleichen – niemand gibt an, vom Song der Bots «Das weiche Wasser bricht den Stein» in die Friedensbewegung gespült worden zu sein, durch «Bronski Beat» seine Liebe zu Männern entdeckt zu haben oder von «Missing» das dringende Bedürfnis zur Mitarbeit im Chile-Komitee eingepflanzt bekommen zu haben. Anscheinend stellt sich den SchwelgerInnen ihr Lebensweg nicht mal im nachhinein so geradlinig dar.
Im ZEIT-Forum drehen sich die Gespräche um Figuren aus der Werbung oder aus Comics, um Süßigkeiten und Spiele und anderen Kinderkram. Natürlich sind es in der Mehrzahl Produkte für Kinder und sehr junge Menschen, waren wir doch zur fraglichen Zeit eben solche.
Waren wir die erste deutsche (oder europäische?) Generation, für deren Lebens- und Konsumgewohnheiten Massenprodukte eine derart große Bedeutung hatten? Ist es schlicht eine Folge der gewandelten gesellschaftlichen Verhältnisse und der fortgeschrittenen Produktivkräfte, dass unsere Generation anders als diejenigen vor uns zum ersten Mal auf breiter Front mit industriell gefertigten Gütern in Kontakt kamen?
Im Falle des Fernsehens scheint mir das einleuchtend – dessen Siegeszug habe ich in den späteren Phasen ja selbst miterlebt und -betrieben – mit 14 bekam ich die etwa ebenso alte ausrangierte Radio-/Plattenspieler-Fernseher-Truhe von Bekannten, die mir noch jahrelang treue Dienste leistete. Die heutige Sättigungsrate der Haushalte mit Fernsehern wurde im Prinzip in meiner Jugend erreicht. Vorher war es nicht möglich, dass sich gesellschaftliche Umgangsweisen mit Fernsehserien oder der abendlichen Tagesschau ausbildeten. Wir erleben heute, wie lange es dauert, bis sich eine Neuheit (z. B. Handys) in der Gesellschaft verbreitet, und wie lange es demgegenüber dauert, bis der Umgang damit erlernt und codifiziert worden ist. Und wie schwer es andererseits sein kann, einmal fixierte Normen wieder aufzuheben: Pro 7 hat einige Zeit versucht, sein Programm um 20:00 Uhr zu beginnen – Filme zu starten, wenn die Tagesschau läuft. Trotz Blockbusters und

Mega-Kino und -Stars und Explosionen – nach einiger Zeit gaben sie diesen Versuch auf. Gegen die alte Tante Tagesschau konnten sie nicht gewinnen. (Also: Nicht zwischen 20:00 und 20:15 anrufen!)

Die Beschwörung der alten Dinge dient nicht dazu, die alten Zeiten wiederkehren zu lassen. Eher soll die Erinnerung an die alten Dinge zu der Zeit, da sie neu waren, uns wieder jung machen.

Manchmal ist es eine schreckliche Enttäuschung, nach zwanzig oder mehr Jahren zum ersten Mal wieder eine Folge «Bezaubernde Jeannie» zu sehen. Oder «Mannix». Anlässlich einer Wiederholung im Fernsehen oder mit Hilfe einer Videokassette bemerken zu müssen, dass damals auch nur mit Wasser gekocht wurde, dass reaktionäre Klischees eingewoben wurden, die heute jeden – oder doch manchen – Produzenten vor Schamesröte im Boden versinken lassen würden, dass die Produktionsdesigner damals deutlich weniger Geld zur Verfügung hatten als heute und dass es eben einfach nicht mehr das alte Feeling ist, die Stimmung, in der wir damals waren, als wir das zum ersten Mal gesehen haben, sich nicht mehr einstellen will – das kann schon ziemlich frustrierend sein.

Nicht nur die Welt war damals anders, auch wir waren es – und wir waren nicht nur jünger. Wir hatten auch noch nicht Tausende und Abertausende von Programmstunden einer mehr oder weniger eingehenden Betrachtung unterzogen. Vieles von dem, das die Film- und Fernsehproduzenten für uns bereit hielten, war für unsere aufnahmebereiten und -willigen Augen und Ohren noch neu. Heute sind wir natürlich weiter – weit erfahrener, weit besser geschult im Verarbeiten von Eindrücken, medienkompetent und welterfahren. Tatsächlich sind wir um die 40-jährigen die erste Generation, die derart mit Massenmedien, insbesondere mit dem Fernsehen, aufgewachsen ist, wie es die heute 10jährigen für völlig normal halten und nicht anders kennen. Wir aber sind die Generation, die gefordert war, noch verdammt gute Gründe für ihr Freizeitvergnügen angeben zu müssen. Es war noch nicht normal, «stundenlang vor der Glotze zu hocken und sich berieseln zu lassen», wie es bemühte MedienpädagogInnen auch heute noch gerne auszudrücken belieben. Die normative Kraft des Faktischen war noch durchaus gegen uns – Fakt war, dass es kaum Fernsehsender gab, die nicht im mindesten daran dachten, ein Ganztagsprogramm zu senden. Fakt war auch, dass unser TV-Konsum meist reglementiert und rationiert wurde. Den Anblick unserer Helden mussten wir uns erkämpfen. Da waren wir noch nicht darauf aus, kleinlich daran herumzukritteln – von einem «kritischen Verhältnis» zu diesen Dingen hatten wir meist auch noch nicht gehört.

In einer Folge von «John Klings Abenteuer» reist John Kling (Hellmut Lange) mit einem Partner zu Scotland Yard nach London, wo sie in einem Luxushotel Quartier nehmen. Beim Anblick ihres Zimmers (kein Bild an der nicht tapezierten Rigips-Wand, 1 Lampe an der Decke, 1 Stuhl, 2 Jugendherbergsbetten; wenn die Tür aufgeht, ist 40 Zentimeter davor die Brandmauer des Studios zu sehen) meint Jones Burte (Uwe Friedrichsen): «So sieht also ein Londoner Luxushotel aus.»

Die feine Ironie dieser Bemerkung hat sich mir damals, das kann ich beschwören, nie und nimmer erschlossen. Heute frage ich mich, ob Friedrichsen diesen Satz wohl extemporiert hat, da er ja in der Tat um die bescheidenen Mittel der Produktion wusste. Damals war «John Kling» eine enorm aufregende Serie im Vorabendprogramm, von der ich mir keine Folge entgehen ließ – wie viele meiner Altersgenossen.

Am nächsten Tag sprach ich in der Schule und auf dem Weg nach Hause mit meinen Schulkameraden darüber.

Und so war das wohl, damals – die Welt war neu für uns, und für viele, die unsere Unterhaltungsbedürfnisse befriedigten, ob mit Kinder- oder Taschenbüchern, Comics, Fernsehserien oder Werbung, war all das, was sie da taten und herstellten, auch so neu. Sie waren auch neu in ihrem Geschäft, es gab noch weit weniger Vorbilder für das, was sie taten.

Darin unterscheiden sich die 70er deutlich von den 90ern und auch unserem neuen Jahrzehnt, das seinen Namen wohl erst noch finden muss: Es war noch möglich, etwas Neues zu tun oder es zumindest ernsthaft zu glauben. In unseren Zeiten ist die Ansicht (oder die Erkenntnis?) allgegenwärtig, dass

es nichts Neues unter der Sonne gebe – dass es bestenfalls möglich ist, originelle Rekombinationen von vorhandenem Material abzuliefern.
Und so ist es möglich, eine Standortbestimmung vorzunehmen, die sich aus den unterschiedlichen Distanzen zu diesem und jenem Fixpunkt der Populärkultur ergibt – vor der Ausstrahlung von «Dallas» oder danach? Zu Zeiten der Heimatfilme oder während der Zeit von «Wünsch dir was!»? Hatten Sie eine Barbie oder nur eine Petra-Puppe? Ein Zündapp-Mofa oder eine Kreidler Florett? Stand in Ihrem Regal eine Lava-Lampe oder die MEW oder beides?
Natürlich bedürfen solche Standortbestimmungen auch der dazu gehörigen Gemeinde – wie etwa im Falle der Kreidler Florett augenfällig: Wer nicht weiß, dass es sich hier nicht um eine Stichwaffe, sondern um ein Fortbewegungsmittel der Gattung «motorisiertes Zweirad» handelte, wird schwerlich einschätzen können, wieviel Prestige dem stolzen Besitzer eines solchen Gefährts in der Samstags-Disco oder bei der Kirmes winkte. (Also doch eine Stichwaffe.)
So wie uns in der Physik das Weltenzentrum abhanden gekommen ist – die Erde ist es jedenfalls nicht mehr –, so ist auch in kulturellen und Fragen des Alltags ein verbindliches, für alle Menschen gleichermaßen gültiges Zentrum weniger denn je in Sicht. Da bietet es sich an, den eigenen (sub-)kulturellen Horizont, die Verhältnisse, in denen man aufgewachsen, groß geworden, sozialisiert wurde, anhand der sie dominierenden Gegenstände zu beschreiben. Diese bieten am ehesten die Gewähr, von den meisten ZuhörerInnen als die Orientierungsmarken eingeschätzt zu werden, die sie damals auch waren.
Sofern wir damals, als diese Symbole aktuell waren, entweder zu jung waren, um sie souverän zu gebrauchen, es uns an liquiden Mitteln zu ihrem Erwerb fehlte oder wir einer (Sub-)Kultur angehörten, die derlei Spielchen mit Mythen des Alltags abhold war, trifft es sich gut, dass wir vieles heute nachspielen können. Ein geeignetes Ambiente zum Spiel mit Erinnerungen sind Themen-Parties bzw. Feten: Als meine Freundin und ich vor einigen Jahren

eine 70er-Fete ausriefen, gab es zwar zunächst eine Menge Murren und zaghaften Protest ob der ungewohnten Zumutung, doch zahlte es sich aus, die notwendige erzieherische Härte aufgebracht zu haben: Wir konnten eine erlesene Kollektion von gestreiften Trainingsanzügen (mit Gummizug unterm Fuß), hautengen Hosen mit Schlag, grellroten und giftgrünen Rollkragenpullovern, affigen Sonnenbrillen, Plateausohlenstiefeln, Synthetikhemden und anderen schlimmen Modesünden begutachten und uns einen ganzen Abend hemmungslos dem Erinnern hingeben. Und alle hatten großen Spaß. Genau wie in alten Zeiten.

Freundliche Grüße aus Nippland
und besten Dank für die Aufmerksamkeit
Harald Leinweber

Alles Bonanza - Antwort auf Beitrag

Back Forward Home Search Reload File Hotlist Stop Print

URL: http://www.alles-bonanza.de/

Alles Bonanza

Forum: www.alles-bonanza.de
Ein Album der 70er

Name

Thema Hustinettenbären, Fa-Models, Palmolive-Tanten

Konsumieren

Vom lästigen Eumel und humanitären Hustinettenbär, von nackten Fa-Models und zickigen Palmolive-Tanten und was es zu bedeuten hatte, wenn Armbanduhren von Snowmobilen durch die Tundra geschleift wurden

70/01, 1999-03-21, 14:43, anko
unter den vielen figuren, die die werbung meiner kindheit bevoelkert haben, sind mir vor allem die «faserschmeichler» in erinnerung geblieben (ich glaube, sie stammen von lenor) – rosarote knuddelige wesen, die im weichspueler wohnten und dafuer zustaendig waren, dass die waesche flauschig wurde. es gab auch

einen song von ihnen, den sie gerne waehrend des weichspuelens sangen. der ging in etwa so:
«wir sind die faserschmeichler,
wir sind die faserschmeichler,
wir schmeicheln und schmeicheln
und schmeicheln uns an,
und an der waesche merken sie's
dann!»

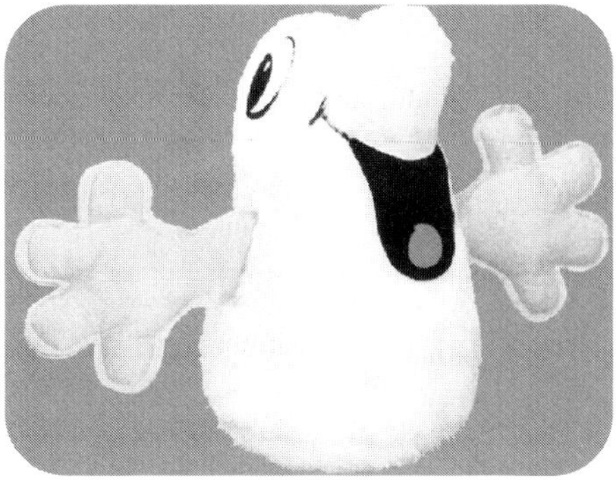

71 Faserschmeichler auf Urlaub

es gab eine fiese verhoehnung davon, die von dem kinderwitz ausging, dass die faserschmeichler in der waschmaschine im schleudergang leicht den drehwurm bekommen; die entsprechende variante lautete:
«... wir scheißen und scheißen und scheißen uns an
und an der waesche merken sie's dann!»
dann gab es noch den kariesteufel, der mit einem presslufthammer auf einem riesenzahn herumhaemmerte – ich habe aber den verdacht, dass es sich dabei um eine oesterreichische erfindung handelt.

70/01, 1999-03-25, 19:40, Katja

Der Kariesteufel ist, da bin ich mir ziemlich sicher, ein Plagiat: Geklaut von «Karius und Baktus» – einem grandiosen Werk des didaktischen Schulfilms, mit dem ich in meiner frühen Jugend (2., 3. Schulklasse Anfang der 70er Jahre) konfrontiert worden bin. Unser Klassenlehrer entlieh in regelmäßigen Abständen Lehrfilme bei der Kreisbildstelle, darunter auch «Karius und Baktus».
Die beiden Protagonisten dieses mindestens 15minütigen Streifens traktieren das Gebiss der Testperson zwar nicht mit einem Presslufthammer, sondern mit einer ordinären Spitzhacke.
Übrigens ist meine Lieblingsfigur aus dem Werbefernsehen der Hustinettenbär.

70/01, 1999-03-26, 00:50, parvin sadigh

O je – mit Karius und Baktus bin ich glaube ich schon im Kindergarten gequält worden. Furchtbare Albträume hatte ich, ein bohrendes schlechtes Gewissen und vor allem gar keine Lust mehr zum Zähneputzen, weil ich dabei immer wieder an den – für meine Begriffe – Horrorfilm erinnert wurde. Ich hab mich der Einfachheit halber auf die Seite der beiden Protagonisten geschlagen und sie vor dem grausamen Tod schützen wollen.

70/01, 1999-04-10, 23:22, iota

der Hustinettenbär, das war natürlich eine große humanitäre Figur, allzeit bereit, pelzig durch Styroporschnee zu stapfen und hustengeplagten Kindern Linderung zu schaffen. Vergleichbar vielleicht nur den diversen Wohltätern aus der Togal-Kopfschmerztabletten-Werbung: «Wir wissen natürlich nicht, was dieser freundliche Tankwart empfiehlt, wir empfehlen Togal.»

Aber wer entsinnt sich noch jener Helden der DIY-Kultur, als es den Begriff noch gar nicht gab (geschweige denn Baumärkte): Kati und ihrem Vati nämlich, die in einer Art Maggi-Kochstudio der Klebebänder verschiedene Widrigkeiten des Alltags mit Produkten aus dem Hause Tesa fachmännisch und endgültig zu beheben pflegten? Das startete immer so: «Hallo Vati!» – «Hallo Kati! Oh, durch diese Tür zieht es aber schauerlich.»

72 Kati und Vati bei der Arbeit

70/01, 1999-04-23, 20:35, Harald Leinweber

Ich kann mich erinnern, dass mal ein Leserbrief im «Gong» sich darüber beklagte, dass die Leute von Togal den freundlichen Empfehlern immer sehr unhöflich das Wort abschnitten.
Wrigley's Spearmint Gum warb mit Leuten, die in alltäglichen Situationen mit gigantischen Spearmint-Päckchen einherschritten, wie wenn nix dabei wäre. In dieser bizarren Parallelwelt habe ich mich mal einen halben Tag lang befunden. Bei einer Ferienfahrt in London 1975 erwarb meine Reisegruppe morgens eine Riesen-Vorratspackung Corn Flakes, die wir dann abwechselnd durch den Tag mit Sightseeing trugen. Die Blicke der Einheimischen werde ich nie vergessen.
Der vorbildliche Hustinettenbär ist doch irgendwo direkt neben Muhammad Ali oder Alpha Alpha!

70/077, 2000-03-30, 08:02, Hanne Soya

Zur Riesenpackung Wrigley's Spearmint Kaugummi: «Nimm die große echte Frische, wo immer Du gehst … (oder so aehnlich), Wrigley's Spearmint Gum, Gum, Gum!»

70/01, 1999-04-14, 21:45, anko

noch einen gab es: den portas-mann mit aufgeklebtem schnurrbart, (grüner?) uniform und jeder menge resopalbretter im gepaeck: der hat es meiner erinnerung nach aber bis in die 80er geschafft, bis ihm der schnurrbart abfiel. der sah sich die schauerliche kueche an und schaffte dann innerhalb von 2 stunden voellig neue fronten herbei, um damit die alten kuechenschraenke mit eichendesign zu adeln. erinnerte stark an das patent von der «wanne in der wanne» – da wurde einfach auf die alte badewanne eine neue draufmontiert – duerfte es aber immer noch geben.

73

70/01, 1999-04-25, 21:15, frollein

meine lieblingsfigur war immer die «General-Frau» mit ihrer schmissigen musik. sie wirbelte in der küche herum und bekam eine suuuper-schicke uniform, wenn sie die flasche öffnete. besonders beeindruckten mich die epauletten auf ihrer weißen jacke. jahrelang habe ich meine mutter gequält, sie solle doch auch den «General» kaufen, weil ich dachte, auch sie bekommt dann so eine tolle schicke uniform *lach* leider hat sie sich dem immer verweigert, mit dem argument, der «General» wäre zu teuer, übrigens dasselbe argument, mit dem sie den kauf von Nutella ablehnte *seufz* und dann erinnere ich mich noch ganz genau an die Fa-werbung. meinem erinnern nach die erste werbung, in der man im fernsehen nackte brüste sah. auch davon war ich völlig fasziniert.

70/01, 2000-01-07, 12:40, Gala
Bei der Fa-Frau hatte ich nie verstanden, was sie mit Seife zu tun haben sollte. Ich dachte mir eher: «Da kann man auch nackig rumlaufen» ;-)

70/077, 2000-03-15, 14:05, redselig
Am Schluss des General-Spots hieß es: «Denn nur, was richtig sauber ist, kann richtig glänzen!»

70/01, 1999-04-26, 20:26, Harald Leinweber
Meines Wissens war dann die erste ganz Nackte die Frau, mit der die «Seife Atlantik» beworben wurde. Gigantische Plakate bundesweit – könnten heute gigantische Debatten auslösen! (An Spots kann ich mich viel weniger, eigentlich gar nicht erinnern.) Übrigens von Peter-Paul Zahl in «Die Glücklichen» (als elegante Methode, Geldboten bei und von Wegnahmen abzulenken) ausführlichst beschrieben und somit literarisch für die Nachwelt festgehalten.

70/01, 1999-04-27, 16:55, Barbara
Schmerzlich vermisse ich die Prilblume, dieses von einem genialen Marketinghirn ersonnene Add-on (wie hieß eigentlich Marketing in den 70ern?). Zu diesem Themenkreis gehört unbedingt auch ein Kindershampoo – oder war es ein Schaumbad? Irgendwas Schaumiges jedenfalls, in dem immer kleine Plastikfigürchen waren. An die konnte man allerdings erst so richtig ran, wenn die Flasche leer war, was natürlich zu einem verschwenderischen Verbrauch dieser Substanz meinerseits führte. Auch ein genialer Schachzug:-)

70/077, 2000-03-29, 15:19, Anja Schroeder
«Plantschi ist prima,
Plantschi ist ne Wucht,
mit Plantschi macht das Baden Spaß ...»

(oh – und dann das Apfel-Shampoo, wo jemand ruckzuck eine Perücke aus Äpfeln auf dem Kopf hatte)
«Komm doch, mit auf den Underberg
Komm doch, mit auf den Underberg
er schmeckt – zwar etwas bitter
doch hilft er – Dir schnell –
über'n Berg.»

70/01, 1999-04-27, 22:01, Harald Leinweber

Kann sich noch jemand an den Cascade-Mann erinnern? Der einzige oder so deutsche Superheld – trug ein Cape, Strumpfhosen und konnte fliegen (und weißwaschen). Ging dann wohl irgendwann zusammen mit seinem Waschmittel unter und wartet auf die Revitalisierung durch gewitzte Drehbuchschreiber – hoffentlich liest das hier keiner.

70/01, 1999-05-12, 23:19, iota

Shampoos und Schaumbäder gab es zweierlei:
Erstens Plantschi und zweitens Schauma (ein Name wie aus dem VEB Haupthaarreinigungsmittel)! In der Werbung wusch immer eine Mama einer Tochter die Haare und sprach also: «Du kannst sagen, was du willst, seit du deine Haare mit Schauma wäschst, fühlen sie sich viel struppiger und fettiger an» (oder klang es positiver?) Das kann definitiv nur im Sommer der Liebe gewesen sein, denn wann sonst wäscht man einander die Haare?

70/01, 1999-05-17, 11:41, bago

Noch lange bevor die ganze ÖTV-Belegschaft pfeifend über den Underberg stiefelte, saß schon eine fröhliche Runde mit Sechsämter-Tropfen in einer Gebirgshütte, welche ganz oben auf der Spitze installiert war. Die Hütte schaukelte im Gewitter, während die lustigen Hüttenmenschen – für meine kindlichen Begriffe eindeutig leichtsinnig oder todesmutig – eine Runde

nach der andern becherten (die Sechsämtertropfen wurden schon von Henscheid gewürdigt, als Ladung einer leeren Teppichrolle im Kabuff der ANO-Teppichladen-Filiale).
Und dann war da noch der Schwabe oder Badener?, der mit seinem Daimler (S-Klasse oder / 8, der Einfüllstutzen war hinterm Nummernschild) an der Zapfsäule stand. Die Karre mit Anhängerkupplung hing hinten so weit runter, daß der Tankwart sagte, er könne so unmöglich befüllen, was denn da geladen sei? Die Antwort bekam der verblüffte Zuschauer beim Öffnen der Kofferraumhaube in Form von einem Doppelzentner (Gaggli?) Nudeln. Kann sich noch jemand an den Spruch des feisten Wagenlenkers erinnern?

70/01, 1999-06-11, 12:31, kannsein

habe selten beim blättern im internet so gelacht oder geschmunzelt. es ist interessant, inwiefern gerade kindheit medial abrufbar ist, über werbung, hefte, leckerschmecker. das allerdings hat mich darauf gebracht, einmal zu fragen, welche tiefere bedeutung eigentlich diese bilder für die eigene biographie gehabt haben könnten. wurde etwa das bild der liebenden mutter über die bereits erwähnte schaumashampoo-mami erlernt? war nicht die litamin-frau (oh, wie erinnere ich diese melodie, obwohl ich sie jahre nicht gehört habe) eine der ersten begehrten frauen, die die türen zum erotischen kosmos weit aufstießen (ähnlich wie die fa-frau, die natürlich – und zwar bis heute – das thema nacktheit in der werbung als immer noch aktuelles tabu oder als kalkulierter tabubruch repräsentiert). wissen die werber, was sie uns angetan haben? welche emotionalen, erotischen marionetten an den fäden ihrer bilder baumeln, vielleicht nur weniger tanzen? und was hat sich seither geändert?

74

70/01, 1999–12–13, 10:11, Hanne Soya

- Erinnert sich noch jemand an die «Eumel», die in irgendwelchen Gardinen saßen und durch irgendeinen Schmutzloeser angeblich zu entfernen sein sollten? Die waren sueß!
- Und die Soehnleins, von Soehnlein Sekt, die in einem Heißluftballon durch die Gegend schwebten und, so meine ich, Piccoloflaeschchen Sekt in der Hand schwenkten. Dazu die frohe Botschaft: «Die Soehnleins kommen!» Das wandelten wir Kinder in ein uns wahnsinnig frech erscheinendes «Die Scheissleins kommen» um.

70/01, 1999–12–14, 14:38, walter

Ein schoener Werbespot war auch der fuer Angora-Unterwaesche, in dem die ganze Familie in Unterhosen dastand und sang: «Hauptsache gesund, Hauptsache gesund, gesuhund mit Mediiima!» Haben wir dann in der Schule nach schlecht ausgegangenen Klassenarbeiten gesungen.

70/01, 1999–12–30, 06:15, Hans Haupt

Haben auch andere noch die Blendi-Zahnpasta mit den Comics auf der Packung in Erinnerung? Die Pril-Blumen waren wirklich ein Hit! Die klebten dann so nach und nach über der Spüle.

70/25, 2000-02-11, 22:00, Peter Wuttke
Franz Beckenbauer erklärte in den 70ern in Fix-und-Foxi-Heften Fußball. Alles in Schwarzweiß und im Werbeauftrag für «Vitamalz» (oder war es «Karamalz»?). Köstlich waren die Trikots, in denen er immer fotografiert war: die mit den breiten, schwarz-weißen Längsstreifen.

70/077, 2000-03-12, 13:40, redselig
Faszinierend fand ich die Waschmittelwerbung, in der die porentiefe Reinheit des Gewebes durch eine Großaufnahme der Fasern demonstriert wurde. Das spielte ich immer nach – mit einer Lupe über dem Teppichboden.

70/077, 2000-03-13, 11:04, Bluejack
«Nehmt den Husten nicht so schwer, jetzt kommt der Hustinetten-Bär!
Mit Kräuter-Huuustinetten!»
oder:
Der Progress-Sauger im Eiffelturm-Restaurant!
oder:
«Siehst du, jetzt hast du ein schlechtes Gewissen.»

70/128, 2000-04-17, 18:02, Konstantin Opel
Die Hustinetten der Dortmunder Netten GmbH (kein Witz) sind noch heute in gut sortierten Drogeriemärkten erhältlich. Auch der Hustinetten-Bär befindet sich noch auf der Packung; offenbar ist aber jene marktbeherrschende Stellung für immer dahin, die den TV-Auftritt mit den wunderbaren Reimen ermöglichte.
Einen Spruch von ähnlicher Qualität pappten sich deutsche Mittelständler damals auf ihre kupfermetallicfarbenen Ford Granada 2.3 GXL-Limousinen:
«Mach mal halt im Wienerwald», dekoriert mit einem fettigen Brathendel.
Es gibt nur noch eine Trash-Steigerung deutscher 70er-Jahre-Gastronomie: Und die heißt «Kochlöffel».

70/077, 2000-03-13, 11:35, Laila West
Kennt ihr noch die Werbung mit den fünf roten Wilden und Super Luzil? Das waren fünf rothaarige Kinder, die immer schmutzige Klamotten anhatten, weil sie so wild waren und Super Luzil hat wieder alles sauber gekriegt. Wirklich toll!

70/077, 2000-03-13, 16:55, Harald Leinweber
Wer erinnert sich noch an «Hilft dem Vater auf das Fahrad»? Diese Werbung für einen Kräuterlikör setzte bewusst auf den erhöhten Aufmerksamkeitswert eines Schreibfehlers. Und löste heftige Debatten aus. Heute wäre so etwas ein Talkshow-Thema. Damals hingen diese Plakate allüberall.

70/077, 2000-03-14, 08:51, Joerg Puffaldt
Waschmittelwerbung war schon sehr einprägsam. Die ARIEL-Klementine zum Beispiel («nicht nur sauber, sondern rein»).
Das LENOR-Gewissen mahnte die Hausfrauen, ihren Liebsten nur flauschigste Hemden und Handtücher in den Schrank zu legen.
PERSIL: Nüchtern, sachlich – «Da weiß man, was man hat.»

70/077, 2000-03-14, 16:16, f r a n k
«Sie baden gerade Ihre Hände drin ...» Gibt's eigentlich irgendjemanden, der oder die das als Heranwachsende(r) wusste, in was die freundliche Kundin ihre Hände badete??? Alle, aber auch wirklich alle in meinem damaligen und heutigen Bekanntenkreis haben damals gedacht: «Wieso tunkt die Frau denn ihre Hände ins Spülmittel, wenn sie sich hinsetzt?» Maniküre – wer soll denn darauf kommen, mitten in den siebzigern???

70/077, 2000-03-14, 23:21, Chefin
Klar, das war Tante Tilly.
Hatte Klementine nicht Waschmaschinen repariert?
Übrigens ist der Gilb mittlerweile auch wieder da.

70/077, 2000-03-15, 10:44, Firmian Maierhofer

Keine Ahnung, was Klementine in ihrem Privatleben sonst so tat, aber in der Werbung konnte sie sicher keine Waschmaschinen reparieren. Vielmehr war sie eine Art «Andersen Consulting» für Hausfrauen zur Optimierung der Waschprozesse.

70/077, 2000-03-15, 07:29, Laila West

Wo ich gerade Gilb las, fällt mir doch glatt der Gardinen-Eumel wieder ein. Zu welchem Produkt gehörte der eigentlich?

70/077, 2000-03-15, 08:27, Hanne Soya

Die Eumel waren drollig, wie sie so in der Gardine herumeumelten. Aber wie das Eumel-Tilgmittel hieß, weiß ich leider auch nicht mehr. Bekomme das eher mit der Ado-Gardine («die mit der Goldkante») durcheinander.
Frank, Du hast mir gerade Erleuchtung gebracht! Ich wusste bis eben nicht, warum die Tusse ihre Finger in die Palmolive-Schuessel tunkt. Ich meine, war ja auch wirklich grandios, kaum saß sie, schon badeten ihre Finger in dem Zeugs – «in Spuelmittel?! *panikinsgesichtsteig* – «Neiiiin *beschwichtigenddiehandinsglaszurueckschieb*, *taetschel*, *taetschel* in Palllllllmolive!»
Dabei faellt mir noch ein: «Horrrrrmocenta – meine Tochter benutzt es auch schon!» Das war doch so eine Volksmusikantin/Jodlerin im Dirndl, die diese Worte sprach, aeh, wie hieß sie noch, Annemarie irgendwas?
Und: «Waschmaschinen leben laenger mit Calgooooon!»

70/077, 2000-03-15, 10:37, Laila West

Die Hormocenta-Frau habe ich als ungarische Operndiva in meinem Gehirn abgespeichert. Wie ich darauf komme, weiß ich allerdings nicht.

70/077, 2000-03-15, 14:14, Anja Schroeder

Das war Marika Rökk. Und Operndiva deshalb, weil sie in dem Spot während einer Operettenpause befragt wurde. Sie trug ein rot-schwarzes Kostüm mit viel Tüll und Straußenfedern auf dem Kopf. Und nach der Befragung ging sie wieder auf die Bühne und legte einen gepfefferten Spagat hin. Ich verbinde das nachhaltig mit Puszta-Gulasch …

70/077, 2000-03-15, 21:00, BaerbelS

Die Pharmaindustrie ließ schon in den 70ern grüßen: «Multisanostol! Der süße Löffel voller Vitamine!» Ich weiß es noch wie heute, meine Oma kaufte dieses sündhaft teure Zeug, weil ich doch ein gar zu abgemagertes, blasses Ding war. Überhaupt, Oma wusste Bescheid, was guttut: Vitamalz, das Kinderbier und fürs Vögelchen gab es Vitakraft. Hm, kam das vom gleichen Hersteller?!

70/077, 2000-03-16, 05:42, Hanne Soya

Marika Roekk also! Aber immer noch will mir die Jodlerin nicht aus dem Kopf. So eine blonde mit ondulierten, steifen Locken. Aeh, Maria Hellwig meinte ich, glaube ich. Wenn es nicht Horrrrrmocenta war (und das «r» spricht eindeutig fuer Marrrrika), dann hat sie ganz bestimmt etwas anderes beworben.

70/077, 2000-03-16, 14:58, redselig

Und wie hieß dieses gelbe Glibberzeug in der blauen Tube, von dem man täglich zwei Teelöffel nehmen sollte, um endlich mal Hunger zu kriegen? Ich glaube, auf der Tube war eine Orangenscheibe abgebildet?

75 Lilofee

70/077, 2000-03-17, 20:22, Lilofee
Es hieß Mulgatol, und das gibt's heute noch in der Apotheke (kostet so um die 15 DM). Allerdings ist die Tube kleiner und multivitaminiger geworden. In unsrer Familie war das sehr wertvoll, wir bekamen sehr wenig und deshalb gingen wir immer heimlich zum Klauen. Also zumindest ich (stimmt das, Schwester?). Und damit nichts auffiel, blies ich die Tube dann wieder auf das vorherige Niveau auf.
Das war auch ein beliebter Trick bei der damals aufkommenden Capri Sonne. Wir bliesen sie nach dem Austrinken auf und ließen dann die ahnungslosen Mitschüler in der Pause «trinken». Puuu, wie gemein!

70/077, 2000-03-17, 20:47, redselig
Richtig, Mulgatol, das war's! Übrigens gab es auch damals schon große und kleine Tuben, oder vielleicht waren die kleinen auch nur Werbegeschenke. Und das Aufblasen der Tetrapacks und der Pyramiden (Sunkist?) mit der entsprechenden Fontäne, na klar! Eine Zeit lang waren auch kleine Plastikflaschen mit einem ziemlich faden süßlichen Getränk in, deren Verschluss man abdrehen musste. Die Dinger lagen dann überall herum, die erste Form von Umweltverschmutzung, die ich bewusst wahrgenommen hab.

70/077, 2000-03-21, 09:08, Laila West
Die Flaschen mit dem Drehverschluss hießen, ganz schlau, «Dreh und Trink». Klar, Umweltverschmutzung, man konnte sie aber auch mit Wasser füllen und dann sehr gut auf dem Schulhof für Wasserschlachten benutzen.

70/077, 2000-03-21, 13:42, Dreas
Und Dietmar Schönherr machte Reklame für DASH. Und dann gab's noch den tollen Spruch: «Olaf hat Husten». Das war Werbung für Wick-Hustensaft oder so. Alle Olafs in meiner Umgebung (und das war ja damals ein populärer Name) litten lange unter diesem Spruch …

70/077, 2000-03-24, 21:47, Innozenz III
Die erste Werbung, die mich in den 70ern maßgeblich beeinflusst hat, war die Werbung fuer Timex-Uhren. Irgendwann bekam ich dann auch eine, ließ sie aber einige Tage spaeter auf unserem VW-Kaefer liegen. Danach war sie weg, schnueff.

70/077, 2000-03-25, 12:39, Harald Leinweber
Timex – das waren die Uhren, die an allerlei Mobile (an Snowmobile kann ich mich erinnern, Autos, Abfahrtski) befestigt wurden, und dann ging es ab! Und nach soundsoviel Kilometern / Stunden / Kamelritten hieß es dann: «Uhrenvergleich». Und was wirklich ganz erstaunlich war: Die Timex-Uhren gingen trotz all dieser Strapazen immer noch genau richtig! Ich bin sicher, dass die überzeugende Seriosität dieser Berichte mein Medienverständnis, vor allem mein immenses Vertrauen in die Zuverlässigkeit der öffentlich angebotenen Informationen, frühzeitig und dauerhaft geprägt hat. O ja. Und wie.
Na ja, und die Timex wurde dann auch noch immer von einer markanten Männerhand durch eine Scheibe gehauen. Das muss die abkönnen.

70/077, 2000-03-26, 03:28, Chefin
Da hatte doch auch eine Mutter viel Freude am Putzen. Mit einem Wisch war der überaus dreckige Fußboden sauber. Anschließend kamen Tim und Bello und hinterließen ihre Spuren. Die Mutter rief entsetzt: «Tim! Bello!» und wischte den Fußboden erneut mit Glänzer.

70/077, 2000-03-25, 17:32, Weisse Riesin
Die Frau mit der Goldkanten-Gardine war schon beeindruckend. Als das Kind, das ich damals war, dachte ich, es sei mir vorbestimmt, später auch solche Gardinen zu besitzen und hoffte immer, bis dahin nicht zu vergessen, wie ich sie wirklich sauber bekommen konnte, denn das war es ja, was scheinbar alle Frauen damals interessierte – saubere Wäsche.

70/077, 2000-03-26, 03:28, Chefin

Die Frau mit der Goldkante in der Gardine war Marianne Koch. Hat sich da irgendwas geändert?? Die Werbemütter sind doch immer noch überglücklich, wenn ihre Dreckspatzen nach Hause kommen ... Putzen und waschen (inkl. der dazugehörigen Werbung) scheint zeitlos zu sein. Der Weiße Riese mit den endlos langen Wäscheleinen war doch auch noch 70er?

70/077, 2000-03-29, 11:55, Tete

meine ultimative 70er-werbung ist die von strahler zahnpasta, wo der entscheidende kuss (leider) von einem weißen, sternähnlichen gebilde, das größer werdend in den vordergrund schoss, verdeckt wurde.
«strahler küsse schmecken besser, strahler küsse schmecken gut», kann mich heute noch an die melodie erinnern (wenn auch nicht mehr an das produkt/packshot).

70/077, 2000-03-29, 13:01, patgie

Ja, oder denkt nur mal an die Reklame-Unterbrechung in der Weihnachtszeit von dem seitengescheitelten Jungen (der sah so ähnlich aus, wie der von der ganz frühen Kindermilchschnitte), der einen Klöppel in der Hand hielt und auf einen Gong eindrosch, während eine tiefe kernige Männerstimme sagte: «MB präsentiert». In guten Zeiten päsentierte uns MB bestimmt 4 oder 5 Produkte. Ich erinnere mich an das «Happy Wheel», das Kunststoff-Go-Kart.

70/077, 2000-03-29, 13:31, Konstantin Opel

Und wer kennt noch den Kultspot mit den durchgeknallten Verkäuferinnen im Eduscho-Geschäft (um 1975):
«Hört nur, Leute/
Sie will Ga-Ha-Laa/
Den mo-deer-nen Schoonkafeee/
Jaa, den schoo-nenden Genuss ...»

Der Rest entfiel mir, nicht aber die Empörung meiner Großeltern (Jahrgang 1902 und 1905) über den Verfall der guten Einzelhandelssitten.
Kult II: «Die Kraft, die durch den Knoten geht.» Aber wie hieß bloß das dazugehörige Waschmittel?

70/077, 2000-03-30, 16:38, daniels

war das nicht Tchibo?
«Hoert nur, Leute,
sie will Sa-ana,
den modernen Schonkaffee,
ja, den schonenden Genuss –
leicht und schooonend
voll Aroma
Sana Tchibo Schonkaffee»
Seltsam, dass ich diesen Quatsch nach ueber 20 Jahren noch auswendig kann. Ich glaube, mich hat das fasziniert, weil ich nicht wusste, was SCHONkaffee wohl sein koennte.

70/077, 2000-03-30, 17:53, Harald Leinweber

Tchibo Sana – die erste (?) Werbung, die ein Musical war! Ein Mann kommt in den Laden, bestellt seinen Kaffee, und die Mädels hinter dem Tresen fangen an zu singen – unfassbar! Den Text habe ich auch bis heute behalten.

70/077, 2000-03-29, 14:54, Laila West

Ach ja, der Knoten! Ich kenne die Werbung noch ganz genau, weiß aber leider auch nicht mehr, wie das Waschmittel hieß. War es vielleicht Omo? Aber jetzt was anderes: Erinnert sich noch jemand an diese unbeschreiblich schlechte Erfindung «Schaufenster am Donnerstag»? Statt normaler Werbung mit Mainzelmännchen gab es so eine Art Verbrauchernachrichten mit zwei Sprechern, die einem neue Produkte vorgestellt haben. Das war entsetzlich!

Dazu fällt mir auch gleich noch das Gard-Haarstudio ein. Hat da ein Friseur neue Frisuren vorgestellt oder was haben die dort gemacht?

Und zu den Mainzelmännchen fallen mir auch noch die sog. Kapriolen ein. Das fand ich allerdings super. War praktisch ein kurzer Mainzelmännchen-Film! Auf den habe ich mich immer sehr gefreut. Kamen die Kapriolen immer nach dem Schaufenster am Donnerstag, sozusagen als Entschädigung?

70/077, 2000-03-29, 15:54, Konstantin Opel

Angetrailert wurde das «Schaufenster am Donnerstag» auch von den Mainzelmännchen, und zwar zur leicht verfremdeten Melodie des unfassbaren Siebziger-Jahre-Gassenhauers «Ihr Leute, kauft beim Trödler Abraham». Fiel mir soeben wieder ein.

Weitere Bruchstücke aus der Erinnerung:

- die «Bahlsen-Probierstube»
- Karin Sommer von Jacobs-Kaffee
- VW-Käfer-Werbung mit Rudi Carrell

und natürlich

- die Flüsterstimme «Von Mattel!»

70/077, 2000-03-29, 16:05, Tete

der knoten müsste von Persil sein (nicht sicher). irgendein «spasti» hat das dann tatsächlich 100mal ausprobiert und die reklame einstellen lassen, weil nicht alle 100mal seine wäsche porentief rein wurde. sachen gibt's …

an die donnerstägliche gruselshow erinnere ich mich auch noch. ähnliches existiert noch immer im regionalen ballungsraum-tv (z. b. «tv aktuell»). versatzstücke davon finde ich auch in der uralt-printwerbung von Giel wieder («eine stadt stellt sich vor»). man muss nicht mal bad-taste-beauftragter sein, um dabei glänzende augen zu bekommen …

70/077, 2000-03-29, 16:13, Konstantin Opel

Persil war's nicht! Aber was dann? OMO? Fakt? Dash? Bestimmt nicht Vernell, die hatten nur eine transzendente Gesangseinlage:
«La-ven-däl/
Oll-jan-der/
Jas-miiin/
Ver-nell!»

70/077, 2000-03-31, 22:42, Laila West

Fakt war's: «Die Kraft, die durch den Knoten geht.»
Fakt packt den Grauschleier!

70/077, 2000-04-01, 12:22, Laila West

O nein, ich hab mich total vertan. Xtra war's, die Kraft, die durch den Knoten geht.

70/077, 2000-03-29, 16:55, le_reptile

nicht zu vergessen:
«drei dinge braucht der mann:
feuer
pfeife
stanwell»

70/077, 2000-03-29, 23:57, Sina Tomas

Da gab es doch auch so eine doofe Deo-Reklame («Achselnässe muss nicht sein!»), bei der den Darstellern immer Regenschirme unter die Arme eingeklinkt wurden. Erst wandten sich alle angewidert ab, wenn sich auf dem knallengen Polyester-T-Shirt Schwitzflecken abzeichneten, dann benutzte der Held dieses Deo (wie hieß es bloß?) und wurde wieder von allen umschwärmt.

70/077, 2000-03-30, 08:02, Hanne Soya

Was mir beim Lesen der neuesten Beitraege noch eingefallen ist: Die «Dash»-Packung wurde immer so herrlich entschieden auf den Tisch geknallt: «Dash.»

«... das ist schon einen Asbach Uralt wert»: Interessant, dass dieses Wort zumindest in mein privates Umfeld Einzug gehalten hat: Spricht eine Freundin von mir von einer aelteren Person, heßt es nur lapidar: «Die ist auch schon asbach.» Gern auch auf einen alten Witz bezogen.

Zu Zahnpasta noch einige Nachtraege:

- «Damit Sie auch morgen noch krrraftvoll zubeißen koennen.»
- «Mama, Mama, er hat gar nicht gebohrt!» (Das ahmten wir Kinder gern mit ueber die Zaehne gezogenen Lippen nach, Zahnlosigkeit vortaeuschend.)
- ... dieser Anti-Plaque-Test mit Kautablette: «Oh, meine Zaehne – alles rooot!»

Bezeichnenderweise kann ich nichts davon der entsprechenden Zahnpastamarke zuordnen.

Und sprach schon jemand vom «GII Tandem, so gruendlich, so glatt, weil der GII zwei Schneiden hat»?

«Schneide eins rasiert so guuut, noch einmal es die zweite tut – so glatt, so gruendlich, so gruendlich, so glatt, weil der GII zwei Schneiden hat!»

70/128, 2000-04-18, 19:57, pinkas

Wer erinnert sich an den rätselhaften Werbespot für «Geruchsfresser-Einlagen»? Rätselhaft schien er, weil er offensichtlich aus dem amerikanischen Kulturkreis einfach so übernommen wurde: Er begann damit, wie eine ausgelassene Abendgesellschaft herumschlenderte. Plötzlich kreischte eine Frau aus der Gruppe «Uuh! Ein japanisches Restaurant! Zieht eure Schuhe aus!», und alle anderen begannen sofort mit diesem Unsinn, bis auf einen, der unschlüssig das Gesicht verzog. Als der die Schuhe auch auszog, erschien eine schwarze Wolke mit der Aufschrift «FUSSGERUCH», und alles wurde sehr unangenehm. Dann wurden als Lösung seines Problems zum Glück diese sogenannten Geruchsfresser angepriesen. Leider gab es damals in Deutschland sicherlich nicht besonders viele japanische Restaurants, und auch die Sitte des Schuheausziehens beim Gaststättenbesuch war mir unbekannt. Die amerikanischen Werber hatten also schon ihre Mühe, eine passende Situation zu finden, und mir war die ganze Szene als Kind von magisch zwanghafter Unverständlichkeit, etwa wie aus einem Buñuel-Film. In Privatwohnungen dagegen musste man in den 70ern ständig die Schuhe ausziehen, und viele Familien hielten sog. «Hüttenschuhe» bereit, bunt gestrickte Dinger mit weicher Ledersohle, die ich skandinavischen oder alpinen Ursprungs verdächtige. Haha, Hüttenschuhe! Sonst gab's nur Hüttenkäse (wohl von «cottage cheese») und Hüttenzauber (gehört in die 50er-Abt.).

70/128, 2000-04-19, 09:45, Konstantin Opel

Der Vergleich zwischen Fußgeruchs-Stopp-Einlagen-Werbung und Buñuel-Film trifft die Transzendenz dieser 70er-Jahre-Werbung in unüberbietbarer Art.

70/128, 2000-04-19, 14:21, Tara

Kann sich noch jemand an die Deo-Werbung erinnern:
«Wo ist das Bac?
Mein Bac, dein Bac – Bac ist für uns alle da.»
Außerdem habe ich als Kind immer davon geträumt, den Bären aus der Bärenmarke persönlich kennenzulernen.

70/077, 2000-03-30, 14:52, patgie

Ich erinnere mich an TOSCA: «Und mit Tosca kam die Zärtlichkeit» (die Frau fand ich früher supertoll).

70/077, 2000-03-30, 16:48, oli
ulrike jokiel, war die noch 70er oder schon frühe 80er?
«können es sich sportliche und moderne frauen heutzutage überhaupt noch leisten, schokolade zu essen?»
«mein name ist ulrike jokiel und ich esse unheimlich gerne schokolade. manchmal steh ich sogar nachts auf und hol mir welche. aber sie muss unbedingt leicht schmecken.»
preisfrage: wie heißt die schokolade?

70/077, 2000-03-30, 16:50, patgie
Ja, ja die Joghurette (oder wie schreibt man das?), die schmeckt so himmlisch Joghurt-leicht!

70/077, 2000-03-30, 16:58, oli
das erste jingle, das sich wohl für alle tage in mein gehirn eingebrannt hat:
«Shampoo Schamptu (?) – mehr Spannkraft fürs Haar»
die wörter hatten für mich als damals dreijährigen natürlich noch keine bedeutung, vor allem, was hatte wohl spannkraft zu bedeuten?
ich sang immer sowas ähnliches wie: «Schwammschuh, Schwammschuh, mehr Schwammschwapp fürs Haar».

70/077, 2000-03-31, 11:44, BaerbelS
Hatten wir schon Seifenwerbung? Name habe ich natürlich vergessen, aber ich erinnere mich daran, dass Senta Berger diese Seife an ihrer Wange liebkoste. Die Werbung blieb gleich, nur die Gesichter änderten sich von Zeit zu Zeit.
Jetzt fällt mir es ein: LUX-Seife ...!

70/077, 2000-04-01, 01:09, christoph droesser

Eher aus den späten 60ern:
«Wie das Wetter auch wird für unser Klima –
Medima, Medima!»
«Wir wissen nicht, was Willy Birgel (u. a.) empfiehlt – aber wir empfehlen bei Rheuma und Hexenschuss togal!»
«Creme 21, Creme 21, hält die Haut jung!»
Und die BMW-Werbung («Aus Freude am Fahren ...») mit «Take Five» als Untermalung.

70/077, 2000-04-01, 01:40, Harald Leinweber

Die Asbach Uralt-Werbung wusste lange Jahre mit immer wieder anderen Gedichten zu gefallen, aber immer kulminierte sie in:
«Wenn einem so viel Schönes wird beschert,
das ist schon einen Asbach Uralt wert.
Im Asbach Uralt ist der Geist des Weines.»
Wahrscheinlich gibt es in der Asbach Uralt-Werbung eine Geschichte, die mindestens so aufschlussreich wie die Entwicklung des Bärenmarke-Bärs sein dürfte.
Und: «Seit wir das neue Schauma-Shampoo benutzen, fühlt sich dein Haar viel kräftiger an.»

70/077, 2000-04-01, 20:51, justus

My alltime favourite: Frau Sommer. Ich habe ihr wirklich geglaubt, daß die «Krönung» der Beste von Jacobs ist ... allerdings kenne ich bis heute gar keine andere Marke von dieser Firma.
Niedlich fand ich das kleine Männchen mit dem Blumenhütchen von Clorix oder Dan (?), das immer gezwungen wurde, die Toilette zu reinigen, und ständig aus der Flasche entfliehen wollte. Ein starker Daumen hat es dann wieder in die Packung zurückgedrückt.

76 Led Zeppelin

77 Deep Purple

81

80 Rudi Carrell in seiner Show «Am laufenden Band» (1975) und das einzige Nacktfoto dieses Buchs, entnommen dem 3. Teil des «Schulmädchen-Reports»

Rechte Seite: Frauen demonstrieren gegen den Versuch der Modeindustrie und einiger Moralisten, die Minimode durch die Maximode zu ersetzen (31. Juli 1970).

Klasse,
Nackte Beine
sind schöner
als
nackte Füße!
Modediktatur
↓
Umsatzsteigerung
auf
unsere Kosten
?

83 Autofreier Sonntag 1973: Als die Ölkrise uns das Laufen lehrte und die Menschen auf der Autobahn spazierengingen. Warum haben bloß alle die fröhliche Stimmung von damals vergessen?

84

VW Scirocco und Opel Manta 85

70/077, 2000-04-03, 07:49, Hanne Soya
Ja, die Kroenung und die anderen Jacobs-Kaffees. Ich habe mich vor allem immer gefragt, wer guckt die anderen Sorten noch mit dem Arsch an, wenn die Kroenung so eindeutig als die beste dargestellt wird?! –

70/077, 2000-04-03, 15:19, redselig
Endeten eigentlich alle Salamander-Heftchen mit: «Und es schallte lange noch / Salamander lebe hoch»?

70/077, 2000-04-03, 16:31, Bluejack
Not quite. Meine eingehenden, wissenschaftlichen Recherchen ergaben:
«Lang schallt's vor der Höhle noch:
‹Salamander lebe hoch!›»
«Und im Chor schallt's lange noch:
‹Salamander lebe hoch!›»
«Lang tönt's auf der Schaffarm noch:
‹Salamander lebe hoch!›»
«Lange tönt's vom Festland noch:
‹Salamander lebe hoch!›»
«Von der Burg hallt's lange noch:
‹Salamander lebe hoch!›»
«Um die Welt schallt's lange noch:
‹Salamander lebe hoch!›»
«Lange tönt's im Iglu noch:
‹Salamander lebe hoch!›»
«Lang vom Festplatz schallt es noch:
‹Salamander lebe hoch!›»
«Lange schallt's am Brunnen noch:
‹Salamander lebe hoch!›»
Mit vorzüglichen Grüßen
Prof. Dr. Lurch. Bluejack

70/077, 2000-04-03, 18:04, redselig

lach Blaulurch, jetzt fühle ich mich umfassend gebildet, danke! Das heißt ... fast. Denn nun frage ich mich, aus welcher Zeit dieser unmögliche Schlussvers stammt – aus dem Kaiserreich? Wann hat man denn zuletzt «Vivat» gerufen; der Konjunktiv kann doch nur aus der Übersetzung der lateinischen Version stammen ...?

70/128, 2000-04-05, 21:49, Bluejack

Wieder meldet sich Leutnant Blaulurch zu Worte. Der Werbe-Lurch existierte bereits vor dem Ersten Weltkrieg, allerdings als ein statischer, höflich den Zylinder lüftender Lebe-Lurch, der den Damen Komplimente machte:

«Bezwungen folgt er ihr auf Schritt und Tritt;
als zog ihn etwas seltsam Schönes mit,
Man ist, dacht sie, sogleich wie ein Magnet,
wenn man in Salamander-Stiefeln geht.»

Der Sinn dieses Sprüchleins erschließt sich dem Leser nicht unbedingt sofort, aber dann ist es zwingend logisch.

Immerhin sind erst ab 1937 die Lurchi-Hefte entstanden, zunächst in einer Reihe von fünf Exemplaren bis zum Ausbruch des Krieges, danach ab 1951 regelmäßig. Illustrator war Heinz Schubel. Er entwickelte bis 1972 die Lurchi-Bande. Ich müsste noch herausfinden, ob er auch für die Reime verantwortlich war. In der Zwischenzeit schiebe ich noch einige «Best of» nach:

«So buttert Lurchi, ahnungslos
die Milch zu einem Butterkloß.
Den schlimmen Aufprall damit stoppt er.
Genauso geht's beim Helikopter.
Ösie haben einen sehr gepfleg- /
ten Grillplatz heimlich angelegt.»

Dem Lurchi wurde 1997 eine Ausstellung im Wilhelm-Busch-Museum in

Hannover gewidmet. Vermutlich ist dort auch noch der dazugehörige Katalog zu erhalten.
Den Leser überkömmt es heiß
Was Bluejack wieder alles weiß.

70/114, 2000-03-27, 15:07, redselig
Ein beliebter Lehrerspruch Anfang der 80er Jahre lautete noch: «Geh doch Bananen verkaufen beim Nanz!» Damals gab es den noch. Die Nanz-Filiale, in der wir unseren täglichen Bedarf deckten, hatte schmutziggelbe Fliesen auf dem Boden und eine mosaikgeschmückte Säule neben der Kühltruhe, um die ich immer im Einkaufswagen (mein Gott, war das unbequem!) herummanövriert wurde, und eine laut rasselnde mechanische Kasse, an der eine freundliche Frau Schön saß, die jeden Betrag laut und sächsisch mitsprach, den sie eintippte. Beim Metzger lernte ich das Wort «außerdem» kennen, das, fragend intoniert, auf das Abwiegen und Einpacken jedes Einzelpostens folgte, und im Gemüseladen bekam man immer Erdnüsse und den Spruch, man sei ja schon wieder gewachsen, mit auf den Weg. Schlimm waren Apothekenbesuche, weil man dort zwar Traubenzuckerherzchen bekam, sich aber höflich bedanken sollte. In der Reinigung faszinierte mich vor allem die spitze Nadel, auf die herrlich schillernde rosa Bestellzettel aufgespießt wurden.

70/114, 2000-03-29, 22:03, Sina Tomas
Chiquita-Bananen! Eine Zeit lang hing an jeder Bananenstaude ein Bild von Heintje, mit goldenem Plastikrahmen.

70/114, 2000-03-28, 09:18, Hanne Soya
Das Salamander-Schuhgeschaeft in Hamburg-Altona hatte außer den Lurchiheften – eine Rutsche! Das war toll, sag' ich Euch! Aber auch immer ein wenig unheimlich, denn der Laden war so duester, die Rutsche erst recht, und die Lurchi-Figuren hatten auch so etwas Bedrohliches. Dieser

gelbe Frosch mit den roten Punkten, irgendwie fies. Beim Schlachter gab's immer 'ne Aufschnittscheibe. Am liebsten mochte ich Yachtwurst, was ja wohl Jagdwurst heißen sollte, wie ich spaeter merkte.

70/114, 2000-03-28, 14:22, Laila West

O weia, die Metzgersfrauen! Unsere hat auch nachhaltigen Eindruck auf mich gemacht. Wenn es z. B. eine Mark Wechselgeld gab, hat sie immer gesagt: «… und zehn nette Gröschelschen zurück.» Warum die Groschen nett sein sollten, habe ich bis heute nicht kapiert. Eine Wurstscheibe gab's auch immer. Jahrelang habe ich dank der Metzgersfrau gedacht, dass diese Wurst Handwurst heiße, weil die Frau immer gesagt hat: «… und dann noch nen nettes Scheibschen Handwosch för dat lecker Medschen.» Ich bin jedesmal mit einer hochroten Bombe aus dem Laden gekommen vor lauter Peinlichkeit.

70/114, 2000-03-28, 17:06, Konstantin Opel

Wer wie ich in der Provinz aufwuchs, erlebte auch noch richtige Tante-Emma-Läden mit ondulierten Besitzerinnen im gestärkten Kittel, «Vivo»-Leuchttransparent, bimmelnder Türglocke und Himbeerbonbons für die Kids. Aus irgendeinem völlig seltsamen Grund blieb mir ein Aufkleber der Firma «Pfanni» in Erinnerung, der auf scheinbar jeder Eingangstür klebte: Zwei gezeichnete Airdale-Terrier auf flaschengrünem Grund, die leider draußen bleiben mußten, während Frauchen drinnen Pfanni-Klöße kaufte. Gleichzeitig gab es natürlich schon die großen Verbrauchermärkte auf der grünen Wiese, mit Easy-Listening-Gedudel und Regalen voller Zeitgeist-Produkten wie Tritop, schockgrünem Sunja-Duschbad und «Kellergeister»-Sekt (gibt es dieses grausame Zeug heute noch?). Für Kinder der Siebziger war das anonyme, aber leicht größenwahnsinnige Einkaufen im Großmarkt ein Erlebnis, und in der Cafeteria mit den orangefarbenen Stühlen, Tischen, Lampen und Blumenkübeln gab's eine Gulaschsuppe, deren künstlicher Geschmack mir noch immer auf der Zunge liegt.

Und dann muß natürlich noch dem Kindheits-Einkaufserlebnis an sich gedacht werden: DEM PALOMINO-PFERD BEI C&A! In wessen Kindheit kam das nicht vor?

70/114, 2000-03-29, 15:40, redselig

Das Palominopferd wurde von meiner Mutter abgelehnt, weil es mit seinen bunten Flecken zu wenig naturgetreu aussah. Auch die Grundfarbe stimmte ja nicht, Palominos sind keine Rappen. Aber vor dem Hertie stand lange Zeit ein Schimmel mit Westernsattel, und auf dem durfte man manchmal sitzen, meist natürlich, ohne die entsprechende Münze einzuwerfen. Noch heute weiß ich, dass einmal, als ich mit meinem kleinen Bruder in einem der Autos saß, die diese Pferde nach und nach abgelöst haben, ein Fremder einfach im Vorbeigehen das nötige Geld einwarf, das einem den vielleicht zweiminütigen Schaukelspaß gewährte. Was haben wir gestaunt!

70/114, 2000-03-29, 15:35, redselig

Ach ja, Salamander und die Schuhläden, auch so eine traumatische Erinnerung. Erst das Füßevermessen, das mich immer an den Orthopäden erinnerte, mit dem ich damals gequält wurde; dann wurde man in die Zehen gekniffen, weil die Verkäuferin wissen wollte, ob man etwa schon vorne anstieß, dann litt meine Mutter unter dem Preis der Kinderschuhe, und dann ging die Diskussion los, ob man den Karton, den ich immer zum Basteln haben wollte, mitnehmen wolle oder nur eine Tüte (wir fuhren damals noch mit dem Bus in die Stadt, und ich wurde grundsätzlich auf den Schoß genommen, damit mehr Leute einen Sitzplatz bekamen – auch eine gute alte Sitte, die verfallen ist *g*)...
Einen beweglichen Lurchi bekam ich nach langjährigem Betteln. Er hat sich ziemlich schnell den Schwanz gebrochen, existiert aber noch, glaube ich. Den fetten Frosch fand ich auch immer widerlich, aber gab es nicht auch ein ganz nettes grünes Tier?

70/114, 2000-03-29, 17:17, patgie

Bei Hertie in der Berliner Carl-Schurz-Straße stand original ein weißes Pferdchen mit einem schwarzen Westernsattel davor. Egal, wie kalt es war, wir saßen drauf und unternahmen so manche Ausritte in den Sonnenuntergang, während Mutti bei Hertie noch schnell was kaufte und wir mit Papi davor warten mußten.

70/114, 2000-03-29, 18:22, Tete

bin auch in berlin (w) aufgewachsen, aber die pferdchen gab's nicht nur in spandau (und wohl nicht nur in berlin). dennoch: das bild eines in den sonnenuntergang reitenden kindes ist zeitlos und auf jeden fall immer ein lächeln wert.
noch was: an jeder zweiten straßenecke stand ein kaugummi-automat, meistens rot, und nicht nur mit kaugummis gefüllt, sondern auch mit plastik-ringen aller couleur, die fantasie-figuren wie drachen u. ä. monster darstellten. im sammelwahn galt es dann möglichst viele dieser abscheulichkeiten zu besitzen (tauschproblematik, natürlich auch gegen sammelbilder wie z. b. Star Wars eintauschbar ...). da einem aber irgendwann die groschen ausgingen, fingen wir an, die automaten mit Hilfe von pfennigstücken und dahintergeklemmten, abgebrochenen streichhölzern zu leeren. kleinkriminell?

70/114, 2000-03-29, 18:36, le_reptile

tete, deine sentimentalität in ehren, aber kaugummiautomaten gibts nach wie vor.
nicht mal ihr aussehen hat sich seit meinen kindertagen großartig verändert. und das sortiment ist im prinzip immer noch das gleiche. man braucht nach wie vor zehn- oder fünfzig-pfennig-stücke dafür, in ausnahmefällen auch mal ne mark. einziges novum: die kaugummikugeln sind in plastik eingeschweißt (meistens). das fällt einem vielleicht erst dann wieder richtig auf, wenn man mit einer fünfjährigen unterwegs ist.

70/114, 2000-03-29, 19:06, Tete
einverstanden, aber das mit den streichhölzern war doch absolut 70er;-) jedenfalls kamen wir uns wie pioniere vor. anyway: man(n) wird alt …

70/114, 2000-03-29, 20:24, le_reptile
schließen wir die kaugummiautomatendebatte mit den salbungsvollen worten eines bekannten versandhauses: «es gibt sie noch, die guten dinge.»

70/114, 2000-03-30, 08:28, Hanne Soya
Ich hatte mal ein Goldgraeber-Erlebnis mit einem defekten Kaugummi-Automaten: Einmal Geld 'reingesteckt, und man konnte immer weiterdrehen und bekam haufenweise Kaugummi heraus.
Fast so schoen wie eine vergessene Mark im Schwimmbad-Schrank zu finden. Wir klapperten die Dinger immer reihenweise ab und wurden auch fast immer fuendig.
Klar, sowas gibt es heute auch noch.

70/114, 2000-03-30, 10:15, Konstantin Opel
Pfennigstück plus Streichholz ist ja regelrecht subtil gegen die Taktik der Jungs aus dem etwas weniger bürgerlichen Viertel unserer Provinzgemeinde: Feuerzeug gegen die Plastikscheibe – und der gesamte Inhalt gehörte für nur 30 Sekunden Angst ihnen …
Ich führte mit meinen Eltern damals erbitterte Diskussionen darüber, warum ich Kaugummiautomaten-Verbot hatte und meine Sandkastenfreundin Jasmin nicht … Das Argument «unhygienisch» betraf nebenbei auch Softeis- und Pommes-Automaten (letztere gab es damals wirklich …)

70/120, 2000-03-29, 19:13, anko
ein kleines denkmal muss ich hier noch errichten und zwar fuer 2 leute, die davon leider nie was erfahren werden – nichtsdestoweniger werden sie ewig im gedaechtnis meiner brueder und dem meinen bleiben.

voilà: das denkmal fuer den FEINKOST PFEFFER.
so hiess der gemischtwarenladen bei uns ums eck, wo es die wunderbaren dinge gab: die kaugummis mit dem tatoo (unterarm ablecken, draufpappen) und die stoeße mit micky-maus- und bessy-heftchen, vor denen wir stundenlang standen und lasen, weil das geld nicht fuer den erwerb reichte. irgendwann wurden wir dann rausgeworfen.
bei PFEFFER roch es so wunderbar, wie kaum wo auf der welt danach.
tja, so wars. PFEFFER lebe ewig!
heute ist irgendein scheisssupermarkt (mit 3 S) in dem haus.

70/120, 2000-03-29, 19:31, redselig

Bei «der Bemsel» – weil wohl immer Frau Bemsel hinter dem Ladentisch stand – konnte man sich Flummis für 20 Pfennige aussuchen; es dauerte schließlich eine halbe Ewigkeit, bis man zwischen giftgrünen und neongelben gewählt hatte (die durchsichtigen mit den Schlieren im Inneren konnte ich nicht leiden, ich war mehr für Symmetrie). Und auch mein Hippiekäfer stammt von «der Bemsel». Eigentlich war das ein Elektrofachgeschäft, das die ganze Nachbarschaft mit lebensgefährlichen Installationsarbeiten beglückte. Das ebenfalls schon erwähnte Wassereis führte dagegen «die Reichert» (bzw. «Reichel» oder so ähnlich). Ziemlich abfällige Bezeichnungen, wenn man es heute betrachtet, aber meine Kindheit war eben noch dialektal geprägt.

70/120, 2000-03-29, 19:50, Tete

mein lieblingsladen war Antkowiak, so hießen die besitzer des gleichnamigen spielwarengeschäfts. die heißeste (= besuchsintensivste) phase hatte ich, als die sammelbilder zu Star Wars Teil I herauskamen, die wir wie besessen kauften (ich brachte es dann auf zwei komplette und vielleicht nochmal fünf weitere, allerdings nicht vollständige alben).
gleich daneben war übrigens Kräuter Kühne, ein laden, der mir immer

suspekt war, weil es da so merkwürdig heraus roch – aber der name allein ist schon selten ‹dufte›.

70/120, 2000-03-29, 23:37, Sina Tomas

Mein Konsumtempel war der Tante-Emma-Laden von Frau Wörl um die Ecke. Sie war eine uralte weisshaarige Dame und trug immer einen blauen Kittel. Bei ihr gab es einfach alles! Das Obst und Gemüse war tatsächlich aus ihrem eigenen Garten (bis auf die Chiquita-Bananen natürlich). Ihre altmodische Kasse faszinierte mich am meisten. Aber das tollste war, dass sie mir nach jedem Einkauf eine Handvoll Süssigkeiten schenkte – diese roten Schaumerdbeeren oder die pastellfarbenen Schaum-Mäuse, die sie mit ihren verknitterten Händen aus riesigen runden Plastikbehältern fischte. Ich beneidete ihre Enkelkinder, die direkt über dem Laden wohnten, weil sie bestimmt öfter mal nachts in den Laden geschlichen sind, um Süßigkeiten zu naschen. Ich hätte es jedenfalls getan!
Lange Zeit dachte ich übrigens, sie heißt «Frau Edeka», weil dieses Edeka-Schild über dem Eingang hing. Eines Tages war sie plötzlich nicht mehr da; heute verkauft ihr Enkel dort Musikinstrumente. Das Edeka-Schild hängt immer noch da.

70/120, 2000-03-30, 16:56, Klaudia Kisters

Anfang der 70er wohnten wir noch in einer Zollsiedlung an der holländischen Grenze, direkt hinterm Schlagbaum. In dem kleinen Ort selbst gab es nur eine Gaststätte, keine Läden. Aber diese Gaststätte hatte etwas Wunderbares, nämlich ein Fensterchen, das geöffnet wurde, wenn man klingelte. Es war etwas hoch, das kleine Fenster, so dass wir Kinder die verfügbaren Süßigkeiten von da aus nicht richtig einsehen konnten. Aber weil wir am Wochenende, wenn die Gaststätte nachmittags geöffnet war, schon mal drinnen einkauften, wussten wir genau Bescheid über das Sortiment. Eine Eins-A-Auswahl, von Eis bis Lakritz alles da! Mit diesen Informationen haben wir dann in der Woche am Fensterchen bestellt. Ich weiß nicht

mehr, wie oft ich da für 20 Pfennig ein Vanilleeis am Stiel mit feiner Schokoladenglasur gekauft habe, das in silbriges Cellophan-beschichtetes Papier eingepackt war. Oder Kinderpfeffer, Ahoi-Brause und Esspapier.
Und dann – mein Gott, was für ein Luxus – gab es auf der anderen Seite des Schlagbaums einen holländischen Laden mit vielen bunten, sehr süßen Dingen. Ich erinnere mich noch genau an den rosa-gelben Mäusespeck. Einen Nachteil hatte der Laden aber: wir durften nicht alleine dahin, es war ja sozusagen Ausland.

70/120, 2000-03-30, 17:33, redselig

«Beim Sonder» am Max-Eyth-See in Stuttgart (eine winzige Pfütze!) hatten wir unser Boot liegen. «Beim Sonder» bestellte man auch Segelzubehör, und «beim Sonder» gab es in meiner Kindheit Apfelkuchen. Er existiert wohl nicht mehr.

70/120, 2000-03-31, 12:42, Astrid Barrera

auf dem weg zu meiner grundschule in mannheim-schönau (jaja!) gab es kurz hinter der end-haltestelle (wo es auch einen kiosk gab, der hatte eis!) noch einen schreibwarenladen, der wahrscheinlich sein geld auch nur durch die vorbeiziehenden schueler verdiente. die hatten in grossen plastik-kaesten, die durchsichtig waren, alles, was man brauchte: kokos-schokolade in einzelnen stueckchen und ahoi-brausetuetchen (am liebsten waldmeister). und lakritzschnecken, einzeln. und gummi-himbeeren. und sammelkleberheftchen. und die dazugehoerigen aufkleber, die man dort nach dem sammeln einkleben sollte. und tintenpatronen. und kaugummi. und diese staebchen, die man in ein bestimmtes brausepulver tauchte, nachdem man sie angeleckt hatte. durch das anlecken klebte dann die brause an dem staebchen fest, und am schluss, wenn die brause alle war, konnte man das staebchen aufessen. das war dann auch nicht so sauer wie das brausepulver, sondern ziemlich zuckrig.
aber wie das hieß …? keine ahnung mehr!

Alles Bonanza - Antwort auf Beitrag

Back Forward Home Search Reload File Hotlist Stop Print

URL: http://www.alles-bonanza.de/

Alles Bonanza

Forum: www.alles-bonanza.de
Ein Album der 70er

Name

Thema Schule etc.

Lernen

Von peinlichen Schultüten, gelben Abc-Schirmmützen und unseren allerersten Sätzen, in denen Peter & Flocki vorkommen

70/079, 2000-03-13, 14:29, redselig

Als ich 1975 eingeschult wurde, bekamen die Jungen gelbe Abc-Schützen-Schirmmützen, die Mädchen Kopftücher!!! Ist doch heute undenkbar, oder? Schulranzen im Hochformat waren noch Exoten und wurden nicht gern gesehen, und mit dem Rucksack wäre kein Mensch gekommen.
Und habt ihr auch in Mathe mit diesen roten und blauen Plastikteilen Mengenlehre gelernt? Man hatte da auch so eine schöne orange Schablone, mit der man außer Schnitt- und Teilmengen auch herrliche Ostereier gestalten konnte.

70/079, 2000-03-14, 08:40, Joerg Puffaldt

Gibt's eigentlich heute noch Uli, den Fehlerteufel?
Heftumschläge: War das nur eine Macke meines Klassenlehrers oder typisch für die gesamte Epoche? Für jedes Fach war der Hefttyp und die Farbe des Umschlags vorgeschrieben. Mathe kariert mit gelbem Umschlag, Deutsch liniert mit dunkelblauem Einband etc. – nix da mit Kollegblock und Lose-Blatt-Sammlung.
Zu Beginn jedes Schuljahres sollte man ein Hausaufgabenheftchen kaufen, so eine Art Kalender, in den man für jeden Tag die Hausaufgaben eintragen konnte. Daran konnte ich mich nie gewöhnen (und habe heute auch noch keinen Organizer).
Wer während der Stunde was verbockt hatte, durfte wählen zwischen einer Stunde Nachsitzen oder ein paar Stockhieben auf den Allerwertesten!

70/079, 2000-03-14, 14:58, Firmian Maierhofer

Na klar, so ne gelbe Mütze (die Mädels Kopftücher) hatte ich natürlich auch. Mit einem grünen Kreuz der Verkehrswacht drauf. Ich trug es mit Stolz wie eine Uniform. In der 1. Klasse sah ich erstmalig die «Feuerzangenbowle» und entdeckte dort, dass schon damals die Schüler Mützen trugen (wenn auch andere).
«Uli, den Fehlerteufel» kenne ich auch, und die «logischen Blöcke» (von redselig als «rote und blaue Plastikteile» verunglimpft). Und natürlich die Schablone. Ich fand aber doof, dass es da nur eine einzige eiförmige «Menge» gab, die meistens zu klein war.
Und in unserem Lesebuch waren die ersten Personen Hans und Suse sowie der Hund Rolf.
Aber Stockhiebe waren bei uns in Hessen wirklich undenkbar! Nachsitzen gab's genausowenig, es gab lediglich «in der Ecke stehen» für kleinere Vergehen (speziell Schwätzen) und «Sonderaufgaben» für schwerere Vergehen wie Hausaufgaben vergessen.

70/079, 2000-03-15, 09:04, Hanne Soya

So ein Kopftuch habe ich seinerzeit auch erhalten, und in der ersten Zeit wurden wir immer von Schuelerlotsen ueber die große Kreuzung vor der Schule gelotst. Passend zu Kopftuch/Muetze erhielten wir auch eine Single von Rudi/Robby (?) und seinen Freunden, sowas wie «Wenn ich in die Schule geh'». Das Lied machte nochmal auf alle Verkehrsregeln aufmerksam, «erst links, dann rechts, dann wieder links» usw. Keine schlechte Idee, nur viel zu artig gestaltet – war ich doch laengst in meiner Alice Cooper-, Slade- und Gary Glitter-Phase …

Und die Heftumschlaege und sonstigen Auflagen in Bezug auf Art und Groeße der Hefte, jaja … erst im Gymnasium durften wir auf DIN A4 umsteigen. Ich glaube, unser Diktatheft musste rot eingeschlagen sein. Ansonsten durften wir Schueler mit Rot nicht viel machen, schon gar nicht schreiben, denn rot waren ja die Korrekturen der Lehrer. Wir durften nur blaue Tinte, aber trotzdem keinen Tintenkiller – mein Lieblingsschreibutensil – benutzen. Hatten wir etwas falsch geschrieben, mussten wir es einklammern. Durchstreichen durfte man wiederum auch nicht. Ordentliche Heftfuehrung war schließlich das, wo die Lehrerin mit aufmuepfigen Schuelern vor die Tuer ging, und wer weiß, was sich da abspielte … Entsprechend hatte ich ziemlichen Bammel vor ihr, was sich an meinem Hausaufgabenheft ablesen ließ: In dieses schrieben die Eltern auch Entschuldigungen, die der Klassenlehrerin dann zum Gegenzeichnen unterbreitet wurden. Was ich da viel an ploetzlichen, heftigen Fieberanfaellen hatte! Und meine beste Freundin mauserte sich von der Legasthenikerin zum Rechtschreib-As, nachdem wir diese Lehrerin los waren.

Apropos Rechtschreibung: Der erste Satz unserer Fibel war selbstverstaendlich das legendaere «tut tut tut, ein Auto».

70/079, 2000-03-14, 15:09, Firmian Maierhofer

Bei Mathe-Textaufgaben bestand die Lösung aus drei Teilen. Als erstes musste man die richtige Frage erraten.

Ein Beispiel: Text: «Herr Müller kauft drei Tafeln Schokolade und zwei Flaschen Bier. Eine Tafel Schokolade kostet zwei Mark, eine Flasche Bier fünfzig Pfennig.»
Die Lösung:
Ich frage: Wieviel muß Herr Müller bezahlen?
Ich rechne: 3 x 2,00 = 6,00
2 x 0,50 = 1,00
6,00 + 1,00 = 7,00
Ich antworte: Herr Müller muß 7,00 DM bezahlen.
Keine Ahnung, wie das heute so ist …

70/079, 2000-03-14, 15:10, Firmian Maierhofer

Noch was: In der Grammatik hatte die Endung für jeden Fall eine andere Farbe. Wessen-Fall (Genitiv) war gelb, das hat man auf dem weißen Papier fast nicht gesehen. Wen-Fall war braun, die anderen weiß ich nicht mehr.

70/079, 2000-03-14, 16:53, Joerg Puffaldt

Super, die Grammatikfarben hatte ich schon vergessen, stimmt aber. Ich glaube, Akkusativ war blau und Dativ rot. Ein Wahnsinn!
5. Klasse Englisch, erster Satz:
«Hello, I'm Colin.»
Familie Scott, Linda & Colin … Hund und Katz' waren – glaube ich – Toby und Tibby.

70/079, 2000-03-14, 17:03, Firmian Maierhofer

Ich glaube, ich habe da Unsinn erzählt, der gelbe könnte auch der Dativ gewesen sein (vielleicht hatten wir eine andere Quelle, Joerg …)

70/079, 2000-03-14, 23:29, evita

Was sind denn das für komische rote und blaue Kisten gewesen? Wir haben Rechnen mit dem Rechenkasten gelernt, mit verschieden langen

Holzstäbchen, die die Zahlen symbolisierten. Die 1 war ein kleiner weißer Würfel, die 2 war rot, so lang wie 2 Würfel, die 3 grün, die 4 lila etc.
Ich kenne noch ein schönes Gedicht aus meinem Leselernbuch:
«Roller Roller Ratatat
Wenn Robert einen Roller hat,
dann rollt er durch die ganze Stadt
Roller Roller Ratatat»

70/079, 2000-03-14, 23:51, Harald Leinweber

ich hatte Nachhilfe in Latein. Da habe ich die unregelmäßigste lateinische Deklination (oder war es Konjugation?) gelernt:
stehlere
klauo
momopsi
langfingeratus
Beachte die Stamm-Reduplikation! Irgendwie habe ich dann doch noch das Große Latrinum bekommen. Wer weiß, wozu es gut war.

70/079, 2000-03-21, 23:56, heute

Ich wurde 1970 eingeschult. Und unser erstes Lesebuch in der Grundschule war knallrot und hieß: «Fangt fröhlich an!» Die Kinder, die in dem Buch vorkamen, hießen Axel, Uwe, Sabine und Eva. Und der Bär hieß Tapp.
Hier noch ein kleines Zitat aus dem Buch zum Thema Spielen/Freizeitbeschäftigung der Kinder:
«Uwe fährt mit dem Auto.
Axel fährt mit dem Roller.
Sabine fährt mit dem Puppenwagen.
Eva fährt mit dem Puppenwagen.»
Ganz klare Rollenverteilung!!

70/079, 2000–04–10, 09:37, Hanne Soya

Unter dem Einfluss dieses wunderbaren Forums fallen mir doch immer neue (= alte, verdraengte) Unsaeglichkeiten aus meiner Kindheit ein.
Es handelt sich um den «Maedchenclub», den ich mit ein paar Freundinnen ca. in der dritten Klasse gegruendet habe (d. h., also, meine Idee war das bestimmt nicht!). Der «Maedchenclub» sollte dem Pfadfindermotto von den guten Taten folgen und hielt sich ca. drei Tage, was immer noch deutlich zu lang war. Nachdem irgendwie die Idee zum Club in Umlauf gebracht wurde (Tag 1), planten wir ein konspiratives Treffen (Tag 2) mit Abenteuer-Komponente: Im Garten einer Freundin wurde ein Zweipersonenzelt aufgebaut, und in das quetschten wir 6–8 Maedchen uns hinein. Dazu eine Tuete der guten Ibu-Chips von ALDI fuer 79 Pfennig. Als erste Tat beschlossen wir, einer gebeutelten Lehrerin zu helfen (daher die Schulthematik). D. h., ob sie gebeutelt war, weiß ich bis heute nicht, aber sie machte stets einen aeußerst zerknirschten Eindruck, war extrem wortkarg und hat im Verlauf des Schuljahres ca. 1–2mal gelaechelt. Der Frau musste geholfen werden, klare Sache. Wir beschlossen also, man koennte ihr mal einen Blumenstrauß schenken. Gesagt, getan: Lehrerin bekam Blumenstrauss in die Hand gedrueckt (Tag 3), reagierte mit einem gequaelten Laecheln und einem «aber ich hab' doch gar nicht Geburtstag» und dachte wahrscheinlich, «wollen die mich verarschen oder was?!» Die Jungs in unserer Klasse waren verstaendlicherweise verstoert ueber soviel Schleimertum, und ueber den «Maedchenclub» hat fortan keine von uns mehr ein Wort verloren. War auch besser so ...
Uff, nun bin ich es los (Seufzer der Erleichterung)!

70/079, 2000–04–10, 15:39, Frau Antje

Ich wurde '76 eingeschult. Kennt Ihr noch den Lueck-Kasten? Das waren Plastikvierecke (vorne Zahlen, hinten was Farbiges); mit den dazugehoerigen Heften konnte man Rechenaufgaben loesen und entsprechend der Lösungen die Plastikvierecke anordnen. Wenn man alles richtig gemacht

hatte, entstand auf der Rückseite ein buntes Muster. Ich habe immer nur die ersten Aufgaben gelöst, und sobald ich erkennen konnte, welches Muster das gibt, nur noch das Muster ergänzt.
In der ersten Klasse mussten wir in das Brause-Heft (oder so ähnlich) lauter Bögen und Buchstaben in Schönschrift schreiben, das fand ich schrecklich.
Später – in meiner Rüpelphase – war zum Glück mein Vater mein Klassenlehrer. Da ich, immer wenn ein Regelverstoß stattfand (zum Beispiel bei Regen auf die Wiesen gehen), mit dabei war, hat er nicht so hart gestraft – der Gerechtigkeit halber die anderen natuerlich auch nicht. Damals wäre ich sooo gern ein Junge gewesen ...

70/079, 2000-04-10, 16:42, redselig
Ach ja, der erste Schulranzen: Orange mit zwei schwarzen Katzenköpfen an den Schnallen, denn die Katzenaugen waren mein sehnlichster Wunsch gewesen. Das Ding war sehr schnell im Eimer, aber wie hat man die Kinder bedauert, die mit den alten braunen Lederranzen der vorigen Generation in die Schule geschickt wurden. Ein gestörtes Verhältnis zum Sportunterricht hatte ich von dem Moment an, als ich wegen des Turnbeutels, den meine Mutter sparsamer- oder kreativerweise aus einem Küchenhandtuch genäht hatte, ausgelacht wurde.
Auch mit der Schultüte gab es Ärger. Sie war blaumetallic mit einem seilspringenden Mädchen drauf – soweit in Ordnung, wenn es auch Kinder gab, die mit Filz bezogene Schultüten hatten (aber dafür nachher mehrfach durchfielen *rachsüchtig grins*). Aber das gelbe Krepppapier oben hatte meine Mutter nicht mit einer Schleife versehen, sondern nur mit Tesa zugeklebt ... gab auch so ein Ätschebätsch-Erlebnis. Der Inhalt war dafür weniger enttäuschend, auch ein PEZ natürlich, und am allerschönsten: Sowas wie diese Einkaufszettelhalter mit Papierrolle (wie heißt so ein Gerät eigentlich offiziell), etwa 20 cm breit, auf dem man Bildergeschichten «am laufenden Band» malen konnte!

70/079, 2000-04-10, 15:07, Konstantin Opel

Für die rheinland-pfälzischen Abc-Schützen der frühen Siebziger begann das Lesenlernen mit den Worten:
«Peter ruft Flocki.
Flocki kommt nicht.
Da kommt Flocki.»
Zur Einschulung kam ein Fotograf mit einer Mecki-Puppe, die größer war als die Kinder, die sich mit ihrer Schultüte davorstellten. Der Mecki trug eine Tafel um den Hals, Aufschrift: «Mein erster Schultag 1974.»
Mein Foto existiert noch: skeptische Augen unter schwarzer Ponyfrisur. Orangefarbenes Hemd, braune Hosen. Gürtelschnalle aus Metall, größer als die Kinderhände. Ranzen aus Kunststoff in Orange; Scout-Zeitalter noch nicht angebrochen. Inhalt: unter anderem eine Kunststoff-Tafel, nur in gewissem Maße biegsam (Wurde ausprobiert. Gab Ärger). Schultüte in Rotmetallic, Inhalt: PEZ-Box mit Goofy-Kopf und Blechmodell eines Mercedes 450 SE mit schnurrendem Reibrollen-Antrieb.
Erste Schreibübung: immer wieder «Tüte» auf der Tafel.
Stärkste Erinnerungen? Bohnerwachs-Geruch und beigefarbenes Linoleum auf dem Boden. Zwei-und-zwei-Stehen vor dem Schulpavillon. Religions-Lehrerin, der ungestraft die Hand ausrutscht. Sachkunde-Lehrer, der ein tot geborenes Ferkel vom Bauernhof besorgt und im Unterricht seziert. Und Strafarbeit: zehn Seiten «Wie ich mich im Unterricht verhalte»; ohne Doppelungen. Frontal-Unterricht mit Toilettenverbot außerhalb der Pausen («undiszipliniert»).
Ist das wirklich erst 25 Jahre her?

70/079, 2000-04-12, 15:06, Teresa

> «Peter ruft Flocki.
> Flocki kommt nicht.
> Da kommt Flocki.»

Und das Mädchen hieß Ursula und die Katze Muschi (wer lacht hier?).

Ich weiß noch genau, wie ich eines Tages munter heimhüpfte und schon am Gartenzaun rief: «Mama, heute habe ich das Wörtchen ‹und› gelernt!» Übrigens besitze ich diese «Meine erste Fibel» noch heute! Ein fast quadratisches Format, broschiert und natürlich in Orange!
Schön war's! In vier Jahren wird meine Tochter eingeschult; mal sehen, was dann so abgeht!

Alles Bonanza - Antwort auf Beitrag

Back Forward Home Search Reload File Hotlist Stop Print

URL: http://www.alles-bonanza.de/

Alles Bonanza

Forum: www.alles-bonanza.de
Ein Album der 70er

Name

Thema Autos, Mofas

Fahren

Von sich verfärbenden Tachosäulen, kotzenden Beifahrern und unserem enzyklopädischen Wissen um die Gesichter von Autos

70/27, 2000-02-11, 23:44, Peter Wuttke

in meiner Erinnerung taucht ein Quartett auf, so ein Kartenspiel eben, das diverse Krafträder vorstellte. Da gab es:

* die Honda Dax
* eine Maico
* natürlich eine Zündapp
* klar, auch eine Herkules.

Diese Modelle konkurrierten gegen eine pfeilschnelle Moto Guzzi oder die stolze BMW R75/S.

70/27, 2000-02-12, 17:32,

Harald Leinweber

Ich habe ein Zündschlapp-Mofa einige Jahre bewegt, und wenn es fuhr, fuhr es gut. Leider verölten dauernd die Zündkerzen, und das habe ich ihm nie dauerhaft abgewöhnen können. Mistkiste!

Später habe ich eine Weile eine Velosolex benutzt, bei der der Motor seine Kraft mittels einer Reibrolle auf das Vorderrad überträgt. Ein unglaublich simples System von verblüffender Wirksamkeit.

Der Traum vieler Milchbärte damals war meines Wissens die Kreidler Florett.

Überhaupt Kleinkrafträder: Eine spezielle Klasse von 50-ccm-Motorrädern für junge Leute (– Männer), die fürs Motorrad noch zu jung waren und sich für Mofas zu alt vorkamen. Diese Motoren drehten auf der Jagd nach Höchstleistung irrsinnig hoch, erzeugten nervtötende Töne und verärgerten jeden in der Umgebung, außer denen, die drauf saßen.

Mein Bruder fuhr damals eine

86

87

Yamaha, die einzige dieser Klasse, die einen echten Doppelschleifenrahmen hatte und unter anderem dadurch fast wie ein richtiges Motorrad aussah.

70/27, 2000-02-12, 17:43, Harald Leinweber

Unter den Quartett-Spielen waren unter anderem Militärflugzeuge der Hit. Gut war, die X-15 oder die SR-71 zu haben – dann konnte man die Höchstgeschwindigkeit abfragen und alle anderen einkassieren – die Schnellen, die Langsamen, hähähä.

Bei den Autos hingegen waren Marken wie Maserati oder Lamborghini die Schnellsten.

70/27, 2000-02-12, 21:37, mr41

die 70er waren wohl die hochblütezeit der quartette. mein stolz war jahrelang mein raketenquartett, die besten waren meistens die sowjetischen – aber oft verstanden wir gar nicht, worum es bei den komplizierten zahlenangaben ging, hauptsache, es waren riesige zahlen.

70/27, 2000-02-14, 13:36, Firmian Maierhofer

Bei den Autos war ständig der Streit, ob Zweischeiben-Wankel «besser» sei als Zylindermotoren, d. h., wer den Stich macht. Eine berechtigte Frage, gell? Da die meisten Autos vier Zylinder hatten, war das die Notlösung, wenn man z. B. einen 2 CV hatte, um wenigstens ein «unentschieden» zu erreichen (die wurden dann gesammelt und dem Sieger des nächsten Stichs zugeordnet).

Unter den «Umdrehungen pro Minute» verstand ich, wie oft das Auto pro Minute auf der Stelle wenden konnte.

70/27, 2000-02-14, 15:54, Phaidros

Firmian, immerhin konntest du die geheimnisvolle Abkuerzung «Umin» aufloesen! Unter Hubraum stellte ich mir immer die Lautstaerke der Hupe vor. Aber Hauptsache man hatte den «Supertrumpf», der stach naemlich alle! Mein Lieblingsquartett war ein Hubschrauberquartett, da waren auch die Russen am besten.

70/27, 2000-02-14, 15:59, Pallas
Jungs, keine Ahnung von Technik gehabt??

70/27, 2000-02-14, 16:45, Firmian Maierhofer
Ja, frag mal die erwachsene Durchschnittsfrau, was «Hubraum» heißt. *duck, falls Katrin vorbeikommt* (Allerdings dachte ich damals, Hubraum wäre der gesamte Rauminhalt des Autos. Dass in 2000 ccm keine fünf Leute reinpassen, war mir nicht so bewusst.)

70/069, 2000-03-07, 19:09, anko
soweit ich es überblicke, wurden bislang noch keine erinnerungen an autos und die ereignisse, die sich mit ihnen verbinden, ausgetauscht.
als da wären: unser VW KÄFER JEANS. mit seinem erscheinen in den 70ern war endgültig klar, dass es sich bei den hosen langsam um mainstream handelte. unser käfer war knallorange, hatte große, runde schlusslichter, eine gangschaltung mit einem golfballartigen knauf (von wegen GENERATION GOLF!).
und vor allem: sitze, die mit jeansstoff überzogen waren. mit der kiste sind wir zu 5 in schiurlaub gefahren, die 5 paar schier hinten auf die stoßstange gebunden, mit den ganzen klamotten im kofferraum (winzig, vorne!). spätestens nach 10 minuten kotzte mein kleiner bruder bereits das erstemal in die schischuhe – und ich verlor das einzige spiel, das man bei langen fahrten spielen konnte: das «von welcher autosorte kommen uns mehr entgegen?» – und zwar, weil ich mercedesse wählte und es kamen doch immer nur fords und opels. im sommer fuhren wir mit dem auto (wiederum zu 5) nach jugoslawien (istrien). hinten dran hing noch ein campletanhänger, in dem aber nur die eltern schlafen durften, wir 3 jungs hingegen mussten in die zelte. vater überholte bisweilen LKWs mit dem

VW-gefährt und zwar in zeitlupe. gefürchtet? nein. grosses vertrauen in den fahrenden Vater.

70/069, 2000-03-07, 19:16, anko

was noch hierher gehört: ein werbespruch, der bei uns in der familie zum geflügelten wort wurde.
er lautete: «wenn schon, denn schon, FIRESTONE».
sagt manchmal noch heute irgendwer, ansatzlos.

70/069, 2000-03-11, 15:38, redselig

Ich fahre heute noch einen Käfer! Unserer war von 1968, also noch mit kleinen Rücklichtern, und deltagrün. Mein Kindersitz (eminent unbequem und sicher lebensgefährlich) war in der Mitte der Rückbank befestigt, so dass ich Blick auf das Radio hatte, in dem immer ein kleiner roter Punkt glühte, wenn es an war. Mein Vater behauptete, das sei der Kopf des Moderators.
So bin ich auch in meinen ersten Italienurlaub gefahren – an der Anhängerkupplung hing noch ein Segelboot, auf dem Dachständer war mein Kinderbett und die Kinderbadewanne befestigt, und natürlich musste auch mir – zwischen den Vordersitzen durch – eine Tüte unter die Nase gehalten werden.

70/076, 2000-03-13, 03:32, heute

Unsere Familie besaß einen weißen Käfer. Da saßen wir alle drin: meine Eltern, meine Schwester und meine Oma. Und fuhren in Urlaub und überall hin. Viel Platz für Gepäck war nicht im Kofferraum. Und da es auf der Rückbank auch eng war, lag meine Schwester in der «Ablage» hinter dem Rücksitz und schlief dort meist die ganze Fahrt lang.
Später, als die Familienautos größer wurden, und wir Unmengen von Gepäck verstauten, wenn es in den Urlaub ging, habe ich mich immer wieder gefragt, wie wir alle 5 plus Urlaubsgepäck in den Käfer gepasst haben!

88 VW Käfer – außen in knalligem Gelb, innen ganz in Jeans

70/076, 2000-03-14, 09:13, Firmian Maierhofer

Ich kann mich noch sehr gut erinnern, als mein Vater wegen Familiennachwuchses (wir waren dann drei Kinder) 1978 unseren schönen roten VW 1302 verkaufte und einen Passat anschaffte. Andere Kinder protzten in der Schule mit den neuen Autos der Eltern; wir dagegen waren sehr traurig, daß der Käfer weg war. Wir wollten ihn auch besuchen (wir hatten ja die Adresse des Käufers), das lehnte mein Vater aber ab.

70/076, 2000-03-15, 17:27, redselig

Dass der Käfer einen weißen Plastikhimmel mit lauter kleinen schwarzen Pünktchen (oder Poren) hat, fiel meinen Eltern erst auf, nachdem ich sehr oft den Satz wiederholt hatte: «Da oben ist ein Mahie (mein damaliges Wort für Marienkäfer)!»
Einen feuerroten Ford Taunus kaufte man, als das zweite Kind unterwegs war. Im Sommer klebte man an den glühendheißen Kunstledersitzen fest, und das Biest stand jeden Monat in der Werkstatt.
Auch die nächsten Autos, die alle einen Stern auf dem Kühler hatten, verschlissen viele Abschleppseile. Eindrucksvoll waren immer die Eisblumen

an den hinteren Fenstern, wenn man vom Skiurlaub heimfuhr, nachdem man es geschafft hatte, den Diesel wieder zu starten.

70/069, 2000-03-12, 20:06, anko

der JEANS KÄFER war bereits unser 2. käfer – der erste war ein baujahr 1959. der hatte hinten das ovale fenster (also die nächste generation nach dem zweigeteilten fenster). dieses olivgruene wundergefaehrt hatte folgende wunderbare ausstattungsmerkmale:

* 2 winker statt den blinkern und zwar zwischen vorder- und hinterfenster
* einen reservehahn rechts neben dem gaspedal. wenn das benzin ausging, stotterte der motor. dann musste man rasch mit dem rechten fuß den hebel umlegen, der motor sprang wieder an und man kam noch ein paar kilometer.

am laengsten gekotzt hat mein kleiner bruder. einmal (und das ist bereits fester familienschwank) zwischen seinen fingern hindurch, die er sich vor den mund gehalten hat, um das unglück zu verhindern. statt dessen hat er es nur schlimmer gemacht. autos und kotzen – ein thema für sich. im 59er-VW habe ich autofahren gelernt und zwar auf dem lande auf feldwegen zwischen erntenden bauern im hochsommer. er hatte die (oesterreichische) promi-nummer «G 104», auf die mein vater heute noch stolz ist.

70/069, 2000-03-12, 20:49, redselig

Faszinierend fand ich es immer – ich muss doch noch sehr klein gewesen sein –, mich in den stark gewölbten und damals offenbar immer blankgehaltenen Radkappen des Käfers zu spiegeln. Ein Effekt, den man heutzutage nur noch bei Christbaumkugeln hat.

70/069, 2000-03-13, 08:30, Hanne Soya

Nie (er)kannte ich so viele verschiedene Autotypen wie in den 70ern, als ich die laengste Zeit als Beifahrerin, und zwar auf dem Ruecksitz, verbrach-

te. Autos raten, ob von hinten oder von vorn, war ein beliebter Zeitvertreib. Ich fand, dass viele Autos nicht nur von vorn, sondern auch von hinten sowas wie ein Gesicht hatten. Und es hat mich immer sehr mitgenommen, wenn an sympathischen Rueckleuchten Aenderungen vorgenommen wurden. Z. B. diese geriffelten Rueckleuchten der Mercedesse waren schlimm. Geriffeltes verlieh immer einen fiesen Gesichtsausdruck. Und dann gab es noch irgendein Auto, dessen Rueckansicht mich dazu veranlasste, es spontan auf den Namen «Neffe» zu taufen (nicht, dass ich je einen Neffen besessen hatte – war nur ein Wort und, wie ich fand, ein unschoen klingendes, das Auto war naemlich auch nicht schoen). Konsequenterweise bekam das Folgemodell mit den irgendwie verdoppelt-vergroeßerten Rueckleuchten den Namen Sibyllen-Neffe.
Vom Ford Taunus dachte ich lange Zeit, er hieße TRUNUS, wegen des merkwuerdig eckigen «A». Davon abgesehen fallen mir noch drei Automarken ein, die mir nur oder besonders in den 70ern aufgefallen sind: K70, NSU und, glaube ich, DAF (?!).

70/069, 2000-03-13, 14:16, redselig
Genau, die Gesichter! Ich fand den VW-Bus mit den hochgezogenen Augenbrauen so nett. Unsympathisch waren die BMWs mit ihrem fliehenden Haifischkinn.

70/069, 2000-03-14, 14:45, Firmian Maierhofer
Ja, ich habe damals auch alle Autos erkannt, unglaublich. Damals sahen aber die Autos auch noch verschieden aus; heute würde man ohne gewisse Markenzeichen (wie der BMW-Niere) sowieso nichts mehr auseinanderhalten können. Na ja, mal sehen, vielleicht sehen für meine Töchter auch die heutigen Autos alle verschieden aus?

70/069, 2000-03-16, 14:58, Dreas

der K70 war keine eigene Marke, sondern ein VW. Eine Revolution in der VW-Welt, da er der erste Wagen ohne Boxermotor war. Klasse Teil, ging als Vorstudie letztlich bei der Entwicklung zum Passat 1973 auf. Gebaut von 71–74.

NSU ging als eigene Marke verloren und wurde von Audi aufgekauft. Der berühmteste war der RO 80 mit dem Wankelmotor.

DAF aus Holland wurde später von VOLVO aufgekauft. Sie bauten die phänomenalen Variomatic-Fahrzeuge: DAF 33, 44, 55, 66

Das war eine Idiotenautomatic – wirklich nur Rückwärts und Vorwärts. Genau das richtige für meine Ma, die 1972 Führerschein machen sollte und das mit dieser Knüppelschaltung nicht begriff. Sie fuhr dann einen Renault R 12 Bj. 68 mit Schaltautomatik (der hatte ein ganz liebes Gesicht) und später die DAFs als Kombis. Was habe ich diese Wagen geliebt.

Vater bekam 1972 Sicherheitsgurte in seinen 200er MB, Bj. 69. Die waren aber noch ohne Rücklauf, also, man hatte den ganzen Gurtsalat. Loriot hat das mal mit zwei Polizisten im Einsatz persifliert.

70/069, 2000-03-16, 15:40, Wolf J

Ich wünschte, es wären nochmal die Siebziger, denn damals wurden noch richtige Autos gebaut!!! Mein Top-Favorit ist der Ford Capri = die Sportschleuder der 70er. Mein Vater hatte den Typ, speziell die letzte Ausführung. Mit durchschnittlich 150 PS ausgestattet konnte man beim Fahren der Nadel der Tankuhr beim Fallen zusehen. Aber damals war ja noch heile Welt. Fürn Appel und 'n Ei hatte man den Tank voll gefüllt. Und schließlich mit diesem makellosen röhrenden Motor-Sound hatte der Ford Capri den Status als reiner Sportwagen erreicht. Falls also einer es schafft, uns 25 Jahre zurückzukatapultieren (natürlich ohne dass wir jünger werden), so wüsste ich schon, welches Auto morgen vor meiner Tür stehen würde.

89 Ford Capri 2300 GT

70/069, 2000-03-17, 12:05, anko

zu unserem Mercedes 190D: dieses schokoladebraune schiff war der ganze stolz meines vaters und von uns 3 jungs. aufstieg in eine definitiv andere klasse. es gibt ein paar familienfotos voller stolzer gesichter. baujahr fruehe 60er. er hatte vorne eine durchgehende sitzbank, es durften also 6 leute rein.
zu uns kindern sagte man immer als vorsichtsmaßnahme: «stütz dich ab, es könnte ja einen unfall geben.» sicherheitsgurte? unbekannt.
ausserdem hatte der mercedes eine gangschaltung an der lenksäule und einen tachometer, der aus einer säule bestand. bis 50 war die säule gelb, dann wurde sie rot-gelb gestreift und ab 60/70 nur mehr rot.
das auto fuhr ca. 120 und brauchte, um zu der geschwindigkeit zu kommen, eine halbe stunde. außerdem musste man «vorglühen» (diesel!), um ihn starten zu können – ich wundere mich heute noch, dass man mit einem diesel gleich losfahren kann, ohne vorglühen zu müssen.
irgendwann vergaß dann mein vater einen halben kilo butter im kofferraum (sommer!). davon hat sich der wagen nie mehr erholt.
gekotzt wurde dann in diesem wagen eher verhalten, wenn auch konsequent. es gab dafuer ein eigenes plastikgefaeß mit henkel, dessen geruch das spaetere wuergen schon antizipierte.

ideales auto unter kotzaspekt: weich gefederte franzosen-schleudern aller art. und onkel peters fahrstil (stop-and-wuerg-and-wuerg-and-go!).

70/069, 2000-03-17, 03:48, Harald Leinweber

Das ist für meinen Bruder Gerd. Eine der besten Autofahrten aller Zeiten führte meinen Bruder Gerd und mich sowie meine Freundin und seine an einem sonnigen Tag von Köln ins nahe Glessen. Dort heiratete an diesem Tag ein naher Verwandter, und so waren wir alle im feinsten Zwirn, dessen wir habhaft werden konnten.
Es war ungefähr 1975, und die Haare meines Bruders (schwarz) reichten ihm bis weit über die Brust, meine annähernd so weit (mein Bruder ist knapp zwei Jahre älter und ungefähr dreimal so groß wie ich).
Wir waren zu viert im Wagen meines Vaters, einem dunkelblauen Mercedes (ca.) 220 SEL mit passend getönten Scheiben (ohne das Autotelefon, das der Vorbesitzer darin gehabt hatte). An der Auffahrt zur Autobahn haben wir 2 AnhalterInnen mitgenommen – Hippies in unserem Alter, mit ähnlich langen Haaren, aber wesentlich weniger feinem Zwirn.
Niemand von uns vieren hat den beiden gegenüber erwähnt, was vier Leute mit unserem Aussehen und unserer Garderobe in und mit so einem Auto machen. So war das. Es war mir, wie es so schön heißt, ein innerer Reichsparteitag. Unvergesslich.

70/069, 2000-03-17, 19:40, Peter Wuttke

Dieser Diskussionsstrang bringt mich auf eine alte Frage, die ich bis heute – aus Faulheit – nie habe klären können: Weiß jemand, ob das BMW-Modell nun «BMW 2000» oder «BMW 2002» hieß? Auch in Anbetracht des neuen Jahrtausends muß doch jemand die Antwort wissen. Warum ich das frage? Ein Mitglied der High-Society des Dorfes (ca. 1000 Seelen), in dem ich aufgewachsen bin, um genau zu sein: die Hausärztin, fuhr so einen Wagen. Es war der Zweitwagen. Ihr Mann, auch Arzt, fuhr einen Opel Diplomat (oder war's ein Admiral?). Die Eliten und ihre Autos.

70/069, 2000-03-17, 20:27, Patty
Mein Vater fuhr einen BMW 2000 (den «Haifisch»), der 2002 war das kleinere Modell. Einen Opel Admiral bekam er mitunter als Dienstwagen gestellt, aber so elitär fand ich das gar nicht, er war auch kein Arzt, sondern Fernsehredakteur.

70/069, 2000-03-17, 20:42, redselig
Uns gegenüber wohnte ein sehr dicker Mann mit einer sehr dicken Tochter, der einen dreirädrigen Lieferwagen fuhr. Das Geräusch dieses Fahrzeugs am Morgen und am Abend gehörte zum Tagesablauf dazu.

70/069, 2000-03-18, 12:58, ThomasM
Zur Unterscheidung der Luxusklasse des damaligen Opelangebots: Admiral oder Diplomat: letzterer hatte ein (meist schwarzes) Vinyldach.

70/069, 2000-03-21, 20:12, Peter Wuttke
Der K70 erinnert mich an den Audi 50. Das war vielleicht eine Gurke. Eine Freundin meiner Mutter fuhr dieses Modell. Ich fand die immer komisch. Passte zum Wagen.

70/069, 2000-03-24, 14:24, Anja Schroeder
Lachträne aus Auge wisch
Anko, Deine Erlebnisse mit den Autos endeten ja immer mit olfaktorischen Grausamkeiten. Meine Mutter fuhr natürlich auch einen VW-Käfer – in Signalrot. Aber zum Ponyhof, damals zweites Heim, gehörte ein R4-Kastenwagen. Mit dem wurde alles transportiert. Eigentlich war die Karre noch recht neu – und schon völlig vernudelt. Das erste Unglück ereilte den R4 recht bald. Die 20-Liter-Milchkanne, die immer vom Bauern gefüllt, mit dem R4 zum Ponyhof transportiert wurde, kippte nach einer Notbremsung wegen einer Entenfamilienstraßenüberquerung um. Die Milch verteilte sich ganz gut – und ließ sich nicht mehr vollständig aus dem Auto

schöpfen – es war Sommer und der penetrante Käsegeruch im Wagen ließ uns nur mit offenen Fenstern fahren.

70/069, 2000-03-24, 14:47, Konstantin Opel

Aber tatsächlich haben die Autos unserer Kindheit auch deshalb Geschichte geschrieben, weil sie am Vorabend des Windkanal-Designs nochmal alle barocken Styling-Zuckungen durchleben durften, ohne allzu vernünftig oder politisch korrekt sein zu müssen. Und dazu die Extras: Kugelboxen, Nebelleuchten in sportlich karierten Plastik-Schutzhüllen, Lenkradschoner aus Fell, Spikes im Winter und Hutablagen-Wackeldackel, die völlig unironisch gemeint waren. Auf der Rückscheibe, übriggeblieben von der Bundestagswahl 1976: «Zieht mit, wählt Schmidt» und ein verblasster Olympia-Waldi, das Maskottchen von München 1972.
Im Rückblick waren gerade die Autos bizarre Highlights meiner Siebziger-Jahre-Kindheit im Neubaugebiet von Limburgerhof (Landkreis Ludwigshafen). Und ich erinnere mich an jede Stunde des Tags, als mein Vater vom 44-PS-Käfer zum Opel Rekord mit 100 PS, «Berlina»-Ausstattung und roten Plüschpolstern, aufstieg. Wer es nicht versteht, ist wohl schon in der Besonnenheitskultur der Achtziger aufgewachsen.

70/069, 2000-03-25, 13:54, Laila West

Unser erstes Auto war ein grauer Opel Kadett. Wenn wir weggefahren sind, gab's immer Streit mit den Geschwistern. Wir haben uns nämlich darum geprügelt, wer auf der Hutablage liegen durfte. Das war echt der gemütlichste Platz. Schlechte Karten hatte der, der in der Mitte sitzen musste. Das war immer der ungemütlichste Platz.
So richtig super war es, wenn wir zu Freunden meiner Eltern nach St. Peter Ording gefahren sind. Die hatten einen alten Benz und mit dem sind wir immer über den Strand (!) gefahren. Wir durften alles: vorne sitzen und schalten, auf der Lehne des Fahrersitzes sitzen und mit den Füßen lenken, auf dem Schoß vom Fahrer sitzen und schalten, was wir gerade wollten.

Langweilig wurde es, als dann plötzlich Sicherheitsgurte und Kopfstützen auftauchten und meine Mutter ein Sicherheitsbewusstsein entwickelte. Schade eigentlich, manchmal würde ich meinen Nichten und Neffen das Vergnügen gönnen, mit einem Bilderbuch auf der Hutablage zu liegen und so ganz gemütlich in die Ferien zu schaukeln.

70/069, 2000-03-25, 15:11, redselig

Beliebt war es auch, rittlings auf der mittleren Armlehne im Mercedes hinten zu sitzen. Auf unseren täglichen Spaziergängen besuchten wir immer ein Goggomobil, das hinter der Nanzfiliale (existiert auch nicht mehr) parkte, in der meine Mutter damals einkaufte. Von wann stammte das wohl? Es wurde mir immer als automobile Sehenswürdigkeit vorgeführt. Heutzutage beobachte ich manchmal Mütter mit Kleinkindern, die meinen Käfer freundlich begrüßen und streicheln *g*

70/069, 2000-03-26, 00:51, blablamatic

Als ich ganz klein war, hatten meine Eltern noch einen weißen Porsche 356 mit schwarzen Ledersitzen. Nachdem ich und meine Schwester hinten Platz genommen hatten, sagte mein Vater zu meiner Großmutter: «Jetzt müssen wir bald mal ein größeres Auto kaufen. Die zwei haben ja hinten kaum mehr Platz.» Das hat mich sehr traurig gemacht. Ich liebte den Porsche über alles. Hinten auf dem Getriebetunnel zu stehen, mich an den beiden Sitzlehnen festzuhalten und über die Autobahnen zu surfen – das hat mir Spaß gemacht. Gefreut hat mich auch, dass mein Vater dabei sichtlich seinen Spaß hatte. Irgendwie war das eine frühe Form von Snowboarden. Eines Tages war der Porsche nicht mehr da. Dann kam ein R4 in Rot. Dann ein Rover 2000 in British Racing Green. Dann ein Rover 2000TC in weiß (hat mein Vater irgendwann mit Leuchtfarben aus der Spraydose übersprüht). Dann kam ein dunkelbrauner Rover 3500 V8 (klingt wie ein Amischiff). Und noch heute erzählen meine Eltern manchmal, dass der R4 im Unterhalt das teuerste Auto war, das sie je hatten.

70/069, 2000-03-27, 17:59, Konstantin Opel

Man lebte bis tief in die siebziger Jahre hinein mit Auto-Relikten der Fünfziger und Sechziger. In unserer Nachbarschaft gab es um 1975 noch einen Zündapp Bella-Motorroller, einen Opel Kapitän, einen pastellweißen VW Karmann-Ghia mit den schönen alten Chromstoßstangen, mehrere Mercedes Heckflossen, Fiat 600 und Käfer aus den frühen Sechzigern, deren gedeckte Lackfarben einen auffallenden Kontrast zu den Schocktönen der neuen Passat, Audi 80, Ascona et cetera abgaben.

70/069, 2000-03-27, 19:18, prilblume

Hatte noch jemand außer mir und meinen Freunden die Angewohnheit, bei abgestellten Autos durch die Seitenscheibe den Tacho zu inspizieren? Wenn der dann eine hohe Stundenkilometeranzeige aufweisen konnte, hat uns Kinder das nachhaltig beeindruckt. Soweit ich mich erinnere, hatte der Opel GT eine unnötig hohe Stundenkilometeranzeige.

70/069, 2000-03-28, 13:54, Bluejack

Mein absoluter Favorit war «Tschitti Tschitti Bäng Bäng» und mein Entzücken war groß, als sich unser Diplomat auf der Rückfahrt vom Urlaub plötzlich genauso anhörte! Die Begeisterung meines Vaters darüber hielt sich in Grenzen.

70/069, 2000-03-29, 09:33, Hanne Soya

Ich habe noch ein Tschitti-Tschitti-Baeng-Baeng-Modellauto, leider ging es irgendwann mal eines seiner ausfahrbaren Fluegel verlustig. Den Film liebe ich noch heute, aber das gehoert nun wohl wirklich nicht hierher …

70/069, 2000-03-29, 18:25, Skippy

Eines Tages dann der Knaller, als Papi mit dem roten (ins Orange tendierende) AUDI COUPÉ S mit schwarzem Interieur vor der Tür stand. Einem Auto, daß an italienische Sportwagen erinnerte, aber im Innenraum die Größe eines Audi 100 repräsentierte. Damals noch ein Sportwagen, der ohne Heckspoiler oder Frontspoiler auskam und sehr schnell wirkte. Seine 182 km/h waren für damals aber auch schon ganz ordentlich! Als Kind war ich jedenfalls unendlich stolz, aus dem riesigen sehr schrägen Heckfenster bzw. den kleinen hinteren Seitenfensterchen zu blicken. Abartig, aber damals auch schwer in Mode der zweite kegelförmige blaugetönte Außenspiegel, der ganz weit vorne auf dem linken Kotflügel montiert den Blick auf die Überholspur erleichtern sollte. Clou, der Rückspiegel hatte eine eingebaute Radioantenne.

Alles Bonanza - Antwort auf Beitrag

Back Forward Home Search Reload File Hotlist Stop Print

URL: http://www.alles-bonanza.de/

Alles Bonanza

Forum: www.alles-bonanza.de
Ein Album der 70er

Name

Thema Enid Blyton, Pfirsiche und Poesie-Alben

Lesen, blättern, suchen

Über Enid Blyton und das Abenteuer, eine Dose voller Pfirsiche auszulöffeln sowie unseren Kampf mit dem Poesiealbum

70/002, 1999–05–12, 23:51, iota

Wer erinnert sich noch an Comics wie Fix und Foxi ehrenden Angedenkens?

70/02, 1999–05–16, 16:28, Migu

Fix und Foxi fand ich immer doof, aus welchen Gründen auch immer habe ich mich immer köstlich über Clever & Smart amüsiert.

70/02, 1999-06-02, 19:55, Harald Leinweber

Hat niemand ein gutes Wort für Bessy? Ich schon: Bessy von Willy Vandersteen war eine dreiste Kopie von Lassie. Es war aber auch (in den frühen Heften unter # 100) eine spannende, oft akzeptabel bis gut gezeichnete Western-Comics-Serie. Versteht mich jemand?
Und die Hit-Comics des Williams-Verlags – also Marvel-Comics auf deutsch? Samson? Weltraumfamilie Robinson? John Carter vom Mars?

90

70/02, 1999-07-14, 21:27, elsbeth

Ich hab kein gutes Wort für Bessy! Immer diese Hunde- und Pferde-Sülze! Wenn schon Western, dann doch Silberpfeil. Der hatte immer so ein nettes gelbes Leibchen an und trieb sich mit so ’nem Cowboy rum, der das gleiche Leibchen in Rot trug.

70/02, 1999-07-15, 21:42, Harald Leinweber

> Der hatte ein gelbes (!) Leibchen an und trieb sich mit
> nem Cowboy rum.

Da will ich nun gar nichts zu sagen, will ich da nicht. Gar nichts.
Aber auch rein überhaupt gar nichts.
Will ich wirklich nicht.
«gelbes Leibchen»!
Aber kein freundliches Wort für den netten Hund, pah!

70/02, 1999-07-22, 18:10, Phaidros
Also dieses Forum ist ja viel interessanter als das politische!
Dic besten Comics waren die, die man umsonst bekam: «Knax» von der Sparkasse, und gut waren auch «Medi und Zini» aus der Apotheke, das Poster mit der informativen Rueckseite.

70/02, 1999-08-01, 13:25, Helene
Fix und Foxi fand ich einen völlig mißlungenen Abklatsch von Micky Maus.

70/02, 1999-08-01, 14:22, Karl Arsch
Ich nicht. Rolf Kauka's (schon damals mit sächsischem Genitiv) Fix und Foxi, die Antwort auf den US-amerikanischen Comics-Imperialismus. Mit Lupo, dem Inbegriff der Anarchie in der deutschen Comics-Welt. Leider hat er meistens verloren.

70/02, 1999-08-03, 12:37, Harald Leinweber
Ich fand vor allem Knox immer gut. Ich hatte sogar mal einen Leucht-Aufkleber mit Knox (ätsch!). Leider ist Knox aber doch eine ziemlich deutliche Kopie von Daniel Düsentrieb, der natürlich unerreicht bleibt.
Was Lupo betrifft, ist Karl Arsch vollinhaltlich zuzustimmen. Wobei das mit dem Verlieren für AnarchistInnen ja auch wieder irgendwie typisch ist, wenn ich so an Kronstadt oder auch Barcelona denke.

70/12, 1999-07-14, 21:14, elsbeth
Hanni und Nanni im Internat! Nachts haben wir zu zweit «Mitternachtspartys» gefeiert, teilweise mit verteilten Rollen. Wen gab es da doch alles? Jenni, die ihre Zunge nie im Zaum halten konnte, die sommersprossige Bobby, Carlotta aus dem Zirkus und und und. Auch wir wollten so gerne ins Internat.
Meine Mutter fand das alles hochpeinlich und versuchte, uns an «Litera-

tur» heranzuführen. Sie dachte wohl, wer als Kind Blyton liest, liest als Erwachsener Groschenromane o. ä. Für sie stand das alles auf einer Ebene mit den Barbie Puppen.
Heute kann ich sie verstehen, aber meine Schneider-Bücher hab ich trotzdem noch nicht weggeschmissen :-)

70/12, 1999-07-16, 18:47, sydow
schmeiß sie schnell wech, elsbeth, bevor sie deine kinder in die hand bekommen :-)

70/12, 1999-07-17, 13:14, Harald Leinweber
elsbeth, lass Dir nix einreden – behalt die Enid Blyton-Bücher, die lesen noch Deine Enkel und deiner Enkel Enkel. Und warum auch nicht? Ich habe letztens «Die See der Abenteuer» gelesen, und mir fiel auf, wie viel da gefuttert wird – und was! Da essen die Kinder voller Begeisterung Pfirsiche – aus der Dose, und das finden sie ganz toll.
Soviel zu Lebensmittelrationierungen – in England bis in die 50er Jahre. Und die Art und Weise, wie der Vogel von den Kindern in die Gruppe integriert wird, ist durchaus vorbildlich.

91

70/12, 1999-08-01, 17:37, Christoph BM
Montags kam immer der Bücherei-Bus nach Höntrop, Wattenscheid. Länger als drei Tage hielt ein «Fünf Freunde»-Band

sowieso nicht. Irgendwie war ich mir bloß manchmal nicht sicher, ob George nun ein Mädchen oder ein Junge war???

70/12, 1999-08-18, 09:05, Hanne Soya

Hanni und Nanni habe ich nie gelesen, weil ich sie von vornherein fuer schlimm hielt, vielleicht fuer schlimmer, als sie jemals gewesen sind. Ein heutiger Blick in meine ehemals heißgeliebten drei «Elke, der Schlingel»-Baende verraet noch tiefere Abgruende – so strotzend vor Rechtschaffenheit und Strebertum, honigsueß und doch hart gegen sich selbst. Die Schlingelhaftigkeit wurde da gleich im Keim erstickt, was grundsaetzlich fuer rechtens befunden wurde und der Geschichte jeden Reiz nahm.

70/020, 2000-02-17, 11:15, mr41

den comics Michel Vaillant («der kühne») hab ich früher gerne gelesen, obwohl ich nie wirklich autofan war. hab dann ein exemplar davon vor kurzem am flohmarkt gefunden: die storys sind ja schrecklich blöd und Michel Vaillant ist ein absolut mieser, abscheulicher macho! damals hab ich das allerdings gar nicht so gesehen.

70/020, 2000-02-17, 00:09, Harald Leinweber

Soweit ich mich erinnern kann, war «Michel Vaillant» einer der wichtigsten Comics im Magazin «Zack» seligen Angedenkens. Neben «Umpah-Pah», «Luc Orient», «Redeye» und einigen anderen. Lange bevor wir imstande waren, «Vajong» zu sagen, und aufgehört hatten, uns darüber zu wundern, dass ein Rennfahrer wie ein Durchlauferhitzer heißt, hieß Vaillant auch einmal Voss – Michael Voss.

So wie ja auch «Asterix und Obelix» zuerst mal als «Siggi und Barbaras» von Rolf Kauka böse plagiiert worden sind, bevor wir sie in ihren guten Übersetzungen genießen konnten.

Apropos Goscinny: Wer hat eigentlich die Geschichten vom kleinen Nick gelesen?

70/020, 2000-02-17, 14:39, mr41
den kleinen Nick («le petit Nicolas») haben wir im französischunterricht in der schule gelesen, in der ausgabe mit den supersüßen zeichnungen von Sempé. auch Asterix und Obelix habe ich in der schule gelesen, sogar zwei mal: zuerst auf französisch, dann auf lateinisch.

70/36, 2000-02-14, 16:07, Phaidros
Das ultimative Kinderbuch der 70er war für mich «Die Kronenklauer»! Ich fand das sehr lustig, und wahrscheinlich hat dieses Buch meinen Humor bis heute gepraegt. Ich werde das meinen Kindern auch geben, aber die finden das dann sicher vollkommen altmodisch antiautoritaer.

70/036, 2000-02-18, 00:33, Laila West
Meine liebsten Bücher waren «Geh und spiel mit dem Riesen» und «Am Montag fängt die Woche an». Beides waren keine Romane, sondern Geschichtensammlungen, Comics etc. – super lustig, schön motzig und für mich damals neu.

70/055, 2000-02-16, 23:20, Pitjantjatjara
Gibt es außer mir noch irgend jemanden, der oder die sich an diesen etwas zu dick geratenen «Superman» erinnert, mit schwarzen langen Haaren und einem Umhang? Ich meine, er hieß Wastl. Und zwei Kinder, ein Jungen und ein Mädchen, und möglicherweise ein Professor kamen auch in den Geschichten vor. Ich kann doch nicht der einzige Mensch sein, der sich an diese Comicsfigur erinnert (tatsächlich quält mich diese Frage schon seit Jahren).

70/055, 2000-02-17, 00:43, Harald Leinweber
Der francobelgische Comics «Wastl» (Jerom) erschien von 1968 bis 1972 im Bergisch Gladbacher Bastei-Verlag. Zunächst war Wastl nur ein starker (und kräftig gebauter; der tonnenförmige Oberkörper war sein Markenzei-

chen) und gutmütiger Mann, der stets half, wenn es nötig war – und es war oft nötig!
Später wurde er Mitglied einer geheimnisvollen Organisation, deren leitendes Gremium nicht persönlich bekannt (da maskiert) war. So war das damals. Er trat in einem schicken goldgelben Kostüm mit Cape auf, fuhr ein fliegendes Atom-Motorrad namens Bumsi (ich kann nichts dafür; so hieß es) und hatte noch einen jugendlichen Verwandten dabei, der ebenfalls ins gelbe Kostüm geschlüpft war. Tante Sidonie war ebenfalls in die neue Umgebung mitgenommen worden.
Er war in der Tat eine gelungene Parodie auf Superman (der in seiner Spät-60er-Variante damals gerade neu auf dem deutschen Markt erschien), die von Willy Vandersteen produziert wurde, von dem auch Bessy ist.

70/036, 2000-02-18, 16:05, florei
Das ultimative Kinderbuch der 70er war für mich
… «1:0 für Tüftelzapf» und die «Vorstadtkrokodile»!

70/036, 2000-02-21, 11:21, f r a n k
Das ultimative Kinderbuch der 70er war für mich
… «Die Schwarze Sieben» (von E. Blyton, oder? Ich hab's schon verdrängt).

70/036, 2000-03-10, 02:21, Oda
Das ultimative Kinderbuch der 70er war für mich
… «Die kleine Raupe Nimmersatt», das ich als Trostbuch fuer eine Augenbrauenplatzwunde geschenkt bekam. Ich habe noch die ganz dunkle Erinnerung an einen Ladentisch aus der Fast-Froschperspektive, ueber den das Buch gereicht wurde. (Offensichtlich war ich in den 70ern noch ein kleines Kind.)

70/036, 2000-03-10, 10:20, Teresa
«Die kleine Raupe Nimmersatt» ist legendär. Ebenso wie «Die Maus sucht einen Freund». Beide Bücher verschlingt (manchmal sehr wörtlich zu nehmen, da sie noch recht klein ist) zwischenzeitlich meine Tochter. So lange hält gute Literatur vor!

70/036, 2000-03-11, 15:25, redselig
Was ich auch sehr geliebt habe, war «Birne kann alles». Den politpädagogischen Hintergrund hat man ja als Kind nicht kapiert, aber die Stories waren toll, z. B. die Reise durch die verschiedenen Mägen der Kuh, die Revolution in der Kleiderfabrik oder die Geschichte von der kleinen Franziska, deren Eltern nächtelang an zimmergroßen Computern arbeiteten.
«Bertram Bus und Buggi Bagger» gehört auch zu meinen literarischen Highlights der 70er. Darin gibt es eine herrliche Story von Herbert, der als Staubsauger geboren wird, zunächst nicht weiß, wozu er dienen soll, voller Ekel seinen ersten Dreck schluckt und sich schließlich mit seinem Schicksal abfindet …

70/036, 2000-03-12, 16:48, redselig
Peter Härtling war damals auch in – z. B. «Das war der Hirbel» und «Oma».

70/36, 2000-02-14, 16:54, Firmian Maierhofer
Unübertroffen ist und bleibt die ganze Serie mit «Jim Knopf und Lukas, dem Lokomotivführer». Sehr spannend und trotzdem lustig.

70/036, 2000-03-13, 08:41, Hanne Soya
Jim Knopf habe ich vor ein paar Jahren mit einer kleinen Freundin nochmal wieder gelesen und dabei etwas Interessantes festgestellt: Im Zuge der political correctness wurde aus dem dort sehr klischeehaft aber ja doch

dann irgendwelche Einbrecher, Schmuggler oder sonstige Kleinkriminelle überwältigt.
Wolfgang Ecke: Kennt jemand noch die Geschichten vom Privatdetektiv Balduin Pfiff (eisgekühlte Buttermilch) oder von Perry Clifton?
Dann gab's da noch diese Krimiserie von Jo Pestum (alias Johannes Stumpe). Geheimagent irgendwas, Lennet oder so. Schade, dass ich mich kaum noch an die Geschichten erinnern kann, obwohl ich sie damals mehrfach gelesen habe.

70/25, 2000-02-11, 14:21, Spangie
Ich habe die Krimis von Wolfgang Ecke gelesen. In unseren Stadtteil kam 2 Mal pro Woche der Bücherbus. Ich habe mich mit meiner Freundin Anja immer um die Neuheiten gekloppt.

70/25, 2000-02-11, 15:33, Harald Leinweber
Im Bücherbus der Stadtbücherei Köln war ich auch immer. Aber die wenigen Science Fiction-Bände, die die mitführten, hatte ich bald durch, und die Abenteuer und sonst was auch. Also bin ich auch einmal im Monat «in die Stadt» gefahren und habe regelmäßig die Ramschtische mit den Remittenden durchwühlt, die in den 70ern noch für 1 D-Mark zu haben waren.

70/036, 2000-03-14, 10:55, Laila West
Heiliges Kanonenröhrchen, klar kenne ich noch Balduin Pfiff, 166 Zentimeter klein, 199 Pfund schwer. Die Rezepte aus seiner privaten Kochrezepte-Sammlung habe ich immer nachgekocht. Ich erinnere mich noch an eine Art mexikanisches Rührei mit Tomaten und Chilipulver. Der dazugehörige pfiffige Pfiff-Tipp lautete, dass man die Schärfe am besten mit eisgekühlter Buttermilch löschen kann.

70/036, 2000-03-15, 16:08, redselig

Es gab da auch ein Buch – so dünn wie ein Pixiebuch, aber größer – mit dem Titel «Anton und der Wal». Es ging los mit: «Auf einer kleinen Insel im großen, großen Meer fing Anton einen Walfisch, der war 12 (?) Tonnen schwer.» Anton zieht und zieht an der Angel, zuerst schaut nur der Kopf des Wals aus dem Wasser, dann hat er das Vieh halb an Land ... Er stapft immer weiter «vorbei an 80 Häusern bis hin zur Molkerei». «Dort blieb er schnaufend stehen, massierte sich die Hand und sagte: Donnerwetter, ich zog den Wal an Land!» Es gelingt ihm auch schließlich, aber dann muss er feststellen: «Vor ihm war der Walfisch und hinter ihm das Meer!» Herrlich illustriert, der Wal liegt quer über den Häusern der Insel – und Anton ist gezwungen, ihn aufzuessen, was die nächsten paar Jahrzehnte in Anspruch nimmt!

92

70/036, 2000-03-15, 20:52, krissi

Ach ja und dann war da noch der heute fast vergessene James Krüss mit seinen Helgolandgeschichten, dem Urgroßvater und dem Enkel, die so wunderbar das Alphabet «abklopften» und daraus Gedichte machten. Wir haben das dann immer auch probiert, hat aber nie so gut wie bei dem geklappt.
Zu Krabat vom Preussler noch ein kleiner Lesetip: Hans Baumann: Redleg. Fast die gleiche Geschichte und auch unglaublich spannend. Passend dazu nochmal dasselbe aus der damaligen DDR: Die Schwarze Mühle, Verfasser kenn' ich nicht mehr, wahrscheinlich ein Russe.

Die Kronenklauer wurden zumindest in den achtziger Jahren noch gerne gelesen, speziell in den entsprechenden Kinderläden.
Wie war das doch gleich?
«Emil kennt ein Engelchen,
das streichelt oft sein Stengelchen.»
Meine Kinder kennen das auf jeden Fall noch.
Mein Mann hat seine gesamte Bildung aus Readers Digest Großem Jugendbuch, da zehrt er heute noch von. So.

70/036, 2000-03-16, 06:07, Hanne Soya
Aus «Krabat» faellt mir gerade so eine herrliche Dialogstelle ein:
«Woher, wohin?», fragt da einer einen Wanderer. Und erhaelt die Antwort:
«Von hierher nach dorthin.»
James Kruess finde ich im nachhinein sehr schoen und sehr poetisch. Als Kind fand ich seine Geschichten bescheuert und irgendwie unangenehm.
Ich erinnere mich außerdem daran, dass «James und der Riesenpfirsich» mir Unbehagen bereitete, wohl wegen der ganzen ziemlich großen Insekten, die darin vorkamen?

70/036, 2000-03-16, 14:54, redselig
Ich hatte von James Krüss «Pauline und ich». Das mochte ich eigentlich ganz gern; jedenfalls haben mich die Berichte von den Kanarischen Inseln (wenn die's wirklich waren) interessiert: die Schlucht mit den Ratten und dem Müll, die 27 Terrassen des Hauses, der dunkle Sandstrand. Völlig fassungslos war ich aber über Krüss' Eingeständnis, zum Autofahren zu ungeschickt zu sein.

70/036, 2000-03-18, 11:11, Jimmy Jazz
Anfang der Siebziger war ich ständiger Gast in unserer Kinderbuchabteilung in der Bücherei. Dort lagen Comics, die ich zuhause nicht lesen durfte, und Spiele herum, die ich mit anderen Gleichgesinnten las und spielte.

Ganz besonders verschlang ich zwei bestimmte Detektivserien, die ich seit langer Zeit nicht mehr entdeckt habe. Vielleicht kennt sie jemand und kann mir weiterhelfen. Sie hießen: JAN DER DETEKTIV!!
Spielte, soweit ich mich erinnere, in Kopenhagen. Jan war ein vorwitziger Polizistensohn, der zusammen mit seinem verfressenen Freund Kriminalfälle löste. Es gab ganz viele Bände und ich habe sie alle, manche mehrmals, verschlungen.
Die andere Detektivserie hieß: KIM der Detektiv.

70/036, 2000-03-18, 13:17, Eyck
Die Autoren von Jan und Kim hießen Knud Meister bzw. Jens K. Holm, beide werden z. Zt. nicht mehr verlegt. Aber vielleicht hat ja eine öffentliche Bibliothek in der Nähe dank mickriger Anschaffungsetats noch ein paar Exemplare behalten müssen, statt sie durch Neuerscheinungen ersetzen zu können?

70/053, 2000-04-04, 12:30, Harald Leinweber
Waren auf der Rueckseite vom Hans-Hass-Album nicht Comics «Heinrich, der Hai»? Oder verwechsle ich da was? Ich erinnere mich jedenfalls an einen Comics, betitelt «Heinrich der Hai baut sich ein Xylophon» (meine Mutter wies mich damals darauf hin, dass «sich» an dieser Stelle nicht korrekt ist, wofuer ich wenig Verstaendnis hatte). Gezeigt wurde ein Schiffbruechiger auf einem Floß, das von dem Hai auf Xylophonformat (= zur einen Seite kuerzer werdend) zurechtgebissen und dann bespielt wurde.

70/036, 2000-03-18, 21:56, Antje
Hat sonst noch jemand hier sämtliche Mark-Brandis-Bände gelesen? Inzwischen sind ein paar Bände wieder neu aufgelegt worden, in einer Billigausgabe. Ich weiß noch, wie mich immer frustrierte, nicht herauszufinden, welcher «bekannte Autor» sich denn nun hinter diesem Pseudonym versteckte.

70/036, 2000-03-19, 19:37, berlich
Mark Brandis heißt in Wirklichkeit Nikolai von Michalewsky.

70/036, 2000-03-19, 19:37, Harald Leinweber
Von Michalewsky stammt aus der Mark Brandenburg. Unter diesem Namen schreibt er auch Kriminalhörspiele. Die Serie «Weltraumpiraten» ist ein deutscher Science Fiction-Klassiker. Ein oder zwei Bände davon habe ich damals auch gelesen. Die vor einigen Jahren erschienene Neuauflage ist völlig ok.

70/036, 2000-03-21, 16:49, Klaudia Kisters
Kennt noch jemand die Bummi-Bücher? Bummi wohnte in Olsberg im Sauerland, Bahnhofstraße 176. Und da waren noch Fiete, Heide und Wilma, die verwöhnte Cousine.

70/036, 2000-03-21, 20:59, krissi
Na klar, Bummi habe ich auch verschlungen, besonders als sie dann größer wurde, schlecht in der Schule war und Krankenschwester werden wollte. Das gehörte auch zu der Kategorie: Nachmittags im Bett lesen, statt Hausaufgaben zu machen. Was sich dann auch in der 8. Klasse rächte.

70/036, 2000-03-25, 15:46, redselig
Bummi konnte ich nicht leiden. Vielleicht lag es daran, dass mir das Sauerland einfach nichts sagte, vielleicht auch am Neid (wieso gewannen die Mädchen in den Kinderbüchern immer bei Preisausschreiben, in denen Ponies etc. ausgelost wurden, und man selber hatte nie das Glück?).
Die ersten Begegnungen mit Literatur machte ich aber mit Werken aus dem Familienfundus wie «Heidi» in einer Ausgabe von 1919 oder so – herrliche Illustrationen zu Fräulein Rottenmeier! – «Bohny's neues Bilderbuch», «Gisel und Ursel» (das stammte aus der nächsten Generation). Wie viele Stunden man mir wohl vorlesen musste?

70/036, 2000-03-25, 23:53, heute

Die ultimativen Kinderbücher der 70er waren für mich
... die von Astrid Lindgren: Pippi Langstrumpf, Die Kinder von Bullerbü, Die Brüder Löwenherz.

70/036, 2000-03-26, 23:08, krissi

Natürlich Gisel und Ursel, was hab' ich die beneidet, weil sie so sportlich waren. Ich war auch ein Zwilling, wir konnten da aber leider nicht mithalten. Beeinflusst hat uns allerdings die Faltbootfahrerei der Zwillinge, das haben wir dann später auch gemacht.

70/036, 2000-03-27, 14:42, redselig

Beliebt waren Bücher, in denen technische Geräte eine Seele hatten. Das Buch «Gummiball und Bauernfreund», durch das man mit Oldtimern vertraut gemacht wurde, oder «Der alte Omnibus» wurden oft vorgelesen. Dieser alte Omnibus steht auf der Müllkippe in einem italienischen Dorf. Eines Tages, als es sehr heiß ist, beschließen die Kinder des Dorfes, mit diesem alten Bus ans Meer zu fahren. Er gibt sein Letztes, müht sich qualmend über einen furchtbar hohen Berg, und der Clou ist dann, dass er aus seinen Sitzen auch noch das viele Kleingeld schüttelt, das die früheren Fahrgäste verloren haben, so dass sich alle Kinder Eis kaufen können. Meine Mutter schwärmt heute noch davon; offenbar repräsentiert dieses Buch ihr Idealbild von Italien.

70/036, 2000-03-29, 21:03, Sina Tomas

Nicht zu vergessen all die Schneider-Bücher mit der Postkarte zum Heraustrennen, wo man den richtigen Titel einem Cover zuordnen musste, um ein Schneider-Buch zu gewinnen ... Ich habe massenweise Postkarten verschickt, aber nie ein Buch gewonnen! Mein Lieblingstitel aus dieser Zeit: «Mit Babsi kann man Pferde stehlen» (von Inge Rösener).

70/036, 2000-03-30, 12:09, Harald Leinweber
Der erste Roman zur Fernsehserie «Raumschiff Enterprise» (die damals noch gar nicht bei uns lief) erschien als Schneider-Buch. Habe ich mir damals aus der Schulbibliothek ausgeliehen und recht gut gefunden; war – glaube ich – von Mack Reynolds geschrieben. Ist heute ein begehrtes und überaus seltenes Sammler-Stück.

70/036, 2000-03-30, 07:30, Hanne Soya
Ach ja, die Schneider-Buecher. Da ist mir außer der Postkarte vor allem die Werbung mit dem Schimpansen in Erinnerung, der so albern «Schneider Bueueuecher» sagte. Das imitierten wir Kinder wiederum gern.

70/036, 2000-04-01, 15:16, Ninamaria
Au Mann. Ich habe mein Forum gefunden! Ich habe sie alle gelesen, die Bücher. Erst beim Lesen Eurer Listen fällt mir auf, dass ich damals kiloweise gelesen haben muss, alles, was mir in die Finger kam.
Mein Alltime-favourite, «Oh wie schön ist Panama». Das erste Buch, das ich selbst gelesen habe. Und dann gleich diese Lebensweisheit als Resultat: «Daheim ist es am schönsten, man muss nur weg gewesen sein.» Weitgereist, wie man's so ist mit 5, 6 Jahren!

70/036, 2000-04-03, 15:32, redselig
Zu meinen (Vor-)leseerlebnissen gehörte auch die «Biene Maja» von Waldemar Bonsels – in einer reizend illustrierten alten Ausgabe. Ganz faszinierend fand ich die Schilderung der Wanderung durch eine Rosenblüte; ich glaube, der Käfer Kurt ist es, der einen schillernden Tautropfen durch die Gänge dieser Blüte rollt. Dagegen fand ich die Erzählung vom Netz der Spinne Thekla im höchsten Maß beängstigend!
Und mit acht oder neun Jahren hatte ich dann meine Karl-May-Erlebnisse. Lieber Himmel, war das spannend!!!

70/036, 2000-04-03, 15:39, redselig

Was ich gar nicht leiden konnte, waren die Janosch-Bücher, speziell die Illustrationen. Als Kind will man ja, dass alles «richtig» aussieht …
Dann gab es noch Taschenbücher, die wahrscheinlich längst ausgestorben sind, z. B. die Geschichte von Nina und Anna, deren Eltern eine Weltreise von Cottbus nach Cottbus unternehmen wollen und deshalb ihre Töchter für ein Jahr sich selbst überlassen. Vorher bauen sie ihnen ein Haus nach Wunsch, mit einem Bach im Wohnzimmer, einem zimmerfüllenden Bett, auf dem dann die ganzen Gören der Nachbarschaft herumturnen, und einem Nilpferd im Garten, das alle Kinder über das Haus pusten kann.
Oder die Geschichte von Flämmchen, die mit ihrem erfindenden Vater in einer Mietskaserne wohnt … An die Titel kann ich mich leider überhaupt nicht erinnern.
Pippi Langstrumpf (von anderen schon erwähnt) passt natürlich auch herrlich in die 70er und gehörte mit zu meinen Favoriten.

70/036, 2000-04-08, 00:09, Antje

Stimmt, die Janosch-Zeichnungen mochte ich auch nie (und die Bücher auch nicht besonders, auch wenn ich damals ALLES gelesen habe, was mir in die Finger kam), und daran hat auch bis heute der Tigerenten-Hype nichts geändert.

70/036, 2000-04-18, 17:58, pinkas

Vielleicht kennen die Kronenklauer-Freunde auch noch «Opa Hucke's Mitmachkabinett», das ich zum sechsten oder siebten Geburtstag bekam, worauf ich mich sofort ans Werk machte – «und sogar ein Fettfleck muss hinein»! Genau, und die «Schnrpl» zum Weiterzeichnen, und der feine Herr mit seinem Hahn, und der Jäger, der in den Nebel ballert, und und und. Das war wunderschön. Eines der Rätsel hab ich nie rausbekommen, vielleicht erinnert sich ja jemand an die Auflösung, es war glaub ich «SCHUTTABLADEPLATZ». Hut? Lade? Latz?

70/036, 2000-04-19, 10:35, J_E
kennt noch jemand das geniale Buch «Privatdetektiv Teffan Tiegelmann» von Ake Holmberg? Handelt von einem Privatdetektiv names Stefan Stiegelmann, der mit einem Sprachfehler geschlagen ist und seine schweren Fälle unter Hilfestellung eines «liebenswürdigen Orientalen» namens «Hr. Omar» und eines von jenem erworbenen fliegenden Teppichs löst. Ich habe dieses Buch so geliebt, dass ich es im wahrsten Sinne des Wortes durch Lesen aus dem Einband gebracht habe. Habe ich aber wiederhergestellt und es steht noch heute in meinem Bücherregal.

70/139, 2000-04-13, 19:03, Bengt
Zu den wichtigsten Erlebnissen meiner Kindheit gehörte die Lektüre der Bücher über das Jungeninternat Burg Schreckenstein von Oliver Hassencamp. Ich habe alle Bände (21???) besessen und oft bis in die Nacht heimlich unter der Bettdecke (ja, die gute alte Taschenlampe) gelesen. Natürlich war ich in diesem Alter (so um die 10) begeistert über die in diesen Büchern vertretenen Werte (Ritterlichkeit, absolute Ehrlichkeit, Sportlichkeit usw.) und versuchte, sie auch im eigenen Leben umzusetzen (was meistens nicht klappte). Meine Lieblingsfigur war der «Schulkapitän» Ottokar. Wer weiß noch, wie Dampfwalzes Tante hieß, die im Tessin wohnte?
P.S.: Eine andere Reihe, die mich fasziniert hat (allerdings ein paar Jahre später) war «Pit Parker». Diese Reihe (ebenfalls von Schneider) ist den meisten Zeitgenossen jedoch völlig unbekannt. Wer erinnert sich?

70/139, 2000-04-13, 21:50, Emilia
Mücke, Ottokar, Hans-Jürgen, Graf Mauersäge ... Viel besser als «Hanni und Nanni»! Mittlerweile kaufe ich auf Flohmärkten und in Antiquariaten alle alten Schreckenstein-Ausgaben (und die Fünf Freunde) auf, auch wenn sie manchmal arg zerfleddert sind.

70/139, 2000-04-15, 09:54, Alexander Virchow
«Eines der Merkmale geistiger Mittelmäßigkeit ist der stete Drang, unwahre Dinge zu erzählen.» (Oliver Hassencamp)

70/139, 2000-04-15, 19:11, tjane
ich entdeckte die baende von burg schreckenstein bei meinem cousin, als wir dort zu besuch waren. noch heute erzaehlt mir die verwandtschaft, wie ich schlafwandlerisch durchs haus schlich, immer ein buch vor den augen :-)
wie hieß noch das maedchen-internat gegenueber? rosenfels??
und war nicht auch irgendein maedel dort schuelerin? oder verwechsel ich das? mein gott, ist das lange her :-)

70/139, 2000-04-15, 21:31, Bengt
Das Mädcheninternat am anderen Ende des Sees hieß Schloss Rosenfels. Die einzigen weiblichen Hauptpersonen, an die ich mich erinnern kann, waren Sophie (Ottokars Schwarm), Beatrix (auf die war Dampfwalze scharf, war die Schwester von Mücke), die strenge Direktorin Frl. Dr. Horn und natürlich als Speerspitze der verständnisvollen Pädagogik Sonja Waldmann, die Tochter von Doktor Waldmann, dem «Über-Lehrer».

70/37, 2000-02-14, 16:17, Phaidros
Die grauenhaften Poesiealben sind ja wohl auch typisch fuer die 70er? Die waren jedenfalls gaaanz wichtig fuer die Klassendynamik. Ich hab mal in eins reingeschrieben: «Ich kann nicht schreiben, drum lass ich's bleiben.» Darauf war ich der Paria der Klasse (zumindest bei den Maedels), und die Mutter der Albumseigentuemerin kam bei uns zu Hause anspaziert, um sich zu beschweren. Das war schon peinlich und tat mir dann auch wieder leid.

70/37, 2000-02-14, 16:52, Firmian Maierhofer

Sehr lustig war auch immer der Scherz, eine Ecke einzuknicken und zu schreiben: «Erst am 37. 37. 37 lesen» – und innen stand dann «hast ja doch schon vorher geguckt».

70/37, 2000-02-14, 16:59, Phaidros

Oder der schoene Spruch: «Ich hab mich hinten angewurzelt, dass niemand aus dem Album purzelt!» Peinlich, peinlich.

70/37, 2000-02-14, 17:41, parvin sadigh

«in diesen vier ecken, soll liebe drin stecken» … *schäm*

70/037, 2000-02-15, 00:03, Maria Kron

Ich hab' da auch noch einen:
«Wenn Du einst in vielen Jahren
dieses Büchlein nimmst zur Hand,
dann denke dran wie froh wir waren
auf der alten Schülerbank.»

70/037, 2000-02-15, 13:31, Anja Schroeder

Das Poesiealbum war bei uns früher absolutes Beliebtheitsranking. Wer auf welcher Seite schreiben durfte, entschied darüber, welchen Stellenwert man in der Gemeinschaft einnahm. Interessant fand ich immer die Sprüche der Lehrer. So schlau. So philosophisch.

70/037, 2000-02-15, 13:39, Firmian Maierhofer

Wahrscheinlich gibt's das heute vor allem online – die Poesie-Site. Am einfachsten mit Links zu den einzelnen Gedichten. Übrigens ist das Poesiealbum als solches natürlich keine Erfindung der 70er Jahre. Meine Oma (Jahrgang 1906) hatte auch schon eines.

93

70/037, 2000-02-15, 16:07, Raphael der Himmlische

Oh, einen hab ich auch noch:
«Vor der Ehe pflueckst Du Rosen,
in der Ehe flickst Du Hosen!»
Den fand ich beinahe tiefsinnig!
Aber im Ernst, ich fand das Ganze auch eine echte Qual. Ich habe dann immer irgendwelche versteckten Beleidigungen aus den Proverbia reingeschrieben,

70/037, 2000-02-15, 21:47, Gala

Ein Lehrerspruch:
«Laecheln ist die eleganteste Art,
dem Gegner die Zaehne zu zeigen.»
(Hatte natuerlich auch so ein Teil)

70/037, 2000-02-16, 08:50, Hanne Soya

Habe selbst noch ein oder zwei davon zu Hause. Es begann damit, dass eine Schulkameradin mir in der ca. 2. Klasse ihr «Pussyalbum» (!) aufnoetigte und ich in Panik ausbrach, weil ich nicht den blassesten Schimmer hatte,

281

wozu ich mich da soeben verpflichtet hatte. Oft wurde man gebeten, in Schoenschrift (o Graus!) zu schreiben und das Teil schnellstmoeglich zurueckzugeben. Zeichnen konnte ich auch nicht. Stress!
Und die Sache mit dem Seiten-Ranking, natuerlich! Man wurde genauestens instruiert, auf welcher Seite man zu schreiben hatte, bzw. die Namen der Wunschkandidaten waren bereits mit Bleistift auf den entsprechenden Seiten eingetragen. War immer fies, wenn man auf einer Seite schreiben musste, auf die die «Poesie» bzw. die Filzstifte eines Vorgaengers bereits ab- oder durchgefaerbt hatten. Am liebsten wollte man doch eine funkelnagelneue, strahlendweiße Seite verunstalten. Viele hatten auch einen Benutzerleitfaden in ihre Alben gepinselt, der es einem u. a. strikt untersagte, Seiten herauszureißen (auch fuer diese Anweisung gab es den passenden Reim), was ich natuerlich in meiner Not doch so manches Mal getan habe (die Auflage ließ sich mit Schoenschrift nun wirklich nicht vereinbaren).
Bald hatte ich jedoch Routine entwickelt, mir einen Standardspruch und ein eigenes Album (Rache!) zugelegt. Mein Favorit war «Einen Satz trag' in den Ohren: Wer sich aufregt, hat verloren» vom weisen Karl-Heinz Soehler …
Großer Beliebtheit erfreute sich:
«Rosen, Tulpen, Nelken, alle Blumen welken, nur die eine nicht, denn sie heißt Vergissmeinnicht.»
Oder das «witzige»:
«Wenn die Fluesse aufwaerts fließen, und die Hasen Jaeger schießen, und die Maeuse Katzen fressen, dann erst will ich Dich vergessen.»
Solche leichtsinnigen Versprechen wurden vorzugsweise von Leuten ausgewaehlt, mit denen einen so ziemlich gar nichts verband.
Riskant war es immer, sein Poesiealbum einem Jungen anzuvertrauen. Ob man es je wiedersehen wuerde?!
Eine Lehrerin schrieb mir mal ein Gedicht hinein, das mit «Drumm frisch hinein …» begann und das ich erst Jahre spaeter begriffen habe.

Am interessantesten ist es, sich die Dinger nach Jahren anzusehen, wenn die Leistung der Tintenkiller nachgelassen hat und alles Missratene und Verschmierte zum Vorschein kommt!

70/037, 2000–02–16, 09:15, Firmian Maierhofer

> Dabei faellt mir noch ein, viele hatten auch einen Benutzerleitfaden
> ... auch fuer diese Anweisung gab es den passenden Reim
Er hieß: «Reißt mir keine Seiten raus, sonst ist es mit der Freundschaft aus!»

70/037, 2000–02–16, 16:52, Konstantin Opel

«Die Liebe ist ein Omnibus
Auf den man lange warten muß
Und kommt er endlich angehetzt
Dann sagt der Schaffner:
Schon besetzt!»
Das war ein immer wieder gern genommener Spruch der Siebziger. Sein Gehalt erschließt sich ja wohl noch der Ally McBeal-Generation der Neunziger. Wer sagt was gegen Poesiealben und ihre existenziell vorbereitende Funktion?

70/037, 2000–02–17, 09:35, krissi

Besonders schön war ja der Spruch:
«Sei wie ein Veilchen im Moose,
bescheiden, sittsam und rein,
und nicht wie die stolze Rose,
die immer bewundert will sein.»
Meine Güte, wenn man sich diese Sprüche zu Herzen genommen hätte ...!

70/037, 2000-02-17, 11:38, mr41
«mach es wie die sonnenuhr:
zähl die heit'ren stunden nur».
schauder

70/037, 2000-02-17, 00:14, Franka
Das ist ja wirklich zum Piepen! Meine beste Freundin damals war Pferdenärrin (ist sie übrigens heute noch) und ihr Standardspruch war:
«Das Glück der Erde liegt auf dem Rücken der Pferde!»
Ich konnte mir nie klarmachen, was das bedeuten sollte. Pferderücken? Darauf liegt dann Glück? Na super!
Und dann waren da noch die Bildchen!!! Kleine bunte Jungs und Mädels mit Glitter rundherum. Die hat man wirklich nur den Leuten ins Album geklebt, die man entweder wirklich mochte oder bei denen man Eindruck schinden wollte.

70/037, 2000-02-17, 00:16, Korkenzia
«Sei deiner Eltern Freude,
beglücke sie mit Fleiß,
dann erntest du im Alter
dafür den höchsten Preis!»
Der ist auch nett, gell? Hab immer noch nicht ganz kapiert, was für ein Preis das sein wird. Bin wohl noch nicht alt genug. Mein peinlichstes Erlebnis mit dem Poesiealbum: Ich hatte als Grundschülerin eine rechte Sauklaue, «Schrift» war meine schlechteste Note, und so riss ich einmal voller Zorn den überaus schön gestalteten Beitrag einer streberischen Mitschülerin aus meinem Album. Das war mir später dann total peinlich, und ich versuchte, das ganze selbst noch einmal genauso schön auf eine neue Seite einzutragen. Was mir natürlich nicht gelang. Und so bringt die verhunzte Seite jetzt meine eigenen Kinder zum Lachen, wenn sie auf der Suche nach lustigen Sprüchlein darauf stoßen.

Wäre doch eigentlich spannend, so ein Poesiealbum mal im Erwachsenenalter im Freundeskreis herumzureichen, oder? Vielleicht leg ich mir wirklich noch mal eines zu ;-)

70/037, 2000-02-17, 13:39, Franka

Ich fand auch die Form des «erweiterten Poesiealbums» nicht schlecht. Die kleinen Bücher «Meine Schulklasse», die rumgereicht wurden, um in Form von Fragebögen seinen Schulkolleg(inn)en alles Wissenswerte zu entlocken.

70/037, 2000-02-17, 16:21, Jimmy Jazz

Das ist ja alles schön und gut!! Ich habe diese Dinger gehasst wie die Pest. Erstens weil ich keine Sprüche wusste, zweitens weil ich die schlimmste Schrift von hier bis Oslo habe. Ergänzend sei angemerkt, dass ich sie immer noch habe, wenn nicht noch schlimmer. Seit neuestem muss ich wieder in solchen Büchern schreiben, und die SchülerInnen beschweren sich schon über mein «Nichtheraus-Rücken» der Poesiealben. Es hat sich nichts geändert, oder doch?
Ich hoffe doch sehr, dass alles gut wird!

70/037, 2000-02-17, 16:43, Firmian Maierhofer

Am Poesiealbum ist offenbar die ganze Entwicklung der Texterstellung von handschriftlichen Mitteilungen über Schreibmaschine, Schreibautomaten, PC bis hin zu Internet spurlos vorbeigegangen – der Fels in der Brandung in einer bewegten Zeit!
Und, Jimmy, kommen jetzt auch die Mütter der Schülerinnen in Deine Sprechstunde, um die Rückgabe des Poesiealbums anzumahnen?

70/037, 2000-02-26, 02:30, evita

«Blaue Augen, roter Mund, liebe Sigrid, bleib gesund!» ist auch so ein wundervoller Spruch. Ich hatte natürlich auch eins, habe auch mit Bleistift die Rangordnung festgelegt. Mir war es wichtig, daß meine Katze auch etwas «reinschrieb» (Pfoten auf Stempelkissen, sie fand das nicht so lustig) auf eine der ersten Seiten.

70/037, 2000-02-26, 16:37, Laila West

Ein beliebter Spruch der Jungs war:
«Sei brav wie ein Engel,
so hab ich dich lieb,
denk stets an den Bengel,
der dieses dir schrieb.»
Von Lehrern kamen unverschämte Sprüche wie:
«Nichts wissen ist keine Schande,
aber nichts lernen wollen.»
oder
Ein altes Sprichwort – sei gescheit – merks dir gut für alle Zeit:
«Ohne Fleiß kein Preis.»
Unangenehm auch Freundschaftsbekundungen wie:
«Dieses Sprüchlein kurz und klein, schrieb dir deine Freundin Sowieso rein.»
oder
«In freundlicher Erinnerung an deine Freundin Sowieso»
Erwähnen möchte ich auch noch diese Schablonen-Dinger: Ein Herz oder so aus Papier ausschneiden, den Rand dick mit Bleistift anmalen, das ganze dann ins Album legen und den Rand mit den Fingern abschmieren, so dass nach Entfernen der Schablone nur noch eine schmierige Kontur sichtbar bleibt.

70/037, 2000-03-06, 08:50, Hanne Soya

Ich hatte auch eine Seite fuer meine Katze reserviert, und zwar natuerlich eine der vordersten, da ich sie zeitweilig als meine beste Freundin bezeichnet habe – was meine «echte» beste Freundin dazu veranlasst hat, die

Nachbarszicke wiederum als ihre beste Freundin zu betrachten. Allerdings haette ich es nie gewagt, meine Katze zum Pfotenstempel zwingen zu wollen – da haette ich unweigerlich den Kuerzeren gezogen!

70/037, 2000-03-07, 11:33, Dreas

Meine jüngere Schwester (Jg. 67) hatte sogar zwei Alben, weil eins schon voll war. Die hat auch alle Verwandten abgegrast …
Ich schrieb hinein (werde heute noch rot dabei):
«Blüh wie eine Rose,
wachse und gedeih'
und in Deinem Herzen
sei es ewig Mai»
Graus!

70/037, 2000-03-11, 15:40, redselig

«Liebe Leute, groß und klein,
haltet dieses Album rein,
reißt mir keine Seiten raus,
sonst ist's mit der Freundschaft aus!»

70/037, 2000-03-14, 09:58, Milliways

Ich bekam mal von einem Mädchen aus meiner Klasse ihr Poesiealbum, um mich auch darin zu verewigen. Ich mochte dieses Mädchen damals sehr (sie hieß «Michaela») und war furchtbar nervös, als ich mich daran setzte, um den einzigen Poesiealbumspruch zu Papier zu bringen, den ich jemals auswendig konnte: «Ein Seehund lag am Meeresstrand, rieb sich die Schnauz' im Meeressand – Ach

94 Milliways 1973, hinten, 4. von links

möchte doch Dein Herz so rein, wie dieses Seehund Schnauzt ...» und da war es passiert – ein Schreibfehler! Und dabei hatte mich Michaela sogar noch extra auf die erste Seite aufmerksam gemacht, wo (in poetischer Form) darauf hingewiesen wurde, dass mir der Kopf abgerissen werde, wenn ich in diesem Heft rumkliere.

Also klierte ich rum! Der Tintenkiller versagte, ich geriet in Panik, das Tintenradiergummi (das blaue Ende eines normalen Radiergummis ist doch für Tinte gedacht, oder?) kratzte ein riesiges Loch in die Seite, noch mehr Panik, ich versuchte die Seite mit einem Messer herauszutrennen, das Heft zerlegte sich in seine Einzelteile und ich war tot!

Als ich «Mr Bean in der Bibliothek» sah, konnte ich gar nicht lachen ...

Jedenfalls habe ich damals eine neue Taktik ausprobiert: Ich habe es einfach ausgesessen! Soll heißen: Michaela hat ihr Poesiealbum nie wieder gesehen. Und nach einiger Zeit (Jahre) hat sie dann auch aufgehört, danach zu fragen.

Michaela! Es tut mir heute noch unendlich leid, was ich damals mit Deinem Poesiealbum gemacht habe. Wenn ich könnte, würde ich Dir ein neues Poesiealbum schenken. Aber ich weiß nicht mal mehr, wie Dein Nachname ist.

Und «Schnautzte» kann ich immer noch nicht schreiben.

70/037, 2000-03-14, 10:19, Anja Schroeder

Meine Mutter zog immer mit Bleistift die Linien vor. Genau abgezählt für den Spruch – genau abgezählt für das «... zur ewigen Erinnerung an Deine Mitschülerin ...»

Ich fürchte, meine Mutter hatte mehr Angst davor als ich, dass mein Beitrag im Poesiealbum nicht «passend» sein würde (gar schief, unsauber oder krakelig). Und da ich mehr Respekt vor meiner Mutter als vor meiner Mitschülerin hatte, missriet grundsätzlich etwas: Tintenklecks (passiert sonst nie), «beglückle» (anstatt beglücke) und es war mir schlichtweg

95

96

Werbung für den Erfinder der Prilblume und namentlich nicht näher bekannte Perwoll-Flauschis, die beim Weichspülen helfen sollen.

Nächste Seite:
Werbung für das Deo-Spray von Fa. Insofern atypisch, da keine nackte Frau zu sehen. Leicht erinnerbar: die Melodie

Fa Deo-Spray schenkt Ihnen die wilde Frische rund um die Uhr.
Sie weckt Sie auf und hält Sie frisch.
777 lustige Fa-Wecker sind zu gewinnen. Damit Sie den wilden frischen Tag nicht verschlafen, den Ihnen Fa Deo-Spray schenkt.
Es hält Sie von morgens früh bis abends frisch.
Was macht Fa Deo-Spray so einzigartig frisch?
Die wilde ☐☐☐☐☐☐☐ ☐☐☐ ☐☐☐☐☐☐☐
Schreiben Sie die Lösung auf eine Postkarte und schicken Sie die Karte an: Fa, 8520 Erlangen, Postf. 3548. Stichwort: Fa-Wecker.
An der Verlosung kann jeder teilnehmen.
Der Rechtsweg ist ausgeschlossen. Einsendeschluß ist der 8.6.1975.
Fa
Deo-Spray
Fa Deo-Spray mit der wilden Frische von Limonen.
Henkel-Khasana F4/75
Fa — auch in Österreich und der Schweiz

98 Der Tintenkiller, dessen nur vorübergehende Wirkung heute in vielen Poesiealben zu bewundern ist

99 Kati und ihr Vati bei einem weiteren Kapitel ihrer abenteuerlichen Reise durch das Land «Tesa»

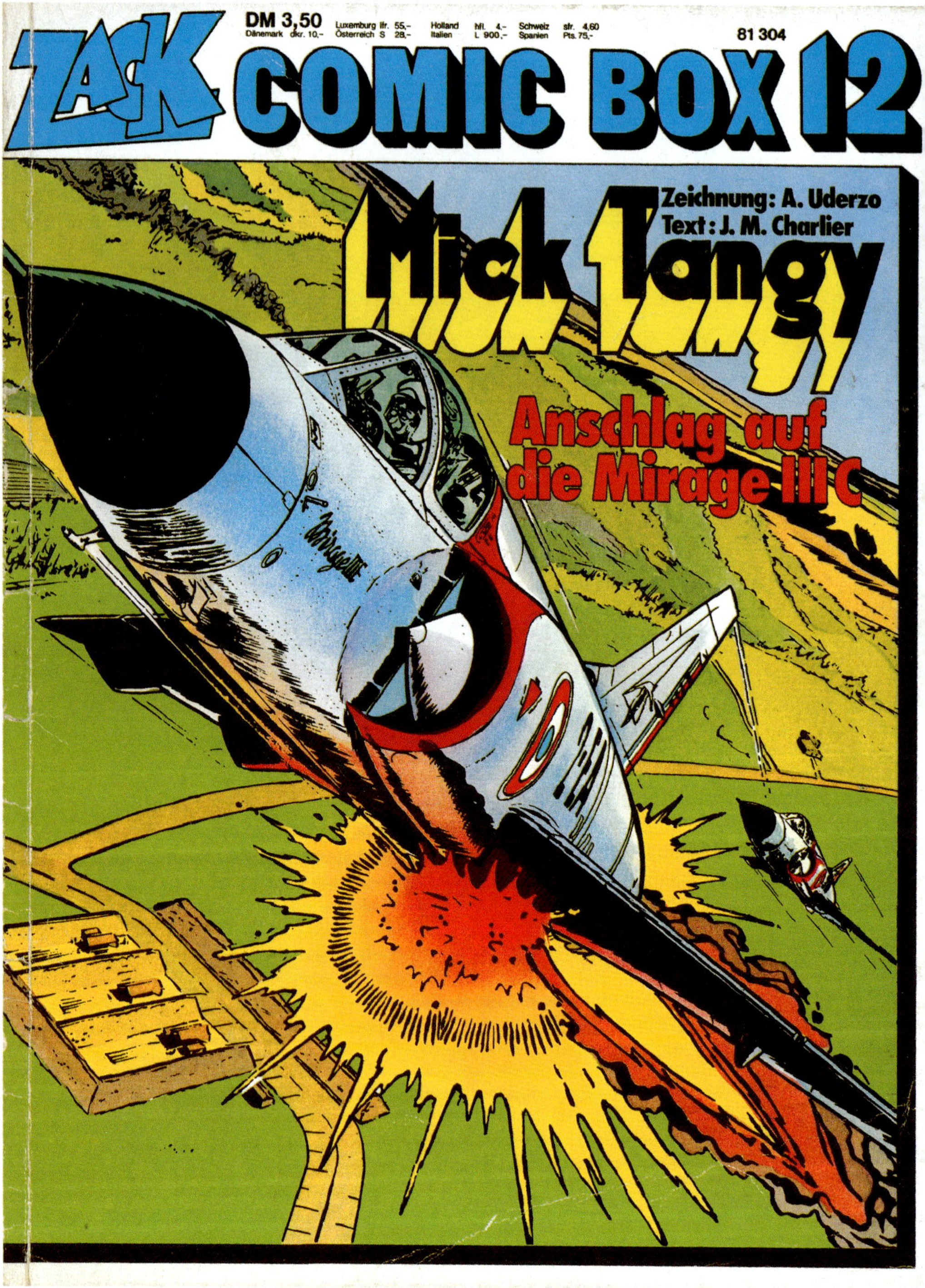

ZACK
DM 3,50
Dänemark dkr. 10,-
Luxemburg lfr. 55,- Österreich S 28,-
Holland hfl. 4,- Italien L 900,-
Schweiz sfr. 4,60 Spanien Pts. 75,-
81 304
COMIC BOX 12
Zeichnung: A. Uderzo
Text: J. M. Charlier
Mick Tangy
Anschlag auf die Mirage III C

Linke Seite: Ausgabe des Comic-Bandes «Zack»; in der Serie waren Abenteuer von Michel Vaillant, Umpah-Pah und Luc Orient enthalten.

101

102

Die wöchentliche Taschengeldration ging im wesentlichen für Druckwerke dieser Art drauf. Mit dem Ergebnis, dass die Eltern sie eines Tages wegwarfen und wir sie uns heute um teures Geld im Antiquariat wieder kaufen.

MARVEL COMIC
NR. 60
DM 1,40
hfl 1,75 öS 9
sfrs 1,60 L 400
DAS EINDRUCKSVOLLSTE SUPERHELDEN-TEAM DER WELT!
DIE FANTASTISCHEN VIER
DER WÄCHTER „WÜTET!“
DÄMON: TRI-MANN LEBT!

104 Der Horror hatte einen Namen: Poesiealbum. Originell wollten wir sein, weit vorne wollten wir stehen, verschreiben durften wir uns nicht ... Hier das Exemplar aus der Privatsammlung Lott.

103 Linke Seite: Siehe Abb. 101 und 102

105

106 Unsere ersten Stars hießen Julius und Anne, Georg und Richard, Hanni und Nanni. Sie jagten Schmuggler, feierten Mitternachtspartys und futterten Kuchen dabei.

unmöglich (obwohl damals wie heute meine Handschrift ganz passabel war), auf diesen verflixten Bleistiftlinien gerade zu schreiben. Das Resultat an meiner Mutter vorbeizuschummeln ging auch nicht – sie hatte sich ausbedungen, die Linien hinterher wieder wegzuradieren. Jeder Fehler wurde sichtbar, nichts entging ihrem strengen Auge (sie zeigte mir dann zum Vergleich immer ihr eigenes perfektes Poesiealbum von früher). Trotz der mütterlichen Qualitätskontrolle: Ich fürchte, ich habe es nicht ein einziges Mal perfekt «hingebracht».

70/037, 2000-03-18, 18:28, krissi

Die Dinger grassieren immer noch, spätestens ab der dritten Klasse. Und es gibt auch noch die passenden Bücher mit Sprüchen. Viele der Verse sind weltlicher und auch frecher geworden, die Regeln aber, wer schreibt wann auf welcher Seite, sind noch dieselben.

70/037, 2000-03-24, 15:11, Tete

bei uns musste man(n) ein foto reinkleben. wenn ich nicht beim poesiealbum meiner mutter abgeschrieben habe, war mein favorit:
«morgens kann ich nichts essen, weil ich an dich denke
mittags kann ich nichts essen, weil ich an dich denke
abends kann ich nichts essen, weil ich an dich denke
nachts kann ich nicht schlafen, weil ich hunger habe»
irgendwie selten niveaulos, aber irgendwie auch süß.

70/037, 2000-03-24, 19:45, ameise

Fast noch wichtiger als das Poesiealbum war das Kaufen und Tauschen von Poesiebildern. Eine alte Zigarrenkiste, die, um Diebe fernzuhalten, mit Reißnägeln gespickt war, enthielt die mit Glitzerstaub besprühten Bildchen von Prinzessinnen (viel mehr weiß ich gar nicht mehr – was war da sonst noch drauf??). Herrlich das Kaufen der in knisternde Folie gepackten Bögen und das harte Schachern beim Tauschen.

70/037, 2000-03-25, 19:37, Ruthie

Bei uns war üblich, Einpfennigstücke als Glücksbringer einzukleben! Die ganz Geizigen haben die Pfennige einfach abgepaust ...

70/037, 2000-04-06, 17:33, oli

ich hatte natürlich auch ein album, in der 3. Klasse und alle außer einem haben reingeschrieben. Den schlimmsten Spruch fand ich folgenden:
«Mach dem Vater keine Sorgen
Bereite Mutter keinen Schmerz
Denn Du weißt nicht ob schon morgen
Du verlierst ein Elternherz!»
ist doch mieseste Erpressung, oder?
ich hab immer versucht, selbst zu reimen, was nicht immer ganz glücklich war, z. B.:
«Liebe Schwester bleib immer gesund,
wenn Du auch manchmal hast ein' dummen Mund»
war eigentlich nett gemeint von mir, aber meine Schwester war ziemlich sauer.

70/037, 2000-04-06, 19:50, Aurelia

«Lebe lustig, lebe froh,
wie der Mops im Haferstroh!» – oder wahlweise:
«... wie der König Salomo!»
das ging noch weiter, aber ich weiß nicht, wie – mein Album (mit Jeansbezug!) ist verschollen, leider!
Oh, noch'n ganz toller:
«Wenn über eine dumme Sache
mal endlich Gras gewachsen ist,
kommt sicher ein Kamel gelaufen,
das Alles wieder 'runterfrisst!»
Erinnern macht Laune!!!

70/037, 2000-04-07, 04:26, Hanne Soya
Jetzt fallen mir unweigerlich zwei Faekalsprueche ein, die ich nie in irgendein Poesiealbum geschrieben habe (schade, eigentlich), aber als Kind aeußerst gewagt, provokant und folglich todschick fand. Ich will sie Euch daher nicht vorenthalten – vielleicht findet sich sogar jemand, der/die sich daran erinnert?
Der «schlimmere» zuerst:
«Koenig Salomon, der Weise, spricht:
Laute Furze stinken nicht.
Jedoch die leiiiiiisen,
die den Arsch umkreiiiiisen,
ja, DIE stinken fuerchterlich.»
Und der Abzaehlreim:
«Peter Alexander,
Arsch auseinander,
Arsch wieder zu
und raus bist Du!»
Damit hammer's der Schmalzbacke aber so richtig gezeigt!

70/037, 2000-04-07, 17:59, le_reptile
«katharina valente
hat nen arsch wie ne ente
hat 'n maul wie ne kuh
und raus bist du»
war das pendant dazu.
schön auch:
«john f. kennedy
kaut nen kaugummie
spuckt ihn wieder aus
und du bist raus»
hat aber eigentlich alles nichts mit poesie-album zu tun, sondern mit

abzählreimen. wer die wohl immer erfindet? gibt es eine abzählreim-werkstatt oder gar eine geheim-agentur, die sie in die welt setzt? der cia? der kgb? der bnd? der mad? oder ist das alles auf kindermist gewachsen?

70/037, 2000-04-08, 01:09, edda b

Icke, acke Hühnerkacke … Hier noch vier Beispiele für Blödheit, Missverständlichkeit, Fehlinterpretationigkeit, tiefsinnige Weisheit und Tragik von Poesiealben:
Mein Lehrer (Grundschule): «Ich muss ein Wort an Dich richten: Vor dem Spielen und dem Spaß, erst die Pflichten!» A****!
Mitschülerin (Grundschule): «Geiz wird nicht satt, bis er den Mund voll Erde hat!» Jahre später habe ich mir gedacht: Hat die mich gemeint? Noch ein paar Jahre später dachte ich nur noch: Boooahhh!
Mutter der besten Freundin: «… schaue nie zurück, denn dadurch verkürzt Du nicht den Weg …» Wieso nicht? Wenn ich zurückschaue, weiß ich doch, wieviel ich schon geschafft habe. HÄ???
Vater:
«Die Flöhe und die Wanzen
gehören auch zum Ganzen»
(immerhin Goethe)
Danach habe ich mir ein neues Poesiealbum angeschafft!!!

Alles Bonanza - Antwort auf Beitrag

Back Forward Home Search Reload File Hotlist Stop Print

URL: http://www.alles-bonanza.de/

Alles Bonanza

Forum: www.alles-bonanza.de
Ein Album der 70er

Name

Thema Richtige und falsche Wörter

Reden

Vom Gebrauch der richtigen Wörter wie geil, astzart, astmuffen sowie pupe und welches Missverständnis dazu führte, dass wir glaubten, Jesus habe einen Bauch aus Brot und man komme vom Hündchen aufs Stöckchen

70/094, 2000-03-16, 13:27, anko

was bislang noch in keinem eigenen thema beackert wurde, sind die ausdruecke, die wir in unseren youngsterjahren fuer besonders GUTE oder SCHLECHTE dinge mit vorliebe verwendet haben. mal als erste assoziation: geil, cool, scharf.

70/094, 2000-03-16, 13:35, redselig
Da in den 70ern doch noch hauptsächlich meine Eltern über meinen Sprachschatz bestimmten, war der eher von früheren Jahrzehnten geprägt. «Läppi» war im Kindergartenalter der Ausdruck für «einfach, leicht», etwa auf Turnübungen wie das Überqueren des Kletterhäuschens zu beziehen. Ein Nachbarskind benutzte «Bimbo» für «Neger» (hm, hm), und dass man «müssen» auch als Vollverb gebrauchen kann, lernte ich erst, als wir mal Besuch aus Rheinland-Pfalz hatten. Und es gab die Gegensätze «in echt» und «im Spiel».

70/094, 2000-03-16, 20:34, Patty
Höchste Begeisterung ließ sich am besten mit den Worten «astrein» bzw. «astzart» ausdrücken (hab ich seit dieser Zeit nie mehr bewusst vernommen).
Und was ganz «Böses» fällt mir auch noch ein: Erinnert Ihr Euch noch an die Samstagabendproblemserie «Unser Walter»? Protagonist war der am Down-Syndrom erkrankte Walter Zabel, ab sofort hieß es nicht mehr «Du Depp» sondern «Du Zabel», man war auch nicht «bescheuert», sondern «zabelig». Schlimm, schlimm …

70/094, 2000-03-17, 04:03, Harald Leinweber
Ich bin ziemlich sicher, dass das Wort «irre» in seiner heute geläufigen Bedeutung und Konnotation aus den 70ern stammt. Vorher war «irre» soviel wie «geisteskrank». Vielleicht begann ja damit die Umwertung aller Werte.

70/094, 2000-03-21, 08:24, Hanne Soya
«echt», «in echt» oder «im Spiel» oder auch «in echt oder in unecht?» ist mir auch noch sehr gelaeufig. Und zu «irre» passt noch der Ausruf «Wahnsinn!».

70/094, 2000-03-21, 09:00, Laila West

Beliebt waren bei uns astschocke oder kurz astig und zwar gerne in Verbindung mit ej hömma. Dufte ist mindestens schon aus den 20er Jahren. Kam aber dann wieder, manchmal auch als töffte oder toffte verkleidet.

70/094, 2000-03-24, 14:40, Tete

an mein erstes «geil» kann ich mich noch genau erinnern. war damals (78) in der 7. klasse mit meinem nachbarn aus der 8. an einem eisautomaten gestanden. nach dem einwurf von 1 mark (damals sehr viel für uns), hörte der automat einfach nicht auf zu rotieren, wodurch wir plötzlich eine nicht zu vertilgende anzahl von – ich glaube capri-eis *würg* – vor uns hatten. ich ließ das zauberwort fallen, worauf er mich oberklug fragte, ob ich denn überhaupt wisse, was es bedeute. konnte es ihm beantworten und war natürlich stolz wie bolle (...) gerade in anbetracht meines nunmehr aufgefrischten renommées einem 8-klässler gegenüber

unsere favoriten waren – so glaube ich – toll, klasse, irre, super, spitze, geil und (erst 80er?) cool. klasse, toll und super waren dann allerdings bald ziemlich uncool:-)

70/094, 2000-03-24, 23:20, calamity

«läppi» kenn ich nicht, bei uns hieß das: «Das ist ja bebileicht» bzw. einfach nur «bebi». Dass es irgendwas mit Babys zu tun haben könnte, fiel einem natürlich erst in den 80ern auf.

70/094, 2000-03-25, 01:35, Harald Leinweber

Auch wenn es heute extrem ungut kommt und wohl als vom Aussterben bedroht gelten darf: In den 70ern wurde es üblich, etwas sehr Schlechtes «spasti» zu finden. «Cool» kommt mir ausgesprochen neunzigermäßig vor. Und was ist mit «böse Falle»? Waren das noch die 70er oder die 80er oder bloß meine Freunde und ich?

70/094, 2000-03-25, 03:45, Yoggi

An «echt läppi» kann ich mich auch noch erinnern, ebenso wie «hopfigleicht» – i. e. «beebie-leicht». Kann es sein, dass diese Ausdrücke auf den (Groß-)Raum Stuttgart beschränkt waren?

70/094, 2000-03-25, 00:45, Laila West

Zum steilen Zahn fällt mir noch die dufte Biene ein, und wenn etwas nicht spasti war, konnte es auch mongo sein. Cool habe ich bisher immer in die 70er/80er Jahre gepackt, im Zusammenhang mit Rap, Hiphop und so.

70/094, 2000-03-25, 15:28, redselig

Ich kenne «hopfenleicht» und nehme an, dass das ein landwirtschaftliches Relikt ist. «Krass» und «fett» dürfte aus den späten 90ern stammen. Ende der 70er, Anfang der 80er war es auch üblich, etwas «voll cool» oder «voll stark» zu finden, ich weiß noch, wie die Lehrer unter dieser Benutzung des Wortes «voll» gelitten haben.
Einer unserer Lateinlehrer pflegte zu Begriffsstutzigen zu sagen: «Du guckst wie ein Golf Diesel.» (Der hatte damals noch runde Scheinwerfer.) War das eine Originalschöpfung dieses Mannes, oder war dieser Vergleich damals üblich?

70/094, 2000-03-25, 17:53, walter

Leinwebers «kommt ungut» erinnert daran, dass eine ganze Menge von unserem Alltagswortschatz aus den 70ern stammt. Also «ungut» kenne ich erst seit der Zeit und auch «das kommt gut». Ebenso «da stehe ich drauf».

70/094, 2000-03-25, 18:49, redselig

Lasst uns das doch ausdiskutieren, damit sich jeder einbringen kann, haha!

70/094, 2000-03-26, 12:57, wolfgang

Fett, cool, krass: Das ist alles 1999, also Kurzzeitgedächtnis. Schlecht war «Übel!!», gut war «Genial!!». Sonst: «Super, Wahnsinn». Wie nanntet ihr Zigaretten? «Lullen, Kippen, Schmerven», wie bei uns? Jugendliche haben im Alltag einen eher schmalen Wortschatz, darum wird das auch hier nicht mehr.

70/094, 2000-03-26, 01:58, Chefin

Die Zigarette hieß bei uns Fluppe. Im Kohlenpott wurde auch ein jeder mit «ey» oder «ey hömmal!» angesprochen. Das heißt soviel wie: «Hallo du, entschuldige bitte, hör mir doch bitte einmal zu!» Raimund Harmstorf spielte in einer Fernsehserie einen Aussteiger. Er sagte stets: «Ich geh kaputt.» Dieses wurde von vielen mit Begeisterung übernommen. Läppi hieß bei uns läppisch oder kiki bzw. kikileicht. Etwas Schönes und Neues war «voll die Sahne».

70/094, 2000-03-26, 09:25, BaerbelS

Sehr oft hörte man «Mau-Mau»: Entweder einfach: «Die Matheaufgabe ist aber «mau» (für leicht oder «puppi-einfach») oder einer kam aus dem «Mau-Mau»! Wobei ich erst viele Jahre später begriff, was es bedeutete. Oder: der ist aber völlig «behämmert»

70/094, 2000-03-27, 08:24, sonni

noch ein ausdruck für «einfach» war auch «das is doch pupe» oder «pupe-leicht», nicht zu verwechseln mit «is doch pup-egal», wenn was toll war, haben wir auch bekundet «mann, echt astschocker» oder «astmuffen» …

70/094, 2000-03-27, 15:19, redselig

Seltsamerweise hieß es beim Schaukeln nicht «Ich nehme Schwung» sondern «Ich nehme Anschwung». Wieso diese unsinnige Vorsilbe benutzt wurde, weiß ich nicht.

70/094, 2000-03-28, 09:26, Hanne Soya
Ich faule Socke kenne die Formulierung «Anschwung geben» nur als Fremdeinwirkung, sozusagen. Also matschig in der Schaukel haengend: «Duuu, gibst Du mir mal Anschwung?» Aktiv habe ich das Wort nicht gebraucht. Aber aktiv geschaukelt schon, wenn kein Anschwinger zu fassen war.

70/094, 2000-03-28, 13:50, fnagel
Echt kam 1973 in unsere Cliquensprache, wir übernahmen es von unserem österreichischen Skilehrer, zunächst als Fragewort: Echt? oder auch: Echt wahr? Dann als Mittel zum Steigern aller erdenklichen Adjektive: Echt übel! usw.
HI als Abk. für Halb-Intelligenzler wurde als Anrede gebraucht: Du HI! Wir übernahmen dieses Wort aus einem deutschen Science-Fiction-Fernsehspiel (Wie hieß es nur?), in dem die Menschen, die in einer Megastadt lebten, sich eine Art von Affen-Sklaven gezüchtet hatten, die die niedrige Arbeit taten. Held des Films war der HI Willi, der irgendwann mit der Frage aufbegehrte: «Warum ist Willi ein HI?!»

70/094, 2000-03-29, 19:08, anko
ECHT kann ich echt bestaetigen. folgende begriffe, die in meinem kopf herumschwirren, will ich kurz mal zur debatte stellen: was ist mit «dufte», «scharf», «das peppt», «megageil» als steigerung von … ich merke, dass es da offensichtlich massive regionale unterschiede gibt, ziemlich unknorke fuer eine gepflegte debatte :-)

70/094, 2000-03-30, 08:28, frida
ich kann mich och an: «Ist ja schocker» erinnern, was soviel wie echt geil bedeutete.

70/094, 2000-03-30, 18:06, Harald Leinweber

Willi, der Halb-Intelligenzler, kam – glaube ich – in dem (zweiteiligen?) TV-Spiel «Dreht Euch nicht um – der Golem geht rum» vor, das uns die Gefahren der Freizeit-Gesellschaft vor Augen führen sollte. Muss 1971 gewesen sein (Regie: Peter Beauvais), ARD.

70/094, 2000-03-31, 12:06, walter

«Gut drauf sein» hatte anfangs sicher was mit Drogenerfahrung zu tun, war aber schnell ganz losgeloest davon. In «von etwas angetoernt sein» klingt das schon eher noch mit. Viele Redewendungen aus den 70ern haben ueberlebt. Mitte der 70er habe ich eine deutsche Uebersetzung von Kerouac «On the Road» gelesen, offenbar aus den 60ern, die bemuehte sich um jugendliche Sprache, und da riefen die Zuhoerer im Jazzclub dem Saxophonisten bei seinem Solo zu: «Schaff dich!» Das hoerte sich mir schon Mitte der 70er nur noch sehr schwaebisch an. Dagegen ist von der Jugendsprache der 70er doch sehr viel uebriggeblieben.

70/094, 2000-04-01, 22:34, walter

Ein Blick in Heinz Kuepper: «Illustriertes Lexikon der deutschen Umgangssprache in 8 Baenden» (1982–84) belehrt mich, dass man wohl unterscheiden muss zwischen dem Zeitpunkt, zu dem man selbst ein Wort zum ersten Mal gehoert hat, und der Zeit, seit der ein Wort bezeugt ist. Nur ein paar Beispiele: «geil» (neben 5 anderen Bedeutungen):, «hervorragend, schwungvoll, sympathisch. Jugendsprache seit 1965». Seit Mitte der 60er also!
«dufte» – «1. außerordentlich (...) nett. Fußt auf Jiddisch «tow» = gut,(...) Seit dem fruehen 19. Jahrhundert, anfangs Rotwelsch (Gaunersprache), spaeter allgemein. 2. lebenslustig (...) schlau, dem Geschlechtsverkehr nicht abgeneigt. Seit 1900. (...), 4. «dufte ist zweimal so schnafte wie knorke»: Berlinische Wertskala von «dufte», «schnafte» und «knorke» (...) Seit 1900.» Also asbachuralt, sowohl dufte wie auch knorke.

70/094, 2000-04-04, 23:54, walter

Noch was:, «echt», «total» und «irre» als Adverbien: «echt geil», oft eigenartig verknuepft mit dem betont ausdruckslosen «gut»: «echt gut». Ebenso: «total gut», oder: «irre gut». Wurde dann in den 80ern ersetzt durch «voll gut». («Der Zug war voll leer heute.»)

70/094, 2000-04-05, 11:00, Laila West

Zu den ganzen Steigerungsmöglichkeiten super, total, voll und so fallen mir auch noch diese unsäglichen Superlative von geil ein z. B. affengeil, superaffengeil, affentittengeil, superaffen ... und so weiter und so weiter.

70/121, 2000-03-29, 19:21, anko

Hanne Soya wrote:

> Vom Ford Taunus dachte ich lange Zeit, er hieße TRUNUS, wegen des
> merkwuerdig eckigen «A».

im thread ueber autos habe ich dieses posting von hanne gefunden. das bringt mich auf ein wunderbares thema: falsch verstandene begriffe in der kindheit.
meine liebste und ihre schwester verstanden statt des amerikanischen detektivnamens PETROCELLI immer PETRUZZELI (gesprochen genau so, also: «petruzzeli»).
und ich verstand beim vaterunser (stichwort: katholisch, beten) statt der formulierung «... vergeben wir unseren schuldigern ...» immer nur: «... unseren SCHULDI GERNE ...». ich fragte mich dabei immer, wer dieser herr schuldi denn sei.

70/121, 2000-03-29, 19:25, le_reptile

ich verstand immer so was wie «und vergebe uns unseren tschuldigam», wobei ich darüber nachsann, was wohl an kaugummi (kannte aus den kriegserlebnis-schilderungen meines vaters das wort chewing gum) so vergebenswürdig sei ...

einmal fragte ich während der tagesschau, was denn nun eigentlich «IGEL-metall» sei, während mein bruder anscheinend glaubte, dass alle käfer weiblich seien, denn er nannte sie stets frau W.

70/121, 2000-03-29, 19:37, redselig

Wir mussten im Kindergarten öfters Schweigeminuten einlegen. Wer aus Süddeutschland kommt, wird wissen, dass das ei in «schweigen» und in «Schwein» in vielen Regionen sehr verschieden ausgesprochen wird. Unsere Kindergärtnerin, Frau Sluka, die ich in grässlicher Erinnerung habe, kam aber nicht aus dem Schwabenland, und so fragte ich mich jahrelang, was «Schweineminuten» sind und wieso man da nicht reden darf.
In diesem evangelischen Kindergarten sangen wir auch öfters, ohne es zu verstehen: «Looobääädeeenhääärrrenalllääädiiieeeiiihnääähren ...»
Auch war mir der Klang des Namens «Jesus» immer sehr unsympathisch, worüber ich Gott (der war sympathisch) lange Reden in meinem orange-lackierten Kinderbett hielt ...

70/121, 2000-03-29, 19:56, Tete

unsere kindergärtnerin meinte immer, wir sollten doch die wurzeln (= mohrrüben :-)) aufessen. was ich definitiv nicht wollte, denn ich verstand nicht, wie man die von den bäumen bekäme, ohne daß diese umfielen – und wie eklig sollte das dann wohl schmecken?!

70/121, 2000-03-29, 22:20, oma_lacht

Meine Lehrerin sagte in der zweiten Klasse zu mir: «Du bist sehr liederlich!» Da bildete ich mir lange ein, daß ich sehr musikalisch sei. (Aber liederlich bin ich heute noch, gut eingeschätzt, Frau Hoffmann).
Im Adventslied «Macht hoch die Tür» kommt eine Zeile vor: «Mein Schöpfer reich von Rat». Ich verstand: «Mein Schlüpfer reich am Draht».

70/121, 2000-03-29, 23:16, Chefin
«reich an Fahrrad» haben wir öfter aus Spaß gesungen.

70/121, 2000-03-29, 23:33, walter
Im Schulchor sangen wir: «Kein schoener Land zu dieser Zeit ...», und ich hielt das fuer sehr altdeutsch, weil das ja heute eigentlich heissen muss: «kein schoenes Land».
Und der Adolf hieß meiner damaligen Meinung nach «Fittler».
Ehrlich gesagt stammen diese kindlichen Missverstaendnisse aus den 60er Jahren, aber eigentlich ist das Thema ja wohl jahrzehnteuebergreifend, oder?

70/121, 2000-03-30, 08:16, Hanne Soya
Ach, das freut mich aber, dass ich Dich zu diesem schoenen Strang inspiriert habe, anko!!
Ich hatte lange Zeit Schwierigkeiten, das mir phonetisch gelaeufige Wort «Dschiiiiieeeeens» mit dem, was ich da als «Jeee-Hans» las, zu verbinden. Ebenso, wie mir der Rang des Sergeant Perry in «Sehr geahnt, Perry» schleierhaft blieb. (Oder war das Percy Stuart? – Aber jedenfalls sehr geahnt!).
Ansonsten Harmlosigkeiten wie «Omdibus».
Aber lange Jahre habe ich geglaubt, dass Connie Kramers Tod ein tragischer Achterbahn-Unfall war:
«... es gab keinen Halt auf der schiefen Bahn», sang doch Juliane Werding. Und von Knut Kiesewetter gab es ein Lied, das ich ebenfalls erst im nachhinein verstanden habe. Es war auf einem meiner «Ja, von Ariooooooola»-Schlager-Sampler. Er hatte bei seiner Freundin genaechtigt und wusste am naechsten Morgen nicht, wie er ungesehen an der sittenstrengen Wirtin vorbeikommen sollte. Die Situation habe ich natuerlich ueberhaupt nicht durchschaut und stellte ihn mir in einer Art Gefaengnis vor. Als er eine Gelegenheit wittert, singt er was von «die Startloecher graben». Ich stellte

ihn mir vor, wie er da den Fußboden aufhackt und irgendwelche Loecher (was Startloecher sind, war mir auch nicht klar) graebt.

70/121, 2000–03–30, 11:17, Anja Schroeder

Wir mussten im Kindergarten singen:
«Are you sleeping,
are you sleeping,
Brother John, Brother John ...»
Heraus kam:
«Arnes Liebling, Arnes Liebling,
braver John, braver John ...»

70/121, 2000–03–30, 00:16, Didi

Ich wohnte in meiner Heimatstadt in der Nähe des jüdischen Friedhofs. Der wurde allgemein «Judenfriedhof» genannt; ich verstand immer «Judo-Friedhof» und wunderte mich, warum gerade diese Sportart einen eigenen Friedhof hatte.
Dasselbe gilt für das antisemitische «Judenförzle», wie diese kleinen roten Knallkörper bis heute genannt werden. Auch da hörte ich immer «Judo». Es ergab sich das Bild, dass in der Geschichte unserer Stadt asiatischer Kampfsport eine gewisse Sonderrolle eingenommen hat.

70/121, 2000–03–30, 00:27, redselig

Das Missverständnis mit den Judofürzle kenne ich auch. Oder war es gar kein Missverständnis, sondern wurde wirklich so ausgesprochen?

70/121, 2000–03–30, 13:11, Christine

Ja, ja, der Bruder Jakob im Kindergarten! Wir haben den immer auf französisch gesungen, was sich ungefähr so anhörte: «Frere Schacke, frere Schacke, dormee wuu, dormee wuu: Sonne Lematine, Sonne Lematine, ding dang dong, ding dang dong.»

Und die Tagesschau: «Guten Abend, meine Damunern.» Ewig habe ich gegrübelt, was das wohl bedeuten soll!
Auch habe ich immer «Einbandstraße» verstanden, was ja noch einigermaßen logisch ist.
Und das Titellied von der Sesamstraße habe ich auch nie richtig verstanden (ich weiß peinlicherweise bis heute nicht, wie das wirklich heißen soll): «... tolle Sachen, die gibt es überall zu sehen, manchmal muss man *progeln* (häh?!), um sie zu verstehen!». Vielleicht kann mir da ja sogar jemand weiterhelfen?

70/121, 2000-03-30, 13:42, Konstantin Opel

Fragen! «Manchmal muss man fragen, um sie zu verstehen.» Dafür bestand für mich jugendlichen Sesamstraßen-Seher der Anfang dieser Erkennungsmelodie aus einem Kauderwelsch, für den ich bis heute keine gescheite Erklärung habe (ehrlich!). Könnte es eine Art verfremdetes «Wer, wie, was?» gewesen sein? Alle Wissenden bitte ich um Entschuldigung für die doofe Frage ... (Manchmal muß man fraaaag'n, ...)

70/121, 2000-03-30, 13:51, Anja Schroeder

Der, die, das,
wer, wie, was,
wieso, weshalb, warum,
wer nicht fragt bleibt dumm.
Viele tausend Sachen,
die gibt es überall zu sehen,
manchmal muss man fragen
um sie zu versteh'n.

70/121, 2000-03-30, 17:29, redselig

Ich glaube, der umstrittene Satz im Sesamstraßenlied hieß auch mal: «Manchmal braucht man Große, um sie zu verstehn.» Oder habe ich mir das nur so zusammengereimt? Ein o-Laut war meiner Erinnerung nach jedenfalls drin.

70/121, 2000-03-30, 13:55, Teresa

Ich habe mich als Kind darüber empört, dass das Fernsehen «Tips für Verbrecher» sendet – ich wusste damals nicht, was «Verbraucher» sind.
Und dann natürlich das Weihnachtslied «Alle Jahre wieder»: Wie, bitte schön, kehrt man mit einem Segel?

70/121, 2000-03-30, 14:40, Laila West

Ich habe jahrelang gedacht, es hieße «Umfall», also «Autoumfall» etc. Natürlich habe ich nie darüber nachgegrübelt, weil es mir so logisch erschien.
Aber etwas Schreckliches ist mir gerade noch eingefallen in Bezug auf Kirche und Mißverständnisse.
Ich war geradezu verzweifelt über die Stelle, an der man sagen musste: «... du sollst eingehen unter meinem Dach ...» – ich fand die Vorstellung sehr grausam, einsam und alleine unter einem Dach zu sterben.

70/121, 2000-03-30, 14:50, patgie

Mein Vater machte mich erst vor kurzem darauf aufmerksam, dass ich als kleiner Steppke im Alter von 4 oder 5 Jahren beim «Kauboy»- (was auch immer der kauen mochte??) – und «Inianer»- (nicht denken ich hätte eine Rechtschreibschwäche, ich habe das tatsächlich so ausgesprochen) Spielen immer wieder sagte: «Keine Umwegung». So hatte ich die Typen im Fernsehen immer verstanden.

70/121, 2000-03-31, 04:15, Hanne Soya

Da faellt mir noch ein Abklatsch-Reim ein, den wir mit Vorliebe gesungen haben, wurde von Mund zu Mund ueberliefert und ging ungefaehr so (ueber die Bedeutung machte sich niemand Gedanken):

«Anna Tschikaba, Anna Tschikababababa,
yutah foo mii, ma daaaling, yutah foo mii
Oh Mississihihiiii, oh mississihihiiiii,
Anna Tschikaba, Anna Tschika!»
Vielleicht war es auch Anna Eskaba? Escobar?!
Aeh, WAS?! Wird man da mit einiger Berechtigung ausrufen. Ob das englisch gewesen sein soll? Hat ja sowas Suedstaatenmaeßiges, irgendwie. Mississippi?!

70/121, 2000-03-31, 15:36, anko

noch was aus dem fruehkindlichen glaubenswortschatz (marke katholisch) und definitiv aus den 60ern – aber es passt hierher:
1. in der vorkonziliaren fassung des vaterunsers hiess es mal:
«von dannen wird er kommen, zu richten die lebenden und die toten»
ich dachte daher immer, dass gott aus einem dunklen wald zu uns menschlein kommen wird, denn was sollte «dannen» denn anderes heißen als «tannenwald».
2. was mir ewig ein raetsel blieb war die formulierung: «gebenedeit ist die frucht deines leibes» – gemeint war jesus, das kind von maria.
ich musste immer an suedfruechte, vornehmlich bananen und orangen, denken – wg. «frucht»

70/121, 2000-03-31, 16:12, Antje

Da fällt mir ein ebenso vielleicht nicht falsch verstandener, aber auf jeden Fall unverständlicher Spielreim ein, den ich auch nur «mündlich überliefert» gelernt habe. Erstaunlich, was sich im Langzeitgedächtnis so eingegraben hat:
«Empompi poloni polonasta,
empompi poloni,
akademi safari
akademi puff puff.»

Automatisch bewegen sich bei mir sogar noch die Hände dazu, die man mit seinem Gegenüber in einer bestimmten Abfolge zusammenschlug.

70/121, 2000-03-31, 16:54, Laila West

Der Horror nimmt kein Ende. Mit diesem Satz «... gebenedeit ist die Frucht deines Leibes Jesu ...» hatte ich auch ziemliche Probleme. Ich dachte immer, es hätte etwas mit dem Bauch von Jesus zu tun. Und bei Jesus habe ich jedesmal an Brot und Hostie usw. gedacht. Aber Jesus am Kreuz hatte gar keinen dicken Brotbauch, sondern war ganz dünn. Was ich mir dann aber wieder zurechtgelogelt habe, denn der Bauch wurde ja gebraucht, damit man genug Hostien hat.
Über die «Tannen» könnte ich mich übrigens schlapp lachen.

70/121, 2000-03-31, 17:42, anko

noch eine fremde feder von wg. missverstaendnissen (copyright: manfred dworschak).
besagter kollege verstand statt «dein wille geschehe/wie im himmel, also auch auf erden» immer nur «deine willige schere/wie im himmel, also auch auf erden»
manfred stellte sich laut eigener aussage immer eine schere vor, die alles tut, was man ihr sagt, diese kath. kirche – raetsel ueber raetsel und dann auch noch beichten!
noch was, was nicht wirklich dazupasst, aber das thema doch ziemlich streift (sog. bus-metapher): ich war als kind ueber das phaenomen der fremdsprachen einigermaßen irritiert. ich verstand zwar, dass es sprachen gibt, die wir nicht verstehen, ich war aber der unumstoeßlichen meinung, dass es auslaender hingegen sehr leicht haetten, denn: «wiese» oder «bonanzarad» heisse immer «wiese» und «bonanzarad». ist das nachvollziehbar? fuer mich schon :-)

70/121, 2000-03-31, 21:14, oma_lacht

Erinnert sich noch jemand an Gleitschuhe? Die wurden untergeschnallt wie Schlittschuhe (ja, damals hatten nur die Reichen Schlittschuhe zum Anziehen), sie hatten aber statt Kufen eine Fläche zum «Gleiten». Für mich waren das «Kleidschuhe», und so habe ich auch mal in einem Aufsatz über Winterfreizeitaktivitäten von meinen «Kleidschuhen» fabuliert. Der Lehrer hat diese Passage missverstanden, weil er sich um's Verrecken nicht vorstellen konnte, dass ich Gleitschuhe meinte, zumal ich in Rechtschreibung niemals schlechter als 2+ war. Also entsprechend führten diese «Kleidschuhe» zu einer Minderbewertung meines Aufsatzes.

Einen Staubsauger hatten wir damals zuhause nicht, es gab keine Teppiche, die gesaugt werden mussten. Für mich war also nicht nur das Gerät fremdartig, und auch das Wort verstand ich als «Staubsauber», was ja einer gewissen Logik nicht entbehrt, denn es macht den Teppich von «Staub sauber»!

In diese Kategorie passt auch mein Mißverständnis von Bürgersteig: Für mich war das der «Bürgerstein», ebenso logisch wie «Staubsauber».

70/121, 2000-04-01, 12:38, christoph droesser

«Großer Gott wir loben dich,
Herr wir preisen deine Stärke» –
das waren für mich immer die weißen Krümel von Hoffmann's, mit denen meine Mutter die Hemden steif gekriegt hat …

Bei Songtexten scheinen die Anglophonen ihre eigene Sprache noch schlechter zu verstehen als wir die unsere. Jedenfalls gibt es einige Kompendien von «misunderstood lyrics» wie etwa «The ants are my friends. They're blowing in the wind.» Eine Liste gibts unter
dir.yahoo.com/Entertainment/Music/LyricsandNotation/Lyrics/MisunderstoodLyrics/

70/121, 2000-04-01, 06:02, bille
Mein Lieblingslied, als ich 8 war:
«By the rivers of Babylon
der wiese Traum ...»
Und was genau war die britische «Leber Party»?

70/121, 2000-04-03, 09:35, Konstantin Opel
Welchen Achtjährigen hat «By the rivers of Babylon» nicht beschäftigt? Zum Beispiel: Wer oder was ist «Sebbtibbel»? Das klang für Kinderohren zumindest sehr pfälzisch (ich wuchs da auf).

70/121, 2000-04-01, 13:12, Patty
Auch ich war eine frühe und eifrige Kirchgängerin, die sich mit folgendem Rätsel beschäftigte: «Mama, was sind denn das für komische Chips, die die Leute da immer essen?» (Es handelte sich um Hostien).
Von kirchlichen zu biologischen Fragen: «Mama, bekomme ich später auch einen «Pehz» (= Pelz). Ich fand nämlich Schamhaare immer sehr schön.
Eines Abends betätigte ich mich zur Freude meiner Eltern und ihrem Besuch als Vorleserin aus einem Ostfriesenwitzbuch, war damals sehr «in», ich muß so etwa 8 Jahre alt gewesen sein.
Frage: «Welches ist der schönste Tag bei den Ostfriesen?»
Antwort: «Der Mustag. Morgens Apfelmus, mittags Pflaumenmus, abends Orgasmus.»
«Versteh ich nich. Was bedeutet das?»
Meine Mutter, sichtbar peinlich berührt: «Oh, da haben die sich bestimmt verdruckt(!!!), richtig muß das ‹Organismus› heißen.»
Und diese Antwort hat mich dann vollends verwirrt, zumal alle um mich herum doof lachten ...

70/121, 2000-04-02, 01:52, Tete

was ich – bis heute – nicht verstehe, ist der passus aus dem lied, das wie folgt in meinen ohren klingt:
«what shall we do with the drunken sailor, what shall … what shall … early in the morning» – UND JETZT KOMMT'S – «h????? she's rising, h????? she's …????? she's rising early in the morning» usw.
was singt man denn da? habe immer so «was we 'hur'em up» verstanden … machte aber nie sinn.
mit der bitte um erlösende aufklärung.

70/121, 2000-04-02, 14:08, Laila West

(3x) «Hooray and up she rises, early in the morning». Soll wohl so viel wie Hurra und hoch mit ihr heißen. Verstehe ich allerdings auch nicht so ganz, es handelt sich ja schließlich um einen besoffenen Matrosen und warum «him»?
Die zweite Strophe gehts so: (3x) «Put him in the long boat till he gets sober», und dann dieses «Hooray …» Also legt ihn in das Beiboot, bis er nüchtern ist.
Na ja, vielleicht ist es ja auch auf das Boot bezogen, das den Hafen verlässt und deswegen «she».

70/121, 2000-04-03, 11:31, Tete

thanx @ Laila – eine wissenslücke weniger – bei zunehmenden altersbedingten erinnerungslücken;-)
stimme dir zu: der text ist nach wie vor nicht so ganz stimmig, und über das she/him ließe sich wohl auch nur spekulieren. vielleicht ist die aufgehende sonne gemeint, vielleicht die beim aufwachen sich bemerkbar machenden kopfschmerzen, vielleicht auch das segel des beibootes, das gehisst frischen fahrtwind um die benebelte birne des matrosen verspricht, wer weiß.

70/121, 2000-04-05, 22:40, edda b

She! Da kann man machen, was man will, aber Maschinen und Schiffe sind im Englischen weiblich. Anne Tanke bittet man den Tankwart «to fill her up» und meint damit nicht die Freundin!
Und wenn die Queen einen Pott tauft, dann sagt sie: May God bless this ship and all who sail on HER! oder so ähnlich.
Und wenn she rised, dann macht sie sich seeklar. Nein, nicht die Queen.

70/121, 2000-04-03, 00:54, martin_a

Also, ich habe als Kind immer die Begriffe «Touristen» und «Terroristen» durcheinandergebracht. Ich hatte mich damals immer gefragt, wieso man eigentlich auf Touristen so böse ist und sie ins Gefängnis stecken will. Irgendwann einmal hat dann meine Mutter erwähnt, daß wir auch Touristen seien, weil wir bald in Urlaub fahren wollten. Ich hatte dann tatsächlich Angst davor, verhaftet zu werden.

70/121, 2000-04-03, 18:14, redselig

Ein weiteres gern gesungenes Liedchen:
«Meine Mutter hat'n Minirock,
der reicht ihr bis zum Knie,
und Beine wie'n Gartenschlauch,
so schön war sie noch nie,
au tschu tschu
lecker bugie,
das ist der bugie-wugie,
au tschu tschu (…)»
– ebenfalls so wiedergegeben, wie wir's damals hörten. Es gab dann noch eine Strophe, in dem sich diese Mutter, glaube ich, mit einem Ziegenbock vergnügte und ein entsprechendes Kind bekam. Wie ging die nur?

70/121, 2000-04-03, 18:18, redselig

Sprechchorduelle gab es in meiner Grundschulzeit auch. In Wahlkampfzeiten war lautstärkstes Intonieren von «CDU» und «SPD» angesagt, ansonsten gab's noch einen Spruch, der mit «Wir protestieren» angefangen haben muss. Damals hörte ich immer: «Bier protestieren! Diereierowenieren!» oder so. Bis heute kann ich mir das nicht übersetzen, evtl. ist es was Frauenfeindliches («Weiber»?).

70/121, 2000-04-04, 11:24, Laila West

Hallo redselig, du hast mich daran erinnert, dass auch wir häufig völlig unmotiviert «politische Lieder» gegrölt haben: «CDU, alte Kuh, lass die SPD in Ruh'», was auch immer damit gemeint war ...
Zu «Bier protestieren! Diereierowenieren!» oder so, fällt mir ein:
«Wir protestieren,
auf allen vieren,
Schule ist ne Sauerei,
wir verlangen hitzefrei!»

70/121, 2000-04-03, 18:19, hitchhiker

Klingt wie ein dummer Witz, ist aber wirklich geschehen und faellt mir zu Ankos Erinnerungen ein:
«Uns ist ein Kindlein heut gebor'n
von einer Jungfrau auserkorn»
war uns wirklich zu kompliziert, fuer uns (meine Schwester und mich) hieß das:
«von einer Jungfrau aus Elmshorn»
(Elmshorn: kleines Kaff in Norddeutschland)
und:
«Hoch oben schwebt jubelnd der Engeleinchor» hieß fuer uns immer:
«Hoch oben schwebt Josef den Engeln was vor»

70/121, 2000-04-04, 12:37, Harald Leinweber

Ich erinnere mich, dass es bereits in den 70ern Kommentare gab, die auf einige bedenkliche Entwicklungen im Zusammenhang – nicht nur – mit den Terroristen hinwiesen. So eben auch auf den sprachlichen Verfall.
Der war nicht nur daran zu beobachten, dass z. B. die Nachrichtensprecher, aber auch bekannte Politiker immer häufiger von der «Bunzreblik» sprachen, wenn sie Deutschland (West) meinten.
Diese «Bunzreblik» hatte damals häufig Probleme mit bösen Menschen, den «Terristn», und vor allem mit deren Freunden, den «Smapsanten».

70/121, 2000-04-04, 02:19, Hanne Soya

Zwei habbich noch: Unter «Festland» (ein Wort, das in Kinderbuechern offensichtlich gern benutzt wird) verstand ich immer einen Ort, wo staendig gefeiert wird. Mir schwebte da so eine permanente brasilianische Karnevalsstimmung vor.
Und: «Pippi saß auf dem Kuechenboden und stach mit Inbrunst Kekse aus.» – Daraus schloss ich, dass der Fachterminus fuer diese Keks-Ausstech-Formen eben «Inbrunst» ist ... Um nicht zu sagen: «Liebe kleine Krumel(n)uss, niemals will ich werden gruss.»

70/121, 2000-04-04, 10:58, Laila West

In der Hitparade sind früher immer die Autogrammadressen der jeweiligen Sänger eingeblendet worden. Ich habe aber immer gedacht, die Leute würden da wohnen. Irgendwann ist mir aufgefallen, dass sehr oft die Adresse Hamburg, Große Bleichen 12 oder so ähnlich angegeben wurde. Für mich war von da an klar, dass es in Hamburg ein Hochhaus gäbe, in dem nur Schlagerstars wohnten. Toll!!!

70/121, 2000-04-07, 16:48, Konstantin Opel

Howard Carpendale wohnte nicht in dem Haus in Hamburg, sondern in 565 Solingen, und Bernd Clüver hatte eine Autogramm-Adresse in der

Lange Rötterstraße in 68 Mannheim. Ich hab' nie hingeschrieben, aber irgendwie konnte ich mir das merken. Das macht mir heute schon etwas Angst (bin ich normal?).

70/121, 2000-04-05, 22:40, edda b

Obwohl auch ich beim Thema Missverständnisse aus den Vollen schöpfen könnte, möchte ich doch erstmal meinen Lebensabschnittsgefährten outen. Der (38) nämlich war bis vorletzter Woche der festen Überzeugung, man käme bei einem Gespräch vom HÜNDCHEN auf's Stöckchen.
Ist das nicht nett???

70/121, 2000-04-06, 06:20, Hanne Soya

Oeh, *rotwerd*, ich dachte auch, das hieße so. Wie heißt es denn richtig?! Nicht «Huendchen»?! Wie enttaeuschend ...

70/121, 2000-04-06, 16:43, edda b

Ooohps! Sorry, Hanne, ich wollte dir jetzt nicht das echt hübsche Bild nehmen. (Mein Lebensabschnittsgefährte grinst mich gerade mit so einem gaaanz schrecklichen Siegerlächeln an.) Aber tatsächlich heißt es von Hölzchen auf Stöckchen, also verästelungsmäßig.

70/121, 2000-04-07, 16:49, El Vilo

«Übersee» ist ein kleiner Ort mit Bahnstation am Chiemsee, da holten wir manchmal wen ab, der uns am oberbayerischen Urlaubsort besuchen wollte. Als ich Bücher geschenkt bekam, neu oder von Nachbarn (die Fünfzigerjahre-Ausgabe von «Der gute Kamerad» oder «Das neue Universum») – wie hab ich da gestaunt: Im Hamburger Hafen werden Baumstämme aus Übersee verladen – erstaunlich genug, aber vorstellbar. Dass dort in Hamburg aber auch Schiffe ankommen! Beladen! Mit Kaffee aus Übersee!!!!! Das habe ich x-mal gelesen, um sicherzugehen, dass das wirklich da stand. Und auch dann habe ich keine Erwachsenen zwecks Verifizierung befragt, sondern ganz vorsichtig meinen großen Bruder (der mir eine ziemlich unverständliche Erklärung gab – das hätte nichts mit dem Übersee zu tun, das wir kennen, sondern mit einem anderen, das sei aber kein Ort mit Häusern).

70/121, 2000-04-11, 13:19, christoph droesser
Ich dachte als Kind immer, die große Stadt in Amerika hieße «Jull Jork».

70/121, 2000-04-11, 15:38, Kati
Ich habe früher immer gedacht der Torwart hieße Torbart.

70/121, 2000-04-11, 19:27, Harald Leinweber
Ich habe als sehr kleiner Mensch in den Nachrichten des Deutschen Fernsehens (als in dem Tagesschau-Jingle noch Antennen zu sehen waren) gehört, dass jemand durch «Schlagseile verletzt» (oder so) worden war. Seltsamerweise stellten diese «Schlagseile» ein häufiges Problem dar, da täglich über sie und ihre Folgen berichtet wurde.
Nach und nach wurde mir dann klar, dass es hier nicht um Leute ging, die gestürzt waren – manchmal zwar schon, aber nicht per se.
Ach, die Welt wurde ungefähr ab da immer komplizierter.
Und auch heute noch stellen manche Schlagzeilen Rätsel dar.

70/121, 2000-04-14, 10:47, BaerbelS
mir geht eine Melodie im Kopf herum und ich wusste noch nie, wer das singt noch wie das Lied heißt. Muss aber aus den 70ern kommen:
Die Sängerin:
«Grugabad, Grugabad – hoojeooe – Grugabad Grugabad ... hoho-jeoho-badebado maneehehe – ....» Hört sich aber irgendwie afrikanisch an und ich denke immer, die singt vom Essener Gruga-Bad.

70/121, 2000-04-15, 00:24, christoph droesser

Bärbel, beim Grugabad musste ich laut lachen. Du meinst natürlich «Pata pata» von Miriam Makeba. Ich schau mal ins Netz, ob ich den afrikanischen Text irgendwo finde ...

70/121, 2000-04-15, 22:58, BaerbelS

Hallo Christoph, ich hoffe, Du lachst mich nicht aus, aber komisch ist, wenn ich heute mal (ganz selten) das Lied höre, denke ich immer noch an: «Grugabad». Und Afrikanisch kann ich sowieso nicht. Aber wäre echt interessant, wie der Text nun wirklich geht.

70/121, 2000-04-16, 14:55, christoph droesser

Bärbel, von Auslachen kann keine Rede sein. Mein Afrikanisch ist auch sehr löchrig, und ich verstehe an der Stelle auch nur «gugasap», was ja nicht einmal einen Sinn ergibt.
Leider war meine Netzsuche bisher nicht von Erfolg gekrönt (der schöne lyrics.ch-Server ist ja schon im letzten Jahr von den Plattenbossen niedergemacht worden). Kann jemand helfen?

70/121, 2000-04-19, 19:31, pinkas

Mein Problem war, dass alle über «Schbaddschbenzer» redeten, und ich wußte nicht recht, wie man ihn ausspricht. Gemeint war natürlich Bud Spencer.

70/121, 2000-04-20, 01:49, Harald Leinweber

In viel zu jungen Jahren habe ich in einem deutschen Schundroman das schöne Wort «Bartender» gelesen. Das war also ein Mann, der mit oder in einem Bart endet. Was immer das bedeuten mag.
Es hat Jahre gedauert, bis ich irgendwann einmal erfuhr, dass dieser Mensch hinter der Theke steht. Und alles nur, weil dieser Schundroman-Autor («Kommissar X», glaube ich) ganz besonders schlau sein oder schei-

nen und nicht das übliche «Barkeeper» benutzen wollte – das kannte ich nämlich.

70/121, 2000-04-21, 02:55, Harry Haller

Zu den Mysterien meiner Kindheit gehörte die Frage, was Zwiebeln mit elektroakustischen Messungen (Dezibel) zu tun hatten.
Dagegen hatte ich keine Probleme damit, daß einige – vereinzelte – Menschen sagten, sie gingen in die «Kirsche» (Kirche). Ich hatte ja ein Baumhaus in einem Kirschbaum.
Tja, so war das damals.

70/121, 2000-04-26, 11:53, Firmian Maierhofer

Vielen, vielen Dank, liebe Leute, ich sitze mit vor Lachen tränenden Augen im Büro (die anderen werden sich fragen, was an unseren Eingangsrechnungen so lustig ist). In vielen Geschichten konnte ich eigene Missverständnisse wiedererkennen.
Zu den «katholischen Missverständnissen»: In einem rhythmischen Lied wird noch die vorkonziliare Version des Vaterunser «... der du bist im Himmel» benutzt. Ein Kind fragte, ob es nicht etwas leger sei, Gott provokativ zu fragen: «gell, du bist im Himmel?» (zur Erklärung: «gell» ist ein hessisches Füllwort und bedeutet so viel wie «stimmt's»)

70/121, 2000-04-27, 20:14, Tara1

Ziehung der Lottozahlen: «Die Ziehung erfolgt wie immer ohne GEWÄHR ...»
Ich habe mich immer gefragt, was die Lottozahlen mit einem GEWEHR zu tun haben.

70/121, 2000-04-28, 23:11, Rosmarin

Das «Gewehr» bei den Lottozahlen war für mich anfangs auch rätselhaft; in der kindlichen Logik erschien mir angesichts der Geldmengen, die mit einem Gewinn verbunden waren, die Anwesenheit einer Waffe allerdings plausibel.

An ein Wort aus Kinderbüchern kann ich mich erinnern, über das ich stets strauchelte, weil ich es für französisch hielt und dem ich seither auch nie mehr begegnet bin: «Lauffeuer»!

Alles Bonanza - Antwort auf Beitrag

Back Forward Home Search Reload File Hotlist Stop Print

URL: http://www.alles-bonanza.de/

Alles Bonanza

Forum: www.alles-bonanza.de
Ein Album der 70er

Name

Thema Spielzeug

Spielen & basteln

Vom Glaubenskrieg zwischen Action Team und Big Jim, von Barbie, Skipper und vom Nachlass der Großeltern, in dem sich die eigenen Kindheitsbasteleien wieder finden

70/20, 2000–02–11, 08:16, Helene
Kann sich noch jemand an Big Jim bzw. Big Jeff erinnern? Und ein Bonanza-Rad war mein größter Traum.

70/20, 2000–02–11, 20:47, gerbaulct
big jim war ja ganz nett, aber ich gehoerte zur «action team» fraktion. das waren die figuren der konkurrenzfirma. Ich denke,

das waren insgesamt gute spielsachen, man musste eine gewisse kreativitaet entwickeln, um sich damit lange genug zu beschaeftigen. ich habe mir im hobbykeller z. B. ein snowmobil fuer die figuren gebaut (jedenfalls mit fantasie als solches erkennbar), habe es an eine kuechenschnur gebunden und stundenlang im Winter ueber die felder gezogen. das erste elektronikspiel, an das ich mich erinnere, war so ein rundes ding mit 5 farbigen tasten, die man immer dem zufallsgenerator nachspielen musste (so eine art memory). bei falscheingabe hat's immer gebrummt. das ist wohl vom markt verschwunden?

70/020, 2000-02-22, 18:26, Bettina

big jim und big jeff (war jeff der blonde, braungebrannte?) «gingen» (gab es je ein beknackteres wort? *schäm, schäm*) natürlich mit skipper. UND: hey, erinnert sich hier NIEMAND an barbie, ken, tutti etc.? und die kämpfe mit mutter, weil so ein us-plastik-zeug nicht politisch korrekt sein konnte?

70/020, 2000-02-25, 10:38, Laila West

Tutti kenne ich! Sie hatte noch einen Bruder namens Todd. Das waren die kleinen Geschwister von Skipper, die ich im übrigen am besten von der ganzen Barbie-Familie fand. Meine Skipper war braun, mit ganz langen glatten blonden Haaren. Das fand ich super! Eine Barbie habe ich nie bekommen. Dafür aber die Francy. Eine dunkelhaarige Verwandte, die nicht so ausgeprägte Kurven besaß wie eben Barbie. Aber lieber eine dunkelhaarige Francy als eine Petra-Puppe. Damit war man weg vom Fenster. Das war mindestens so schlimm, wie einen Geha-Füller zu besitzen. Später habe ich mir dann vom Taschengeld eine Barbie gekauft. Weil ich fand, dass sie nicht so richtig gut aussieht, habe ich sie mit Filzstiften geschminkt. Leider hat sich die Farbe in das Plastik eingefressen und die arme Barbie sah aus, als sei sie zusammengeschlagen worden.

107

70/020, 2000-02-23, 15:15, Patty

Ich habe leidenschaftlich gerne mit Barbie & Co. gespielt, hatte sogar eine ganz besondere, die mit dem Wunderhaar: Mit einem winzigen Plastiklockenstab konnte man neue Frisuren kreieren, z. B. den Afro-Look. Leider war das Ergebnis nie so schön wie auf der Vorlage. Man konnte die Barbies auch mit in die Badewanne nehmen, vorausgesetzt, man hatte das aufblasbare Barbie-Segelboot.

70/020, 2000-02-24, 03:38, Hanne Soya

«Tutti» (Tussi?!) sagt mir nichts, aber es gab da ja noch die Skipper, die immer gleich aussah und nicht so beweglich war wie die Barbie. Ich liebte die knickbaren Knie der Barbie, die ich gern auch mal nach vorn ueber die Kniescheibe gebogen habe, haehae. Eine schwarze Barbie gab's auch: Sie war nach einer Krankenschwester aus einer amerikanischen TV-Serie, die ich ebenfalls gern gesehen habe, modelliert und kam konsequenterweise im Schwesterndress. Leider habe ich ihr gleich die Haare geschnitten, warum auch immer, denn die waren eh schon kurz. Und die Locken-Barbie, ja, die hatte Draht im Haar, damit man ihr Locken drehen konnte. Nach kurzer Zeit war meine allerdings hoffnungslos «verwirrt» und ueberhaupt nicht mehr frisierbar. Und in der Werbung sah das immer so kinderleicht aus … Ebenso wie die Tanz- oder Disco-Barbie: In der Werbung schien sie voellig losgeloest zu tanzen, aber in Wahrheit wurde sie mit einem Bein auf einer Scheibe verankert, an der so eine duenne Plastikroehre mit Hebelvorrichtung angebracht war. Wenn man am Hebel zog, bewegte sich die Barbie hin und her. Na toll. Und wenn man ihren einen Arm nach oben bog, drehte sich ihr Kopf zur Seite. Immerhin. Nur, leider, beides gleichzeitig ging so schlecht.

70/020, 2000-02-17, 22:09, calamity

Die 70er sind für mich meine Barbievorläufer: Eine Negerfamilie (weil man damals noch Neger sagen durfte) mit einem Vater, der eine riesengroße Discokrause hatte und einer Mutter mit langen geglätteten Haaren.

70/118, 2000-04-08, 15:08, edda b

Die Hobby- und Bastel-Kultur in den 70ern! Topflappen, Makramee, Granulat und Email – das war doch nur was für Anfänger.
Hat einmal einer von euch den Fernseher nach dem Kli-Kla-Klawitterbus weiterlaufen lassen? Und dann Bekanntschaft gemacht mit dem netten Onkel in der Werkstatt von «Zugeschaut + mitgebaut»? Da gab's dann Schüsseln (!) aus Granulat, lustige Tiere aus Pappis Kronkorken und, wow, eine Lichtorgel!
Alle drei Bücher zur Sendung hab ich zu Weihnachten bekommen!! Und Mami hat im Gegenzug, emanzipatorisch wie die Zeit nun einmal war, «Selbst ist der Mann» abonniert.

Unsere Einrichtung bestand eigentlich nur noch aus Laubsägearbeiten, Papier- und Kleister-Kunstwerken, Granulat-Lampen, Fingerfarben-Bildern, Mobilees, bunten Häkeldecken, bemalten und beklebten Weinflaschen, und gab es irgend etwas, was man nicht aus Fimo machen konnte?

70/020, 2000-02-24, 03:38, Hanne Soya

Mir sind noch ein paar Spielchen in Richtung Basteln und Zeichnen fuer unkreative Leute ohne Talent und Geduld (also: Leute wie mich!) eingefallen, die ich in den 70ern und z. T. fruehen 80ern gern gemacht habe: Spirograph, Malen nach Zahlen, Emaillieren, Tauchlack, Schmelzgranulat (ich habe Koffer voller Schablonen produziert) und «Shaker-Maker».
«Shaker-Maker» war damals so populaer, dass der Name des «Spiels» zumindest in das Vokabular unserer Klasse aufgenommen wurde, als Bezeichnung fuer einen schlechten Witzereißer. Wer das «Bastelset» nicht zu Hause hatte, kannte immerhin die Werbung. Man hatte dabei Gußformen (z. B. Disney-Figuren, es gab verschiedene Serien), in die man ein mit Wasser angeruehrtes rosa oder weißes Pulver einfuellte. Nach einer gewissen Zeit konnte man die zu einem Wackelpudding gefestigte Figur aus der Form loesen. Das war der eigentliche Spaß. Die Figur trocknete dann ein und wurde dabei erheblich kleiner und unattraktiver. In dieser Form, so war es vorgesehen, konnte man die Figur dann bemalen. Aber das Teil hielt sich nur kurze Zeit, bis es ganz wegbroeselte. Ein kurzes Vergnuegen also.

70/020, 2000-02-24, 16:42, Harald Leinweber

Von Schmelzgranulat habe ich auch profitiert; meine Freundin hat mir einen bunten Papagei gegossen, der jahrelang in meinem Fenster hing. Spirograph-Räder gab es eine Zeit lang in Tütchen am Kiosk wie Sammelbildchen zu kaufen. Einige ganz hübsche habe ich auch gemalt, dann war's gut.
Dass Shaker Maker purer Betrug war, beruhigt mich ja irgendwie. Bin ich ja noch mal davongekommen.

70/052, 2000-02-15, 18:53, Konstantin Opel
Auch mich durchzucken intensive Erinnerungen an ein Plastik-Granulat, das in hitzefeste Formen gefüllt und dann im Backofen gebrannt wurde – ein absolut zeittypisches Hobby-Produkt. Das Granulat gab es vorzugsweise in Penggrün, Mülltütenblau, Knallorange und allen Trendfarben von damals; gebrannt wurden hauptsächlich abstrakte Motive und Muster, die dann im Küchenfenster baumelten (gerne drei oder vier Elemente untereinander, mit Nylonband verbunden). Die elterliche Haustür ziert noch heute ein etwa 25jähriges Namensschild, das meine Mutter in dieser Technik brannte; knallorange, fast unvergilbt. Noch bohrender als die Farbtöne war allerdings der Geruch, der beim Brennen durch die Küche strömte

70/131, 2000-04-10, 13:10, Chefin
Muttertags ging ich stets morgens früh auf die Weide und pflückte einen riesengroßen Strauß Wiesenschaumkraut. Dabei holte ich mir natürlich eine klatschnasse Hose. Sie selber hatte auch ihrer Mutter jedes Jahr Wiesenschaumkraut geschenkt.

70/131, 2000-04-10, 16:56, redselig
O ja, oder eine Kombination aus Gänseblümchen und Löwenzahn. Wer musste außer mir Blumenvasen aus Marmeladengläsern herstellen, die mit dünnen bunten Tonwürstchen umwickelt wurden? Und wer bekam auch im Kindergarten zum Geburtstag diese aus Rama-Behältnissen gefertigten Puppenbettchen, die mit Vorhangstoffresten beklebt und mit einer winzigen Puppe mit Schlafaugen bestückt waren? Einmal mussten wir auch «Chinesenmützen» herstellen: Ein rundes Stück Papier wurde bemalt, dann an einer Stelle bis zum Mittelpunkt eingeschnitten und als flacher Kegel zusammengeklebt. Das ging ein wenig schief, weil wir in einem unbeaufsichtigten Moment alle anfingen, das bunte Papier schwarz zu überkritzeln, was sich dann nachher auf unseren Köpfen nicht sooo gut ausnahm …

70/25, 2000-02-11, 15:47, gerbaulet
weihnachten haben wir immer für unsere großeltern aus granulat im ofen so runde durchsichtige «objekte» gebrannt. die sollten dann ins wohnzimmerfenster gehängt werden. inzwischen sind die großeltern tot und wir haben das zeug mit dem erbe wieder zurückbekommen und bringens nicht übers herz, diese zeugnisse der eigenen kindheit wegzuwerfen.
O mann.

70/020, 2000-02-25, 10:52, Laila West
Und jetzt eine Frage bezüglich Spielzeug für unkreative Kinder: Es gab ein Ding, das aus einer Art gebogenem Arm bestand, den man mit einer kleinen Schraubzwinge am Tischrand befestigte. Oben an diesem Arm musste man eine DIN A 4 große Platte aufhängen, in der ein Blatt Papier lag. Dann gab es noch eine Querstange, in die ein Stift geklemmt wurde. Wenn man nun die Platte mit dem Papier anstieß, bewegte sie sich unter dem Stift hin und her, so dass ein Muster entstand. Sah irgendwie toll aus.

70/020, 2000-03-12, 23:03, Sabine
Ich habe das Teil mit dem Stift geliebt! Und meine Mutter war so nett und hängte -zig meiner «Kunstwerke» an die Wand. Noch besser (aber auch teurer) waren auf dem Kirmesplatz diese Trommeln, in die man Farbe schüttete, und dann kamen Bilder mit schrillen Mustern dabei heraus.

70/132, 2000-04-07, 16:38, Jo
Oder d-c-fix, die Klebefolie auf Rolle. Damit haben wir die von den Eltern abgetretenen Möbel in unserer Bude modisch aufgepeppt. Einfach draufkleben – Blasen zu vermeiden war allerdings schwierig und immer sahs irgendwie gebrezelt aus. Weiß war natürlich schon schwer im Kommen. Ich wüsste zu gerne, wie viele leere Dash-Trommeln mit d-c-fix Holzdekorfolie zu Aufbewahrungsbehälter für z. B. Legosteine mutierten. Die gab's echt in jedem Kinderzimmer (Stopp! Manchmal waren die Waschmittel-

Trommeln auch von Dixan. Und je näher ich drüber nachdenke: Sind diese Trommeln nicht auch ein typisches 70er-Jahre-Relikt?)

70/132, 2000-04-07, 17:38, le_reptile
aus den kleineren konnte man prima ritterhelme basteln, die noch dazu aprilfrisch rochen, wenn man sie auf dem kopf spazieren trug.

70/132, 2000-04-07, 18:29, Eyck
Ich habe d-c-fix in grauenvoller Erinnerung. Zuhause konnte ich's ja vermeiden, aber unsere Kunstlehrerin, vom Leben gebeutelt und deshalb zum Kotzbrocken mutiert, hat uns mit dem Zeug gequält, aus dem man doch ach so schöne Sachen machen könne. Zu ihrer Zeit habe es das nicht gegeben ... War kein Verlust, so war mir schon im zarten Alter von 10 oder 11 klar!

70/123, 2000-03-30, 12:55, Sina Tomas
Wer erinnert sich an Thomas Gottschalks TV-Sendung im Bayerischen Fernsehen? Sie hieß Tele-Spiele: Zwei Kandidaten mussten am Telefon gegeneinander antreten und irgendwelche Geräusche machen, mit denen sie ihre Tele-Tennisspiel-Curser steuerten. Der Gewinner durfte sich einen Videoclip aussuchen. Die nächste Sendung hieß dann, glaube ich, Szene 77, als Co-Moderator fungierte Anthony Powell. Das waren noch Zeiten ... *schwelg*

70/113, 2000-03-25, 23:27, heute
Erinnert sich denn keiner an die Tanzschule?! Jungen auf der einen Seite des Saals, Mädchen auf der anderen. Was war das aufregend!! Ich hab das Tanzen geliebt. Und drei Jahre lang jeden Kurs mitgemacht. In den Grundkursen gab es ungefähr doppelt so viele Mädchen wie Jungen. Deshalb hatte jeder Junge zwei Tanzpartnerinnen (eine dienstags und eine donnerstags) und durfte auch zwei Mal zum Mittel- und Abschlussball. Außerdem

waren die Jungen auch als sogenannte «Altschüler» in den Grundkursen gern gesehen (um auszuhelfen, vorzutanzen, einzuspringen). Wir Mädchen hatten es da schwerer, haben uns aber dennoch immer wieder als «Altschülerinnen» in die Grundkurse reingeschmuggelt. Und wenn der Tanzlehrer mal ganz und gar nicht gnädig war und uns nicht mittanzen ließ, haben wir zugeguckt und dabei gestrickt!
Zu meinem ersten Abschlussball, das war 1978, bekam ich dann übrigens auch mein erstes langes Abendkleid!

70/113, 2000-04-06, 01:35, Aurelia

Tanzschule, doch, schon. 77 oder 78. Am schlimmsten (außer Paso Doble, dem beknacktesten aller «klassischen» Tänze) fand ich, dass ALLE diesen Saturday Night Fever-Formationstanz machen mussten. DAS GRAUEN! Hab mich immer hinter 'ner Säule versteckt, konnte das einfach nicht mit meinem Musikgeschmack vereinbaren. (Heute, so mit genügend Abstand, ist es ja schon wieder witzig-verklärt!)
Samba wurde zu «Love is in the air» gelernt ...

70/113, 2000-04-07, 21:56, BaerbelS

Tanzschule? Der allerletzte Graus, erinnere mich nur ungern daran:
– ich war immer das Mauerblümchen schlechthin
– die Samstags-Disco's waren besonders peinlich für mich, auch da wollte keiner mit mir tanzen ...

70/113, 2000-04-08, 20:15, tjane

tanzstunde? – iiiehhh – jedenfalls part eins – zwar kein jungsmangel, aber da ich (mit immerhin 1,63) als kleinste frau den kleinsten jungen (gut 1,50) zugewiesen bekam. schon zum abschlussball hatte ich dann allerdings einen adaequat großen partner (so einen kopf mehr) mit dem ich dann auch den fortgeschrittenenkurs belegte und mit dem ich *erroet* nicht nur auf dem parkett die ersten schritte uebte.

Alles Bonanza - Antwort auf Beitrag

Back Forward Home Search Reload File Hotlist Stop Print

URL: http://www.alles-bonanza.de/

Alles Bonanza

Forum: www.alles-bonanza.de
Ein Album der 70er

Name

Thema Liebe, Geborgenheit

lieben & schwärmen

Von unseren ersten großen Lieben, von den unerreichbaren Stars und den Momenten der Geborgenheit bei den Großeltern

70/35, 2000-02-14, 14:36, Patty

Meine 1. große Liebe war Jürgen Marcus, zu meinem 8. Geburtstag schenkte mir meine Schwester meine 1. und einzige (ich schwöre!) J.M.-LP. Trotz beigelegtem Rückporto wurde mir ein Autogrammwunsch nie erfüllt! Bei der Ausstrahlung seiner Fernsehshow war ich dennoch fürchterlich aufgeregt, daß mein Fan-Brief verlesen werden könnte … In meinen Träumen war ich sogar mit ihm verheiratet, meine Freundinnen wählten sich Rex Gildo und Daniel Gerard («Butterfly», der mit dem Hut, auch völlig in der Versenkung verschwunden) als Gatten und man diskutierte hochengagiert seine Eheprobleme aus. Zum Glück aller Eltern und älterer Geschwister verknallten wir uns dann doch lieber in richtige Jungs, wir ließen uns «scheiden» von unseren Liebsten und auch der Musikgeschmack wurde ein anderer, wenn auch nicht wesentlich besserer. Es folgte die Zeit der BRAVO-Starschnitte, aber da mir das Bravo-Lesen elterlicherseits verboten wurde, besaß ich vom Leif-Garrett-Foto leider nur den Kopf.

70/124, 2000-03-30, 19:49, Tete

ich war in Becky (Diana Körner) aus «Morgens um sieben ist die Welt noch in Ordnung» verknallt.

mein vorbild hingegen war Ringo Starr. er war zwar der mit abstand unmusikalischste der Beatles (meine lieblingsband), aber weil ich schlagzeug spielte, war er es eben. nicht mein vorbild war, aber trotzdem klasse fand ich Batman, weil er viel verletzlicher war als Supi, nicht fliegen konnte und außerdem mit seinen dunklen klamotten viel mehr eindruck auf mich machte.

70/124, 2000-03-30, 21:57, BaerbelS

ich hatte je nach «Zeitpunkt» mehrere Schwarms:

- Bee Gees (der mit der Löwenmähne)
- John Denver (war mehr als ein Schwarm!)
- ein Junge aus der evangel. Jugendgruppe, aber der wollte mich nicht
- Björn von Abba, der war leider schon verh.
- Freddy von Queen, der war leider schwul
- Jerry Lewis, weil damals noch komisch
- ein Typ aus meiner Klasse, der aussah wie einer von den Scorpions
- Leif Garrett, aber nur für kurze Zeit
- mein Mathe-Lehrer, war so «niedlich»

70/124, 2000-03-31, 10:55, Teresa
auch ich habe Ringo Starr (diese Nase ...) und Björn Ulvaeus angebetet. Später kamen dann noch Jean-Paul Belmondo und Adriano Celentano hinzu, aber das war wohl schon Anfang der Achtziger.
Und könnt Ihr Euch noch an den Burschi erinnern, der in «Wir Kinder vom Bahnhof Zoo» den Detlef gespielt hat? Schmacht! Dessen BRAVO-Poster hing monatelang über meinem Bett.

70/124, 2000-03-31, 13:23, redselig
Morgens im Bus musste ich mir immer die Schwärmereien meiner Nebensitzerin anhören. Es ging abwechselnd um Karl-Heinz Rummenigge und um Little Joe aus «Bonanza».

70/124, 2000-04-01, 02:02, Harald Leinweber
Ich bin zwar mit dem lichten Detektiv-Batman der 70er groß geworden, aber am besten gefällt mir der Dunkle Ritter etwa so, wie Tim Burton ihn in dem ersten 80er-«Batman»-Film dargestellt hat.
Damals gefiel er mir aus den gleichen Gründen, die auch Tete skizziert hat: verwundbar, keine Superkräfte, nur athletisch, trainiert, schlau, Hilfsmittel – und die Bat-Höhle unter Wayne Manor.

70/124, 2000-04-03, 09:44, Konstantin Opel
Für jeden Elfjährigen des Jahres 1979 reichte ein heimlicher Schwarm hinten und vorne nicht, weil gerade die ersten Folgen von «Drei Engel für Charlie» angelaufen waren. Sowas! von! cool!
Später reduzierte sich alles wieder auf Normal-Niveau, aber das war schon in den frühen Achtzigern (Brooke Shields, «Die blaue Lagune», Sonntags-Vorstellung um 17.00 Uhr, «Capitol»-Lichtspiele, Limburgerhof, Landkreis Ludwigshafen).

70/124, 2000-04-05, 14:45, Judith

Ich muss etwa 12 gewesen sein, da habe ich Bernhard Wicki als «Büffel» in diesem Schinken «Die Zürcher Verlobung» gesehen und war hin und weg. Der hat mein Männerbild für die nächsten 2 Jahre geprägt. Jungs in meinem Alter hatten erst mal keine Schnitte.
Und dann war da noch Hanne Wieder, auch in einem deutschen Spielfilm. Titel? Keine Ahnung mehr. Jedenfalls spielte sie eine rollige Räuberbraut, die selbst als Gespenst nur eins im Kopf hatte. Ich glaube sie hat sogar Blausäure getrunken, um ihren üppigen aber leider unsichtbaren Körper wieder in Szene zu setzen.

70/124, 2000-04-06, 19:30, Harald Leinweber

Judith erwähnt «Die Zürcher Verlobung»; da kann ich nicht an mich halten – da kommt eines meiner Lieblings-Film-Zitate vor:
«Ich finde es nicht gut, wenn Regisseure in ihren eigenen Filmen spielen.»
Sagt (wer sonst) natürlich der Regisseur des Films.

70/124, 2000-04-08, 23:46, krissi

Ich fand den Bernard Wicki auch ganz toll. Dann irgendwann sah ich den Film «Wer die Nachtigall stört» und dann war Gregory Peck mein absolutes Männeridol, denn die gleichaltrigen Kerle im wirklichen Leben hatten dann noch nicht so viel zu bieten.

70/124, 2000-04-08, 12:24, edda b

Im 5. Schuljahr hab ich Travolta einen Liebesbrief im Matheunterricht geschrieben. Der Klassenclown hat ihn mir geklaut und in der Pause laut vorgelesen. Und jetzt geht's erst richtig los: Ich bin daraufhin aus Scham und Wut drei Wochen nicht mehr zur Schule gegangen, woraufhin mein Vater zur Mathelehrerin zitiert wurde und er die Chance nutzte, ihr ins Gesicht zu sagen, wie unglaublich hässlich sie ist, weswegen ich mich weitere sechs Wochen nicht zur Schule traute und meine Eltern mich wortlos

an einer anderen Schule anmeldeten. Auf dieser Schule habe ich dann recht schnell Travolta gegen Clash usw. ausgetauscht.
Aber jetzt kommt's: Auf der Berlinale '96 (also ca. 16 Jahre nach diesem einschneidenden Erlebnis) begegnete mir Travolta live auf der Pressekonferenz zu «Get Shorty» und keiner meiner Kollegen hat verstanden, warum ich die ganze Zeit einen unüberwindlichen Lachkrampf hatte. Hey, aber ich hab dafür ein leicht irritiertes (aber scientologisch salbungsvolles) Lächeln von IHM geerntet. Das war's wert!
Man kann nix sagen, aber Travolta hat mein Leben verändert. Ich wollte ihm das immer mal schreiben, aber ich befürchte, dann krieg ich nur so einen seltsamen Psychofragebogen als Antwort. (Ein Autogramm hab ich schon, das wollte ich mir nicht nehmen lassen.)

70/124, 2000-04-08, 19:50, tjane

also, ich war wohl zu realitaetsverbunden. jedenfalls war mein heimlicher (und auch offener) schwarm ein junge aus unserm orchester. ich war hin und weg, im zarten alter von zwoelf!
leider wurde nie mehr daraus, als eine lockere freundschaft. vielleicht hat mich auch diese erfahrung davor bewahrt, von noch ferneren helden (er stimmte meine geige, als mir mitten im konzert eine saite runterrutschte – das ist heldenhaft!:-) abstand zu halten
ich entsinne mich aber noch, dass eine freundin ein mehr oder minder lebensgroßes starschnitt-poster aus der bravo haengen hatte. cassidy, vorname leider entfallen, sean?? sehr blond und smart jedenfalls ;-)

70/124, 2000-04-09, 12:34, Harald Leinweber

Der da an der Wand hing, blond und smart, das dürfte David Cassidy gewesen sein – der spielte, wenn ich mich nicht irre, auch in der Partridge-Family mit.
Während sein Bruder Sean einen Hit namens «I am easy» hatte, wenn mich nicht alles täuscht.

70/124, 2000-04-12, 16:08, Jimmy Jazz
Jaaaa, der erste Schwarm! Ich erinnere mich noch genau. Sie hieß Sabine! Das Problem war, dass sie mich in keinster Weise wollte. O Mann, das waren harte Zeiten, und das schon im zarten Grundschulalter (68–72). Für irgendwelche Stars und Sternchen hatte ich nie so viel übrig, bis Rosi Mittermaier bei den Olympischen Spielen die Pisten erfolgreich runterbretterte. Ja, da war sie, der erste «Starschwarm». Ging dann aber auch schnell wieder weg, da ich erfuhr, dass sie mit dem dämlichen Christian Neureuther liiert war und ist.

70/098, 2000-03-26, 18:46, BaerbelS
Meine Mutter war wohl der größte deutsche, weibliche Fan von Elvis; ich erinnere mich noch sehr gut, wie sie geweint hat, als er 1977 starb. Ich konnte das damals allerdings noch nicht so verstehen. Für mich war es eher schlimmer, daß Charlie Chaplin gestorben ist. Wie konnte ein so lustiger Mensch sterben, darüber habe ich mehr gegrübelt.

70/133, 2000-04-07, 23:25, walter
Als ich so etwa 13 war, kursierte in unserer Klasse eine Adresse zur Vermittlung von Brieffreundschaften und zwar aus Turku in Finnland. Viele in meiner Klasse schrieben dahin, also ich auch. Klar war, es musste eine Franzoesin sein. Obwohl ich da noch gar kein Franzoesisch konnte.
Tatsaechlich hat mir eine Franzoesin in meinem Alter geschrieben, auf Deutsch, und drei Jahre spaeter haben wir uns auch kennengelernt. Ich hoffe instaendig, dass meine Briefe aus dieser Zeit nicht mehr existieren. Dann kam die Zeit des Schueleraustauschs, Klassenfahrt nach Frankreich, Sarcelles, Vorort von Paris. Unterbringung bei Familien. Die Tueren hatten Tuerknoepfe anstatt Klinken. Auch andere Dinge waren ganz verschieden. Die Toilette war nicht im Badezimmer. Dafuer gab's da sowas Toilettenaehnliches, was ich nie vorher gesehen hatte. Boeses Erwachen, als mir auf-

fiel, dass das Abflussloch so klein war. Aber gerade in Extremsituationen wachsen Menschen ueber sich hinaus.
Brieffreundschaft und Schueleraustausch waren menschlich sehr bereichernd und haben mir neue Dimensionen eroeffnet.

70/133, 2000-04-11, 23:32, heute

Ich glaub, diese Organisation, die Brieffreundschaften vermittelte, hieß IYS (International Youth Service).
Auch in unserer Klasse – als ich so zwischen 13 und 15 war – wurden eifrig Brieffreundschaften mit Hilfe von IYS geknüpft. Es gab schon fast eine Art Wettbewerb, wer die meisten Brieffreunde/innen hatte. Ich hatte Kontakte nach Mexiko, Sambia, Malaysia, England, Italien, Korea, Ghana, Ägypten ...
Zum Schüleraustausch bin ich zwei Mal in England gewesen, in Yorkshire. Das waren jedesmal drei wunderbare Wochen. Meine englische Freundin hat uns auch zwei Mal besucht. Wir haben uns prima verstanden. Ihre Familie war «lovely».
Und ich hab England lieben gelernt.

70/140, 2000-04-14, 09:21, redselig

Ich hatte noch Großeltern, die sonntags in Hut und Anzug in die Kirche gingen ...
Die anderen, väterlicherseits, hausten noch in einem mit blauen Schindeln verkleideten Haus, mit Ofenheizung und Plumpsklo, dessen Brille mit einem gehäkelten Überzug versehen war. An das Haus angebaut war eine «Scheuer» mit einem Heuboden; vielleicht habe ich es diesem Paradies zu verdanken, dass ich bis heute keine Allergien habe. Im Keller, den man über eine halsbrecherisch steile Treppe erreichte, waren die Hühner und Hasen untergebracht. Der Gockel hieß regelmäßig Menne (oder Männe?) und wurde geschlachtet, sobald er aggressiv wurde, was regelmäßig geschah. Wenn die Großeltern im Urlaub waren, durften wir diese Menagerie versorgen, also zweimal täglich mit Opas klapprigem Passat voller Mark-

stammkohl, den wir zuvor auf seinem gepachteten Grundstück geerntet hatten, durch die Gegend fegen und abends den Dressurakt mit den 17 Hühnern vollbringen, die alle auf der Stange sitzen mussten, bevor das Licht im Keller ausgeschaltet wurde. Schööön war das! Heute stehen dort mickrige Reihenhäuser …

70/140, 2000-04-14, 10:28, Bluejack

Au ja, au ja!! Meine Großmutter – die zwischen den Bahnlinien (->Urlaub) – wohnte höchstselbst in einem Holzschindelhaus. Folgende Begebenheit gehört allerdings noch in die Sechziger: Ich schreiend in Lederhose, der Gockel grölend hinter mir her, meine Großmutter hinter dem Gockel, den Hahn am Kragen packend usw. Damit war für ihn die Sache erledigt. Für mich auch. Von dem Braten wollte ich später nichts. *schüttel* Oma und Opa

70/140, 2000-04-14, 00:49, Frau Antje

O ja, die Großeltern … im Wechsel mit meinen beiden älteren Geschwistern durfte ich immer alleine die Weihnachtsferien bei ihnen verbringen. Mein Opa hat immer gespült und war sehr stolz auf seine Fortschrittlichkeit. Außerdem war er ein echter Opa mit Hut im weißen Opel. Und den Geruch von Zigarren mag ich heute noch, weil sie mich an ihn erinnern. Meine andere Oma (Oma Nenndorf) hat immer ganz feuchte Küsse zur Begrüßung gegeben. Sie nannte das Oma-Kuss und wir haben es gehasst … Ansonsten kam von ihr die allerleckerste Marmelade der Welt, und ich kenne keinen Menschen, dem die Pastoren-Zwiebel so gut gestanden hat wie ihr. Als sie mich später einmal bat, ihr die Haare zu schneiden, habe ich mich glatt geweigert!

70/140, 2000-04-15, 16:57, redselig

Ach ja, Marmelade … das heißt, bei meiner ländlichen Oma, die einen dicken Knoten hatte, war es Himbeersaft! Vielleicht verändert sich ja der

Geschmackssinn im Laufe der Jahre, aber ich kann mich nicht entsinnen, je wieder so einen leckeren Saft getrunken zu haben. Und der Opa, ein gelernter Bäcker, schenkte uns zu Ostern immer einen riesigen, auf dem Rücken zu tragenden Korb voller selbstgemachter Schokoladen- und Zuckerhasen, so dass wir wochenlang ausgewählte Klassenkameraden samt ihren Familien mitversorgen konnten. Und er buk in alten Blechbüchsen ein Bisquitgebäck, das zwar aussah wie ein Atompilz, aber himmlisch schmeckte …

70/140, 2000-04-15, 17:10, redselig

Ja, die Schlachterei … die Hühner und die Mennes waren immer schon so riesig und zäh, dass man sie zwei Tage lang kochen musste und dann doch nicht aß. Und für meine Mutter muss es ganz furchtbar gewesen sein, wenn die Hasen nackt und rot, aber noch mit behaarten Pfoten, die abgehackt werden mussten, in ihrer Küche lagen. Ich muss gestehen, dass sie mir gut geschmeckt haben, obwohl ich andererseits vor Trauer über den Tod meines eigenen Kaninchens einen Tag in der Grundschule versäumt habe.
Und richtig! Zigarren – das war nun wieder der andere, der städtische Großvater. Er brachte uns frühzeitig bei, wie man diesen Zigarrenabschneider bediente, den später mein Bruder geerbt hat, brach aber in lautes Wehgeschrei aus, wenn wir lieber mit seinem vornehmen Aschenbecher spielten. Der hatte nämlich in der Mitte einen Knopf, den man runterdrücken musste, damit die Asche auf einer Art Drehteller abserviert wurde. Bediente man den zu heftig oder zu schnell, war die Sauerei natürlich da. Überhaupt gehörte es zu unseren Hauptvergnügen, wenn wir bei den Großeltern waren, diese Schreckensschreie auszulösen. Z. B. hängten wir beim Weihnachtsbaumschmücken die großen Kugeln nach oben und die kleinen nach unten, ganz gegen jede Anweisung!
Ansonsten saß Opa entweder hinter seinem eichenen Schreibtisch und schrieb Leserbriefe, oder am Esstisch hinter einer riesigen Serviette, denn er war ein großer Esser. Lange Zeit hielt ich ihn für das Vorbild sowohl des

vielfressenden Bösewichts in meinem Hänsel-und-Gretel-Buch als auch des Kopfes, der zusammen mit dem Spruch «Kenner trinken Württemberger» viele Weinflaschen ziert. Übrigens hatte er noch Schmisse und einen gepflegten, extralangen Nagel am kleinen Finger, mit dem er auf den Tisch zu trommeln pflegte. Im «Zauberberg» kommt ein Junge mit so einem Fingernagel vor, leider wird er als «kapitaler Esel» geschildert.

Weißt du noch?

oder

Über das Vorbild für dieses Buch

Das Jahr 2000 war ein magisches Datum. Wie alt würde man dann sein, fragten wir uns? Gott, schrecklich: 25, 28 oder – noch schrecklicher – 30? Das Datum lag jenseits aller Vorstellungskraft, damals in den siebziger Jahren, als wir mit unseren kleinen Kinderfingern alle Mühe hatten, das ganze Ausmaß des Schreckens auszurechnen. Eine kleine Ewigkeit dauerte es, bis ich mir klar war: Im Jahr 2000 bin ich 30. 30, Wahnsinn.

Und dann ging alles sehr schnell. Grundschule, Gymnasium, erste Pickel, erste Liebe, endlich 20, endlich weg von zu Hause, Universität, mit Examen – vielleicht. Ein eigenes Leben, das auf jeden Fall. Spätestens am 30. Geburtstag ist es dann so weit, man kann die Sache drehen und wenden, wie man will: Du bist erwachsen, jedenfalls sehen die anderen das so. 30 Jahre! Das heißt zum ersten Mal: alt sein.

Eine Erkenntnis, die bei vielen Betroffenen nicht ohne Folgen geblieben ist. Die Kinder der siebziger Jahre sind im Begriff, ihre eigene Kindheit wiederzuentdecken. Und bei aller Nostalgie stellen sie Erstaunliches fest: Die siebziger Jahre bestanden nicht nur aus Koteletten, Schlagbundhosen und der eigenen Geburt. Vor allem aber sind die Kinder der siebziger Jahre eine ganz besondere Spezies.

«Wir waren so ziemlich die erste Generation, die mit flächendeckend beworbenen und flächendeckend verbreiteten Konsumgütern flächendeckend versorgt wurde. Und zwar mit so ziemlich den gleichen, so ziemlich im gesamten deutschen Sprachraum, mit so ziemlich keinen Unterschieden.» Das schreibt der Wiener Kabarettist Thomas Maurer im Nachwort eines Buches mit dem Titel «Wickie, Slime und Paiper», das im Herbst 1999 in Österreich erschienen ist.

«Weißt du noch?» So lautet die Frage aller Fragen. Wie war noch gleich die

Melodie des Faserschmeichlersongs? Wie hieß zum Beispiel diese unvergleichliche Eissorte im Langnese-Sortiment von 1976? Grünofant? Brauner Bär? Und wer waren die Mitglieder der Familie Barbapapa? Individuelle Erinnerungen, die sich spielerisch zusammensetzen lassen zum Bild eines Jahrzehnts. Am besten natürlich in größerer Runde, mit Freunden, aber auch mit Leuten, die man gar nicht näher kennt. Gemeinsamkeiten sind entbehrlich, bis auf eine: geboren in den Siebzigern.

«Weißt du noch?» Diese Frage ist es, die neuerdings genügt. Dann ist die Party gerettet. «Weißt du noch?» Das funktioniert immer. Nur ein vager Hinweis auf einen Songtitel, eine Fernsehserie, ein Spielzeug, ein Buch oder ein Kleidungsstück, und es passiert: «Das muss so mitten in den siebziger Jahren, vielleicht auch Anfang der Achtziger aufgekommen sein. Keine Ahnung, was das genau war», meint jemand. «Ach ja, richtig», ergänzt der Nächste, «wenn du das jetzt so sagst, ich erinnere mich wieder. Das muss zu jener Zeit gewesen sein, als ich die Zahnspange loswurde.»

Dies ist der Moment, in dem kollektives Wohlgefühl einsetzt. Augen beginnen zu glänzen, Stimmen rufen durcheinander und überschlagen sich. Ja, ich erinnere mich, an «Saturday Night Fever», die Duelle zwischen Chris Evert und Martina Navratilova, an «Raumschiff Enterprise», an mein blaues Bonanza-Fahrrad, den Bananensattel und die Gangschaltung in der Mitte.

«Keine dieser Erinnerungen ist wirklich von Bedeutung. Aber jeder teilt sie. Sie besiegeln eine Art heimliches Einverständnis», heißt es im Vorwort von «Wickie, Slime und Paiper». Und genau das schweißt die Kinder der siebziger Jahre heute auf besondere Weise zusammen.

Am Anfang war das Internet. Und das Internet war perfekt. Im November 1997 wurde ein Online-Forum zum Thema 30-Jährige eröffnet. Wenige Monate später waren dort bereits mehr als 5000 Beiträge zu lesen. Die Idee der Autoren: «Einzelne Erinnerungsfragmente, verteilt auf mehrere 30-jährige Gehirne, fügen sich immer wieder zu einem Ganzen zusammen.»

Die Erinnerungen der anderen wirken wie ein Motor, der auch bei mir längst verschüttetes Wissen wieder zum Vorschein bringt. Erinnerungen werden gerettet, bevor sie womöglich endgültig aus dem Gedächtnis verschwinden. Zum Beispiel der Geschmack von Jolly-Stiften damals in der Schulzeit, die mich zurückdenken lassen an den Hosenrock der Lehrerin und daran, wie toll uns damals ihre Föhnfrisur gefallen hat. Dieser Geruch, den die Panini-Abziehbilder verströmten, mehr als 20 Jahre ist das her. Diese Tauschgeschäfte mit den Fotos der Fußballhelden auf dem Schulhof und die Verzweiflung, nie alle Bilder zusammenzubekommen.

Nichts dominiert die kollektive Erinnung so sehr wie das Fernsehen, so wie es damals war. Den Sturz mit dem Fahrrad, den Kindergeburtstag und die Sommerferien erlebte jeder auf seine Weise an unterschiedlichen Orten. Eine Sendung wie «Wickie und die starken Männer» aber vereinte uns immer. «Die guten Ideen hat er seinem Papa immer ins Ohr geflüstert, damit der nicht so blöd dasteht», erinnert sich Harald online an jenen Wickie. «Und manche – vor allem die Mädchen – haben Wickie immer für ein Mädchen gehalten, wegen der langen Haare und dem Röckchen, das er trug», schreibt Silvia weiter.

Ich bekenne es offen: Kinder meiner Generation sind in der Lage, auf Kommando ein «Wir sind der Meinung, das ist Spitze!» zu brüllen, wenn von «Dalli, dalli» und Hans Rosenthal die Rede ist.

Denn es waren damals Fernsehzeiten, die sich heute kaum noch jemand vorstellen kann. Beginn der Sendungen: 16 Uhr und rigoros Schluss um 23 Uhr. Dazwischen, 17.10 Uhr, Zeit für Biene Maja, das Sandmännchen kam gegen 18 Uhr. Selige Zeiten für die öffentlich-rechtlichen Sendeanstalten.

Unvergesslich jener Abend, an dem ich zum ersten Mal bis zum Sendeschluss fernsehen durfte. Bestens geeignet, um damit am nächsten Tag in der Schule anzugeben. «Drei Engel für Charlie», «Die Zwei» oder «Die Straßen von San Francisco», das waren Themen, mit denen sich Pausengespräche lässig gestalten ließen.

Ein Gefühl, das auch Florian Illies, FAZ-Journalist, Jahrgang 1971, gut kennt: «Ich bin zwölf, und neben den grünen Augen von Sonja, sonntags im Kindergottesdienst, ist das Aufregendste am ganzen Wochenende die Eurovisionsmusik von ‹Wetten, daß …?› Es war damals selbstverständlich, dass man ‹Wetten, daß …?› mit Frank Elstner guckte, niemals wieder hatte man in späteren Jahren das Gefühl, zu einem bestimmten Zeitpunkt genau das Richtige zu tun.» Momentaufnamen aus Kinder- und Jugendtagen, nachzulesen in Illies' Buch Generation Golf, das Ende Februar 2000 erschienen ist. Jede Generation hat ihre Fernseherfahrung. Bilder, die man nicht vergisst. Unsere Eltern erwähnen dabei gern das Tor von Wembley, damals 1966. Und sie werden nicht müde, auf ihre politischen Ideale hinzuweisen, derentwegen sie damals auf die Straße gingen. Dem halten wir unsere Erinnerungen an einen anderen Alltag entgegen: Zu erwähnen ist die Ariel-Tante aus dem Werbefernsehen, Blendi auf der Kinderzahnbürste, Playmobilfiguren und Jeans mit weißen Streifen – nur wenig später.

Für die Pflege des «Erinnerungssports» plädierte auch Max Goldt in einer Kolumne für das Satiremagazin Titanic. Goldt, den Florian Illies einen «Ehrenpräsidenten unserer Generation» nennt, obwohl Jahrgang 1958, gibt den Jugendlichen von heute vor allem diesen Rat: «Merkt euch die Namen all der Liedchen … merkt euch die Herstellerfirmen eurer gesteinsbrockenartigen Schuhe. Büffelt Energielimonadennamen. Starrt vor dem Trinken minutenlang auf die Dose, und prägt sie euch ein. Wenn ihr das tut, werdet ihr in 15 Jahren gern gesehene Gäste retrospektiver Runden sein.»

Aber wer weiß schon, was in 15 Jahren sein wird? Viel spricht dafür, dass es dann mit dem Phänomen der kollektiven Kindheitserinnerungen schon wieder vorbei ist. Mehr als 40 Fernsehprogramme, H & M und C & A und Labels ohne Zahl, Nintendo und Playstation und 1000 andere Spiele für den Computer – wer wird sich dann noch an Details erinnern können? Geschweige denn, sie eins zu eins mit jemandem aus seiner Generation teilen können?

«Wir haben, obwohl kaum erwachsen, schon jetzt einen merkwürdigen Hang zur Retrospektive», sagt Florian Illies in seinem Buch, «und manche von uns schreiben schon mit 28 Jahren ein Buch über ihre eigene Kindheit, im eitlen Glauben, daran lasse sich die Geschichte einer ganzen Generation erzählen.»

Mia Eidlhuber

Bildnachweis

* Umschlag-Seite 1 (Cover)
– Hüpfball, auch «Space Hopper» genannt (Foto: Wolfgang Werzowa)
– Eissorte namens «Brauner Bär» (Foto: Langnese-Iglo GmbH)
– Bonanza-Fahrrad namens «PIRAT» der Firma Kettler (Foto: Heinz Kettler GmbH & Co)
– Hans Rosenthal bei seinem legendären Sprung («Das ist Spitze!!!») während seiner Sendung «Dalli Dalli»; (Foto: Ullstein Bilderdienst/s.e.t. Photoproductions)
– Barbapapa (Foto: Studio Albert und Schwendter)
– Popgruppe Abba (Fotorechte für Deutschland: Selection; Fotorechte für Österreich: Keystone Photo Agentur Wien)
* Umschlag-Seite 4
– Jeanskäfer von VW (Foto: Stiftung Auto-Museum Volkswagen)
– Glockenhose aus dem Quelle-Katalog (Foto: Quelle Katalog Herbst/Winter; 1976/77)
– Deep Purple in concert (Foto: Fotex)
– Badeeinrichtung aus dem Quelle-Katalog (Foto: Quelle Katalog Herbst/Winter; 1976/77)
Eine Ausgabe des Zack-Heftes (Verlagsgruppe Bastei-Lübbe)
* Textteil
1: Forummitglied Hans Miesner; 70er Jahre (Foto: privat)
2: Anzeige für Ariel mit der Hauptdarstellerin Klementine, die von 1968 bis 1984 Werbung für das Waschmittel machte. Die Darstellerin der K. heißt Johanna König und ihr Slogan lautete «Porentief rein!»; 70er Jahre (Foto: Procter & Gamble GmbH)
3: Die historische Fanta-Flasche mit dem typischen Riffel-Design und dem braun-orangen Glas. Nur dem Anruf von Fotoredakteurin Isabell Lott bei dem Getränkehersteller ist es zu verdanken, dass sich

heute ein Foto des historischen Stücks im Archiv von Coca-Cola befindet, da erst mit der Frage nach einem Foto das Fehlen der Flasche bemerkt und ein allerletztes Exemplar vom Schreibtisch einer C-C-Mitarbeiterin weg archiviert werden konnte; 70er Jahre (Foto: Coca-Cola Company)

4: Jugendbuch «Die rote Zora», das Motiv des Schutzumschlages stammt aus den 60er Jahren, wurde in den 70er Jahren aber auch noch verwendet (Foto: Verlag Sauerländer)

5: Sunkist Tetrapak; 70er Jahre (Foto: Mautner-Markhof AG)

6: Jugendliche im linken Jugendheim; 70er Jahre (Foto: Wolfgang Steche/Visum)

7: Demonstration in Essen gegen das Verbot der Abtreibung, den § 218; 1976 (Foto: Gerd Ludwig/Visum)

8: Forummitglied Patty; 1975 (Foto: privat)

9: Demonstration vor dem Kriminalgericht Berlin-Moabit. Unter starken Sicherheitsvorkehrungen begann der Prozeß gegen Ulrike Meinhof und H. J. Bäcker wegen gemeinschaftlich versuchten Mordes in Verbindung mit Gefangenenbefreiung (Andreas Baader) und unbefugtem Waffenbesitz, sowie gegen Horst Mahler, dem Beihilfe vorgeworfen wurde; 10. September 1974 (Foto: Konrad Giehr/dpa)

10: Jugendliche im Ruhrgebiet; 70er Jahre (Foto: Michael Wolf/Visum)

11: Jugendliche in der Freizeit; 70er Jahre (Foto: Gerd Ludwig/Visum)

12: Jugendliche mit Mofa; 70er Jahre (Foto: Gebhard Krewitt/Visum)

13: Forummitglied Sabine im Alter von zwei Jahren, kurz nachdem sie ihren geliebten Kaufladen mit Waschpulverpäckchen von Omo und Perwoll, Maggi-Fläschchen, Lux-Seifen, Dr.-Oetker-Backmischung (alles im Mini-Format) geschenkt bekommen hat; 1971 (Foto: privat)

14: Werbung für «Das große Esso Tieralbum – Könige im Tierreich», herausgegeben von Tierfilmer Heinz Sielmann; im selben Jahr erschien das Sielmann-Album «Babys der Wildnis. Tierkinder lernen das Leben», für das man ebenfalls die Hälfte der Bilder erst bei der Tankstelle sammeln mußte; dann hieß es einkleben bzw. mit anderen die Doubletten tauschen; 1971 (Esso AG)

15: Werbung für Matchbox-Autos; 1977 (Mattel GmbH)

16: Forummitglied Peter Wuttke an seinem ersten Schultag; 1971 (Foto: privat)

17: Erste Formen multimedialen Hightechspielzeugs im Kinderzimmer: das Elexikon von Ravensburger. Das Wissensspiel bestand aus einer Batterie, zwei Kabeln mit Kontakten, einem Glühbirnchen und einem Brett, auf dem links die Fragen und rechts die Antworten standen. Wenn man das richtige Paar erwischte, leuchtete ein Lämpchen. Jubel! Der zugehörige Spruch: «Lampe glimmt, Antwort stimmt!»; 70er Jahre (Foto: Ravensburger Spiele)

18: Cover der dramatisierten Fassung von Mark Twains «Tom Sawyer und Huckleberry Finn» (2. Folge) in der Bearbeitung und Regie von Claudius Brac; die Folge trägt den Untertitel: «Auf gefährlicher Entdeckungsfahrt» (der Untertitel der 1. Folge lautet: «Abenteuer und Erlebnisse zweier Jungen am Mississippi»). Und bei Gott, das waren sie, die Abenteuer – gefährlich und schauerlich, darin waren sich die Teilnehmer der Debatte einig. Dem Erzähler Hans Paetsch galt wiederholtes, höchst respektvolles Eingedenken; späte 60er Jahre (Europa Jugendserie)

19: ITT Schaub-Lorenz «SL 74 a radio cassettenrecorder», Privatbesitz, noch heute in Betrieb (Badezimmer); geschenkt bekommen 1973 (Foto: Anko Ankowitsch)

20: Cover einer Kimba-Schallplatte, zugesandt von Forummitglied Maria Kron; 70er Jahre (Foto: Maria Kron)

21: Werbung für das Fruchtbonbon Sugus; 70er Jahre (Kraft-Jacobs-Suchard)

22: Forummitglied Maria Kron (siehe auch die Kimba-Schallplatte); 70er Jahre (Foto: privat)

23: Forummitglied Katjes; 70er Jahre (Foto: privat)
24: Langnese-Eistafel; 1973 (Foto: Langnese-Iglo GmbH)
25, 26: Quelle Katalog Herbst/Winter; 1976/77
27, 28, 29: Quelle Katalog Herbst/Winter; 1976/77
30, 31: Quelle Katalog Herbst/Winter; 1976/77
32, 33: Quelle Katalog Herbst/Winter; 1976/77
34, 35: Futuristische Wohnlandschaft namens «Visiona». Joe Colombo und Verner Panton entwarfen sie im Auftrag der Bayer AG Leverkusen zwischen 1969 und 1971 (Fotos: Bayer AG)
36: Futuristische Wohnlandschaft namens «Visiona». Joe Colombo und Verner Panton entwarfen sie im Auftrag der Bayer AG Leverkusen zwischen 1969 und 1971 – aber das hatten wir ja eben! (Fotos: Bayer AG)
37: Hüpfball, auch «Space Hopper» genannt. Nach einer Viertelstunde spacehoppen war einem schlecht, was aber niemanden davon abhalten konnte, weiterzuhoppen; frühe 70er Jahre (Foto: Wolfgang Werzowa)
38: Werbung für «Slime», eine Substanz, die nicht mehr konnte als kalt, klamm und wabbelig sein. Das hatte freilich den wunderbaren Effekt, dass alle Eltern und Lehrer sich vor ihr gruselten. Nach kurzer Zeit jedoch nahm das Zeug Schmutz und Staub auf und verlor damit seine perfekte Wabbel-Konsistenz: Slime begann, sich auf gruselige, also auf stilgerechte Art und Weise, zu zersetzen. Menschen, die einen Langzeitversuch unternommen hatten, berichten davon, die Substanz sei nach Jahren in ihre ursprünglichen Bestandteile zerfallen. Welche das waren, ist nicht mehr erinnerlich (irgendwas Grün-Wässriges); 70er Jahre (Mattel GmbH)
39: Eine von mehreren konkurrierenden Autorennbahnen, die alle gleich funktionierten: zusammenstecken, im Kinderzimmer halsbrecherische Bahnen bauen und so lange basteln, bis das eigene Auto am schnellsten war. Im abgebildeten Falle handelt es sich um eine

«hot wheels»-Looping-Rennbahn «zum Rennpreis» von 14,90 Mark. Mehrfach erwähnt wurde in der Debatte die Faller-Rennbahn; und der Herausgeber meint sich jetzt, im Moment der letzten Korrekturarbeiten an den Bildnachweisen, an eine Rennbahn in Gelb zu erinnern (Matchbox?), die um eine orangerote Beschleunigungsstation ergänzt wurde – innen mit Schaugummi ausgeschlagen, mit einer Tachonadel und einem Geschwindigkeitshebel, der stets bis zum Anschlag durchgedrückt wurde; 70er Jahre (Mattel GmbH)

40: Das berühmte Bonanza-Fahrrad mit dem legendären Bananensattel und easy-rider-Lenker; hier ein Exemplar der Firma Kettler, das sein Rad eigenartigerweise «PIRAT» nannte. Bei der Recherche für dieses Buch machte Isabell Lott, die Fotoredakteurin, die Erfahrung, dass die Firmen kaum Fotos ihrer eigenen Produkte besitzen. So hat die Firma Kettler von ihrem Bonanza-Rad nur dieses eine Foto, das in einem Firmenprospekt abgedruckt wurde. Was bei der vorliegenden Aufnahme ein wenig irritiert, ist das Fehlen der hohen Rückenlehne, an die für gewöhnlich ein Fuchsschwanz montiert wurde, was jedem in bester Erinnerung ist, der ein solches Gefährt besaß. Von den Langnese-Eisstielen aus Holz ganz zu schweigen, die viele so an den Fahrradrahmen montierten, dass sie an den Speichen klapperten (Mofa-Imitation); 1970 (Foto: Heinz Kettler GmbH)

41: Langnese-Eistafel; 1978 (Foto: Langnese-Iglo GmbH)

42: Die LP namens «Never Mind the Bollocks» von den «Sex Pistols», mehrfach als Gegengift gegen «Deep Purple» bezeichnet, die rettungslos antiquierten Gitarrenheinis. Ansichtssache, und zwar was für eine; 1977 (Virgin Records LTD)

43: Ilja Richter, Moderator der Musiksendung «Disco», im Vordergrund Gaststar Adamo an der akustischen Gitarre. Ilja Richter begrüßte seine Gäste stets mit dem verkorksten Satz «Einen wunderschönen guten Abend, meine Damen und Herren. Hallo Freunde!»; alle Stars (z. B. Abba, Smokie und Blondie) sangen mit Vollplayback: «Licht aus, Spot an!»; 133 Folgen, ZDF, ausgestrahlt jeden zweiten Samstagabend; 1971–1982 (Foto: Cinetext)

44: Forummitglied redselig mit der Sesamstraßen-Puppe Bert; 70er Jahre (Foto: privat)

45: Szene aus der Rappelkiste mit Ratz und Rübe (Foto: Cinetext)

46: Forummitglied Teresa auf einer der wichtigsten Requisiten der 70er, einer Hollywood-Schaukel; 70er Jahre (Foto: privat)

47: Szene aus dem «Schulmädchen-Report, 3.Teil – Was Eltern nicht ahnen», in dem es diverse exemplarische Fälle von Verführungen und von sexueller Freizügigkeit zu sehen gibt. Dieser 13-Teiler war die kommerziell erfolgreichste Kinoserie der 70er Jahre und auch deshalb interessant, da in ihr eine Reihe von Schauspielern auftraten, die später mit familientauglicheren Fernsehproduktionen bekannt wurden (z. B. Friedrich von Thun, Jutta Speidel, Lisa Fritz, Sascha Hehn); BRD 1971 (Foto: Cinetext)

48: Bonanza, die erste farbige TV-Western-Serie, mit Ben Cartwright (Lorne Greene) und seinen Söhnen Hoss (Dan Blocker) und Joe (Michael Landon); nicht im Bild sind der dritte Sohn Adam (Pernell Roberts, 1959–1965) sowie Hop Sing (Victor Sen Yung). Die ARD zeigte zu Beginn der 60er Jahre 13 Folgen; weitere Folgen kaufte der Sender nicht ein, da die Serie als «zu brutal» angesehen wurde; da die Serie so beliebt war, wiederholte das Erste die meisten Folgen; neue Folgen kaufte dann das ZDF, das sie von 1967 an ausstrahlte; USA 1959–1973 (Foto: Cinetext)

49: Szene aus der TV-Serie «Immer, wenn er Pillen nahm» (Originaltitel «Mr. Terrific») mit dem mickrigen Tankwart Stanley Beamish (Stephen Strimpell). Er war der einzige, bei dem eine von amerikanischen Wissenschaftlern entwickelte Superpille wirkte. Im Titelsong heißt es deshalb auch über die Pille: «Mit vielen Computern, mächtig und klug, / suchte man einen, der sie vertrug. / Sie brauchten tagelang, bis man ihn endlich fand: / Tankwart Stanley Beamish war der einzige im

Land! / Stanley, ein zarter und schwacher Gnom, / die Pille machte ihn zum Phantom! / Er konnte wie ein Adler fliegen / und jeden Bösewicht besiegen! / Denn seine große Stunde kam / immer, wenn er Pillen nahm!»; USA 1967, lief im ZDF ab Januar 1970 (Foto: Cinetext)

50: Szene aus der spannenden TV-Show «Wünsch dir was» (versenkte Autos!), die von Vivi Bach und Dietmar Schönherr moderiert wurde. Die Szene zeigt die 17jährige Kandidatin Leonie Stöhr mit einer durchsichtigen Bluse (sog. Transparentlook). Ihr Auftritt hatte einen Skandal zur Folge (bloße Brüste! im Öffentlich-Rechtlichen!). Das Publikum forderte die sofortige Absetzung der freizügigen Sendung; 1971; die letzte Folge lief am 2. Dezember 1972 (Foto: Cinetext)

51: Der amerikanische Sonnyboy Percy Stuart (Claus Wilcke); er will Mitglied in dem exklusiven «Club der 13» werden und muß dafür dreizehn Prüfungen bestehen; im ZDF 1969–1972 (Foto: Cinetext)

52: The Time Tunnel, TV-Serie um einen Zeittunnel in einer unterirdischen Anlage in der Wüste von Arizona. Durch ihn können die Menschen in der Zeit reisen. Das Foto zeigt v.l.n.r. Dr. Tony Newman (James Darren), Dr. Ann MacGregor (Lee Meriwether) und Dr. Douglas Phillips (Robert Colbert); USA 1966–1967 (Foto: Cinetext)

53: Plumpaquatsch und Susanne Beck. Um die Partnerin des Wassermannes gab es im Alles-Bonanza-Forum eine Debatte; ihre Teilnehmer konnten sich nicht entscheiden, ob nun Hanni Vanheiden oder Susanne Uhlen Partnerin des Wassermanns gewesen war. Dass in dem Credit nun «Susanne Beck» aufgeführt wird, geht auf die Auskunft des Plumpaquatsch-Spielers und -sprechers Wolfgang Buresch zurück, der es ja wissen muss; frühe 70er Jahre (Foto: NDR)

54: Ein Exemplar des eine ganze Generation prägenden «Yps»-Heftes; am heftigsten beschäftigt hat die meisten das Pulver, aus dem man winzige Urzeitkrebse züchten konnte. Yps hat im deutschen Sprachschatz den Begriff «Gimmick» fest verankert; 1979 (Egmont-Ehapa Verlag)

55: Langnese-Eistafel mit dem Jahres-Motto «Zarter Schmelz»; 1970 (Foto: Langnese-Iglo GmbH)

56: Langnese-Eistafel mit dem psychedelischen Jahres-Motto «… schwarz lockt Malagena»; 1975 (Foto: Langnese-Iglo GmbH)

57: Aufnahme der Langnese-Eissorte «Happen»; im Angebot seit 1961 (Foto: Langnese-Iglo GmbH)

58: Langnese-Eistafel; 1979 (Foto: Langnese-Iglo GmbH)

59: Aufnahme der Langnese-Eissorte «Nogger», zu der man sich den Spruch «Nogger dir einen» denken sollte; 70er Jahre (Foto: Langnese-Iglo GmbH)

60: Detailgenaue, ansonsten aber ohne dramatische Qualitäten bleibende Großaufnahme des Karamelzopfs, der unter zwei Namen der Menschheit im Gedächtnis bleiben wird: «Leckerschmecker» und «Die drei Musketiere» bzw. «Die drei Musketiers» (Foto: Mars GmbH)

61: Werbung für Bazooka Kaugummi mit dem interessanten Werbeslogan: «Blas' den Großen». Beigelegt waren den Kaugummis kleine Zettelchen, auf denen sich Comics mit der Figur «Bazooka-Joe» fanden; die Abenteuer waren eher unlustig. Lustiger war hingegen, daß man mit diesen Mini-Comics verschiedene T-Shirts bzw. andere Gimmicks von Bazooka bestellen konnte; dafür mußte man freilich erst einen Haufen solcher Mini-Comics gesammelt, also Bazookas gekauft haben (sog. Bonuspunktesystem); 70er Jahre (Foto: Storck Service GmbH)

62, 63: Verpackungen der Bonbonsorten «Bonitos» und «Treets», um die sich in den Debatten diverse Mutmaßungen rankten; 70er Jahre (Fotos: Mars GmbH)

64: Bild aus der berühmtem Afri-Cola-Werbekampagne, kreiert von der

Werbeberatung Charles Wilp aus Düsseldorf; 1968 (Mineralbrunnen AG)

65: Bildersequenz aus der berühmtem Afri-Cola-Werbekampagne, kreiert von der Werbeberatung Charles Wilp aus Düsseldorf. «Charles Wilps Afri-Cola-Kampagne muß wohl als der Einschnitt gelten, wo sich die deutsche Werbung erstmals der neuen Jugendkultur zuwandte, zumindest vom Fotografisch-Visuellen her, die Message war Drogenrausch, turn on, tune in, drop out», schreibt Michael Schirner in w&v, Ausgabe 14/88; 1968 (Mineralbrunnen AG)

66: Slade, 1974 (Foto: Cinetext)

67: Suzie Quatro (Foto: Cinetext)

68: Forummitglied Steiny und sein «absolut authentisches Fotodokument von 1977» (Foto: privat)

69: Forummitglied Bluejack mit Vater, Bruder und einem nicht näher identifizierten Bauwerk in Miniaturausgabe; 70er Jahre (Foto: privat)

70: Das Bundesverfassungsgericht in Karlsruhe erklärte am 25. Februar 1975 die Fristenregelung für verfassungswidrig, die den legalen Schwangerschaftsabbruch innerhalb der ersten 3 Monate ermöglichen und die im Zuge des § 218 eingeführt werden sollte. Einen Tag vor der Urteilsverkündung kettete sich eine Gruppe von zehn Frauen an den Zaun des Bundesverwaltungsgerichts in Berlin, um gegen den § 218 zu demonstrieren, da sie die Fristenlösung grundsätzlich ablehnten (Foto: dpa)

71: Einer der «Faserschmeichler», die laut Werbung in dem Weichspüler «Silan» saßen und für den zufriedenstellenden Weichheitsfaktor frischer Wäsche zuständig waren (siehe auch «Perwoll-Flauschweich-Spüler»); 70er Jahre (Foto: Henkel Austria)

72: Zeitschriften-Werbung für eine Segnung aus dem Hause Tesa, dramaturgisch umgesetzt als Abenteuer von Kati und ihrem Vati, die diverse Ecken des Heims optimierten. In diesem Fall peppten sie das

Badezimmer mit einem «tesaband» auf; 70er Jahre (Foto: Beiersdorf AG)

73: Werbung für den Haushaltsreiniger «Der General» mit der Hauptdarstellerin Frau Martin, die sich unter dem Einfluß des Putzmittels in die «Generals-Frau» verwandelte (mit Schulterklappen und Paradeschritt). Der Spot lief bis Ende der 70er Jahre; 1974 (Henkel KGaA Werksarchiv)

74: Die Kinderzahnpasta «Blendi», die so gut schmeckte, dass wir sie lieber aßen, als mit ihr zu putzen; 70er Jahre (Foto: Procter & Gamble GmbH)

75: Forummitglied Lilofee an ihrem ersten Schultag; 1975 (Foto: privat)

76, 77: Led Zeppelin (1973) und Deep Purple (1974) in concert, zwei Bands aus den zentralen 70er Jahren, jederzeit für Grundsatzdebatten geeignet: Waren sie die Größten, Allergrößten? Oder ein paar alte Säcke, verglichen mit den Punkbands der späteren 70er Jahre? Tja. Hmm. Was soll man sagen? «Child in time!» Auf dem Led-Zeppelin-Foto sind Robert Plant und Jimmy Page zu sehen, auf dem Deep-Purple-Foto Roger Glover, Ian Gilan, Steve Morse, Ritchie Blackmore (Gitarre) und Ian Paice (Schlagzeug); (Fotos: Fotex)

78: Die Düsseldorfer Band, deren erste LP hier abgebildet ist, hieß anfangs «Organisation» und benannte sich dann bald in «Kraftwerk» um. Genauso hieß die LP Nummer 1, die noch ein wenig nach Pink Floyd klang, ganz im Gegensatz zu den strengeren Alben von später; 1970 (Philips)

79: Rex Gildo in einer nicht mehr rekonstruierbaren deutschen TV-Show. Um so besser zu erkennen sind die typischen 70er-Schalensitze (rechts hinten) und das typische 70er-Outfit (dieser Hemdkragen!); 1973 (Foto: Cinetext)

80: Rudi Carrell in seiner Show «Am laufenden Band»; 1975 (Foto: Cinetext)

81: Szene aus dem «Schulmädchen-Report, 3.Teil – Was Eltern nicht ahnen»; BRD 1971 (Foto: Cinetext)

82: Junge Frauen im Minirock während einer Demonstration in Dortmund, die sich gegen den Versuch der Modeindustrie und einiger Moralisten wandte, die Minimode durch die Maximode zu ersetzen; 31. Juli 1970 (Foto: dpa)

83: Soweit erinnerlich, war die Ölkrise aus Kinderperspektive sehr lustig, da plötzlich der Verkehr zusammenbrach und die Erwachsenen auf den Autobahnen spazierengingen, auf denen sie normalerweise wie verrückt dahinrasten (Kotzgefahr!). Nur dumm, daß sich an den friedlichen Nachmittag des autofreien Sonntags heute keiner mehr erinnert; 1973 (Foto: dpa)

84: VW Scirocco; 70er Jahre (Foto: Stiftung AutoMuseum Volkswagen)

85: Opel Manta; 70er Jahre (Foto: Adam Opel AG)

86: Werbung für das «Automatic-Mofa 442» von Zündapp; 70er Jahre (Zündapp)

87: Werbung für zwei Auto-Quartette von ASS; 70er Jahre (ASS)

88: Käfer von VW. «Jeans zum Fahren» hieß es in der Werbung; 1973 (Foto: Stiftung Auto-Museum Volkswagen)

89: Ford 2300 GT; 1969–72 (Foto: Ford Werke AG)

90: Titelbild eines Fix-und-Foxi-Heftes von Rolf Kauka (mit sächsischem Genetiv-s versehen); 27. Jahrgang, Band 38/1979 (Egmont-Ehapa Verlag)

91: Titelbild des Comics «Die Wächter» von Alan Moore und Dave Gibbons; o. J.

92: Schutzumschlag des Kinderbuchs «5 Freunde auf dem Leuchtturm» von Enid Blyton. Umschlag nach dem gleichnamigen Buch von Wolfgang Hennecke, erschienen im C. Bertelsmann Jugendbuch Verlag, München

93: Poesiealbum von Fotoredakteurin Isabel Lott; 70er Jahre (Foto: privat)

94: Forummitglied Milliways über dieses Foto: «Es muss in meinem ersten Schuljahr oder im Kindergarten 1973 entstanden sein. Ich bin der debil Grinsende mit den weissblonden Haaren in der hinteren Reihe (4 v.l.). Die Klamotten sind ja auch nochmal ein Thema für sich. Ich habe bisher keinen neueren Film gesehen, der in den Siebzigern spielt, bei dem sich die Ausstatter getraut hätten, die Kleidung wirklich originalgetreu zu rekonstruieren. Das wäre dann doch zu hart!»; 1973 (Foto: privat)

95: Werbung für das Spülmittel Pril, auf dessen Flasche die mittlerweile legendären «Pril-Blumen» klebten. Wenn man sie von der Flasche abmachte und überall hinklebte, hatte jede Mutter ihre Freude damit; 1972 (Henkel KGaA Werksarchiv)

96: Werbung für den neuen «Perwoll-Flauschweich-Spüler». Um die Packung sind ein paar hippieartige langhaarige Flauschmonster drapiert, die die Fähigkeit des Weichspülers demonstrieren sollen (vgl. auch die «Faserschmeichler»); 70er Jahre (Foto: Henkel KGaA Werksarchiv)

97: Werbung für das Deo-Spray von Fa (Slogan: «Mit der wilden Frische der Limonen»). Insofern eine untypische Fa-Werbung, da die Frau nicht barbusig ist (Fa zeigte das zum ersten Mal im deutschen Fernsehen. Nackte Frauen! Liberalität! Revolution, sexuelle!); 1969 (Foto: Henkel KGaA Werksarchiv)

98: Die Bekämpfung von Fehlern war in den 70ern martialischen Gesellen wie «Tintenkillern» und «Super-Sheriffs» vorbehalten. Hier eine Werbung der Firma Geha für ihren Korrekturstift, dessen eines Ende die Tinte löschte, dessen anderes Ende zum Überschreiben der korrigierten Stelle gedacht war. Interessant in dem Zusammenhang, daß Schüler in den 70ern beinahe ausschließlich mit Tinte schrieben, mit Kugelschreiber hingegen nur Erwachsene. Auch mal was zum Forschen; 70er Jahre (Foto: Geha)

99: Kati und ihr Vati von Tesa, diesmal in den Schutz der Fensterscheibe vertieft, und zwar mit Hilfe des guten Kreppbandes – erst mal angebracht, konnte man unbesorgt den Rahmen pinseln; 70er Jahre (Foto: Beiersdorf AG)

100: Titelbild eines «Zack»-Comics; 1974 (Verlagsgruppe Bastei-Lübbe)

101: Titelbild eines «Buffalo Bill»-Comics; 1977 (Verlagsgruppe Bastei-Lübbe)

102: Cover des Bessy-Heftes «Im Jagdrevier der Wilderer», Ausgabe 732. Erfunden wurde der Comic-Collie Anfang der 50er Jahre von dem flämischen Zeichner Willy Vandersteen als Antwort auf Lassie. Das Herrchen von Bessy ist Andy, Sohn von Mutter und Vater Cayoon. Regelmäßig erschien das Heft in Deutschland von 1965 bis 1985; 70er Jahre (Verlagsgruppe Bastei-Lübbe)

103: Titelbild eines «Die fantastischen 4»-Comics; 1976 (Marvel Comic)

104: Poesiealbum von Fotoredakteurin Isabell Lott; 70er Jahre (Foto: privat)

105: «5 Freunde und der Zauberer Wu», Schutzumschlag nach dem gleichnamigen Buch von Wolfgang Hennecke erschienen im C. Bertelsmann Jugendbuch Verlag, München

106: «Hanni und Nanni» (Egmont Schneider-Verlag)

107: Werbung für «Die Abenteuerfigur für Jungen» namens «Big Jim» samt einer kompletten Camper-Ausrüstung; 70er Jahre (Mattel GmbH)

Stichwörter einer Generation

B

C

D

E

G

H

I

J

K

L

M

N

O

R

S

T

U

V

Y

Z

Autorenlisten

Alphabetische Ordnung

007
Alexander
Alexander Virchow
almigurt
ameise
Andrea
angelika
Anja Schroeder
anko
Antje
astrid
Astrid Barrera
Aurelia
Axel
BaerbelS
bago
Barbara
Baum
Bengt
berlich
Bettina
bille
blablamatic
Bluejack
blume2000
calamity
Chefin
Christine
christoph
Christoph BM
christoph droesser
Chrisy
claudia floether
claudius
Daisy
daniels
Didi
DiWa
djchris
Dreas
edda b
El Vilo
elsbeth
Emilia
enomi
Eulalia Clementine
evita
Eyck
f r a n k
fabchief
Firmian Maierhofer
florei
fnagel
Franka
frankthelen
Frau Antje
frida
Fritz
frollein
Gala
gerbaulet
Gisela
goom
Hanne Soya
Hans Haupt
Hans Miesner
Harald Leinweber
Harriet
Harry Haller
hash
Helene
Henneberger Melanie
Hermann J
heute
hitchhiker
Ines Kloss
Innozenz III
iota
JE
Jeanny
Jens Albers
Jimmy Jazz
Jo
Jochen Christe
JochenV
Joerg Puffaldt
jos fritz
Judith
justus
kannsein
Karl Arsch
kassandra
Kathrin
Kati

Katja
Katjes
Klaudia Kisters
Konstantin Opel
Korkenzia
krissi
Laila West
le_reptile
Lilofee
Luca
Marc Lorenz
Maria Kron
martina
Migu
Milliways
mimimi
mr41
Niklas
Ninamaria
Oda
oli
oma_lacht
Opa Piepenbrink
Pallas
parvin sadigh
patgie
Patty
Peter Wuttke
Phaidros
pinkas
Pitjantjatjara
prilblume
Raphael der Himmlische
redselig
Roger Bithacker
Rosmarin
Ruthie
Sabine
Sam
Silvia
Sina Tomas
Skippy
sonni
Spangie
stefan65
steiny
stups
sydow
Tara
Tara1
Teresa
Tete
thing
Thomas Krause
ThomasM
Throatwobbler
tjane
TZ
ulub
uweS
walter
Weisse Riesin
wild
wilfried
Wolf J
wolfgang
Wolfgang Alt
Yoggi

nach Anzahl der Beiträge

* 83 Beiträge
Harald Leinweber

* 68 Beiträge
redselig

* 59 Beiträge
Hanne Soya

* 39 Beiträge
Laila West

* 33 Beiträge
Firmian Maierhofer

* 31 Beiträge
Konstantin Opel

* 19 Beiträge
anko
Bluejack

* 18 Beiträge
Tete

* 16 Beiträge
Chefin
Phaidros
Teresa

* 15 Beiträge
le_reptile

* 14 Beiträge
BaerbelS
Klaudia Kisters
Peter Wuttke

* 13 Beiträge
Patty
walter

* 12 Beiträge
Anja Schroeder

* 11 Beiträge
gerbaulet

* 10 Beiträge
Dreas
krissi

* 9 Beiträge
edda b
heute
Pallas

* 8 Beiträge
Milliways

* 7 Beiträge
Antje
Christine
Emilia
Jimmy Jazz
mr41
Sina Tomas

* 6 Beiträge
enomi
f r a n k
Joerg Puffaldt
patgie
pinkas

* 5 Beiträge
Aurelia
christoph droesser
Didi
Franka
Hermann J
Kathrin
oma_lacht
Sabine
sonni
Spangie
tjane
Yoggi

* 4 Beiträge
calamity
Eyck
frida
Innozenz III
Niklas
Raphael der Himmlische
Skippy

* 3 Beiträge
Bengt
Daisy
elsbeth
evita
Frau Antje
Gala
iota
Jo
justus
Karl Arsch
Maria Kron
Migu
oli
Silvia
steiny
Weisse Riesin

* 2 Beiträge
Alexander
ameise
angelika
Bettina
blume2000
Christoph BM
frankthelen
Fritz
Hans Miesner
hash
Helene
hitchhiker
Kati
Katjes
Lilofee
Marc Lorenz
parvin sadigh
Pitjantjatjara
prilblume
stups
wolfgang

* 1 Beitrag
007
Alexander Virchow
almigurt
Andrea
astrid
Astrid Barrera
Axel
bago
Barbara
Baum
berlich
bille
blablamatic
christoph
Chrisy
claudia floether
claudius
daniels
DiWa
djchris
El Vilo
Eulalia Clementine
fabchief
florei
fnagel
frollein
Gisela
goom
Hans Haupt
Harriet
Harry Haller
Henneberger Melanie
Ines Kloss
JE
Jeanny
Jens Albers
Jochen Christe
JochenV
jos fritz
Judith
kannsein
kassandra
Katja
Korkenzia
Luca
martina
mimimi
Ninamaria
Oda
Opa Piepenbrink
Roger Bithacker
Rosmarin
Ruthie
Sam
stefan65
sydow
Tara
Tara1
thing
Thomas Krause
ThomasM
Throatwobbler
TZ
ulub
uweS
wild
wilfried
Wolf J
Wolfgang Alt

Gisela Krahl

Das Schlampenkochbuch *Für gewitzte Anfänger, eilige Gourmets und alle, die mit links etwas zaubern möchten*
(rororo sachbuch 60898 und als gebundene Ausgabe bei Wunderlich)
Sie würden manchmal gern kochen – aber spontan, flink und so originell, dass jedes Fertiggericht sich beschämt versteckt? Dieses Kochbuch verrät Ihnen Rezepte und Tips, mit denen Sie den anspruchvollsten Überraschungsgast erstaunen, hungrige Freunde beglücken oder die ganz große Party werfen können. Chaotensicher beschrieben werden hier Grundrezepte mit jeweils mehreren Variationen, jedoch mit verblüffend anderem Gaumenkitzel, die großen Eindruck machen – und ruckzuck auf den Tisch zu bringen sind.

Schlampenküche für verspielte Mütter
192 Seiten. Gebunden bei Wunderlich
Auch Schlampen haben Kinder, und was macht die Chaotin mit Stil, wenn ihr Nachwuchs sich hungrig um den Tisch schart? Wie zaubert man mit viel Phantasie und wenig Aufwand Überraschungen auf den Teller? Und wie verwandelt man kleine Geschmacksbanausen in neugierige Jungschmecker? Hier finden Sie Gerichte, die einfach nachzukochen sind und das Familienleben bereichern. Pädagogisch ist das alles nicht immer ganz korrekt, dafür aber sehr liebevoll.

rororo sachbuch / Wunderlich

Frech auf den Tisch *Wenn die Schlampe feiert*
160 Seiten. Gebunden bei Wunderlich
Eine schlaue Frau denkt gar nicht daran, das zu werden, was Superweiber, Schnepfen und verwöhnte Männer unter einer guten Hausfrau oder perfekten Gastgeberin verstehen, denn das ist ein blöder, völlig unzeitgemäßer Job. Rauschen Sie lieber festlich los: Hier sind Tips für die Organisation, Dekoration und das Arrangement bei größeren Versammlungen. Für Feste jeder Art werden ganze Menüs vorgeschlagen – denn der Triumph der Gastgeberin hängt von einer organisatorisch klugen und kochtechnisch einfachen Zustammenstellung ab. Die meisten Rezepte lassen sich individuell am Herd weiterentwickeln, Variationen und Würze zaubern Sie nach Laune und Gegebenheiten.

6027/3

Renner für Männer

Astrid Christina Richtsfeld
So macht Mann brave Mädchen wild *Der ultimative Erotik-Guide*
(rororo sachbuch 60680)

Christian Buchholz / Peter Loycke
Scheidungsratgeber von Männern für Männer
(rororo sachbuch 60861)
Dieser Band behandelt alle wesentlichen Fragen zum Thema Scheidung und Trennung. Er enthält auch Informationen über die geltenden gesetzlichen Neuregelungen zum Kindschaftsrecht und zur elterlichen Sorge.

Katharina Butz / Detlef Icheln
Penis pur *Was Männer wissen wollen*
(rororo sachbuch 60691)
"Penis pur" ist der erste Guide, der alle Fragen über das wichtigste Körperteil des Mannes kompetent und unterhaltsam beantwortet. Katharina Butz ist freie Medizinjournalistin, Trägerin verschiedener Journalistenpreise und Autorin für "Men's Health". Detlev Icheln ist Ressortleiter der Gesundheitsredaktion von "Mens Health".

Wolfgang Melcher
Der Survival-Guide: Was echte Männer können müssen
(rororo sachbuch 60860)
Dieser Band ist nicht nur spritzig und amüsant geschrieben, er ist vor allem nützlich: Denn hier steht, wie der Knopf am Hemd leicht wieder angenäht, die neue Kollegin bald erobert und die Gehaltserhöhung gewinnbringend angelegt ist.

rororo sachbuch

Gisbert Redecker
Sex zwischen den Ohren *Das Gehirn als erogene Zone*
(rororo sachbuch 60682)
Gisbert Redecker ist Verhaltenstherapeut. Sein Arbeitsschwerpunkt ist die Paar- und Sexualtherapie.

Astrid Wronsky
Du siehst gut aus! *Der Pflege-Guide für Männer*
(rororo sachbuch 60848)
Die Zeiten, in denen man bei den Männern außer ihrer Zahnbürste vielleicht noch einen Rasierapparat im Bad finden konnte, sind lange vorbei, denn: ein gepflegter Body ist angesagt. Aber keine Panik, Männer! Wie so oft, sind es die einfachen, kleinen Tricks, die die Attraktivität fördern. All das findet sich in diesem Pflege-Guide.

Weitere Informationen in der **Rowohlt Revue**, kostenlos im Buchhandel, und im Internet: **www.rororo.de**

6046/3

6042/2

Gabriele L. Rico

Gabriele L. Rico
Garantiert schreiben lernen
Sprachliche Kreativität methodisch entwickeln - ein Intensivkurs auf der Grundlage der modernen Gehirnforschung
Deutsch von Cornelia Holfelder-von der Tann, Hainer Kober und Lieselotte Mietzner
312 Seiten. Kartoniert

Dieses Buch ist eine Droge: es führt zur Schreibsucht. Aber es ist auch ein Heilmittel: es löst Formulierungskrämpfe. In den Kursen von Dr. Gabriele L. Rico lernen die Teilnehmer rasch, ihre Schreibhemmungen zu überwinden – durch das Clustering, die assoziative Ideenverknüpfung, die im Zentrum dieses neuen Lernverfahrens steht.